古典文獻研究輯刊

三七編

潘美月・杜潔祥 主編

第10冊

平定阿爾布巴之亂紀略
——西藏土鼠年衛藏戰爭，七輩達賴遷康史料輯註
（第二冊）

蔡宗虎 輯註

國家圖書館出版品預行編目資料

平定阿爾布巴之亂紀略——西藏土鼠年衛藏戰爭，七輩達賴遷
康史料輯註（第二冊）／蔡宗虎 輯註 -- 初版 -- 新北市：花
木蘭文化事業有限公司，2023〔民112〕
目 14+176 面；19×26 公分
（古典文獻研究輯刊 三七編；第 10 冊）
ISBN 978-626-344-473-7（精裝）
1.CST：史料 2.CST：清代 3.CST：西藏自治區
011.08   112010513

ISBN-978-626-344-473-7

古典文獻研究輯刊
三七編 第 十 冊   ISBN：978-626-344-473-7

平定阿爾布巴之亂紀略
——西藏土鼠年衛藏戰爭，七輩達賴遷康史料輯註（第二冊）

作　　者　蔡宗虎（輯註）
主　　編　潘美月、杜潔祥
總 編 輯　杜潔祥
副總編輯　楊嘉樂
編輯主任　許郁翎
編　　輯　張雅淋、潘玟靜　美術編輯　陳逸婷
出　　版　花木蘭文化事業有限公司
發 行 人　高小娟
聯絡地址　235 新北市中和區中安街七二號十三樓
　　　　　電話：02-2923-1455／傳真：02-2923-1400
網　　址　http://www.huamulan.tw 信箱 service@huamulans.com
印　　刷　普羅文化出版廣告事業
初　　版　2023 年 9 月
定　　價　三七編 58 冊（精裝）新台幣 150,000 元　　版權所有・請勿翻印

平定阿爾布巴之亂紀略
——西藏土鼠年衛藏戰爭，七輩達賴遷康史料輯註
（第二冊）

蔡宗虎　輯註

目

次

第二冊

〔121〕四川提督周瑛奏謝恩授鑾儀使摺（雍正
五年二月初六日）[2]-[9]-17……………… 141

〔122〕雲南鶴麗總兵張耀祖奏報遵旨帶兵回汛
並請陛見摺（雍正五年二月十三日）[2]-
[9]-67 ……………………………………… 141

〔123〕陝西總督岳鍾琪奏覆派兵隨欽差進藏保
護達賴喇嘛並籌久安長治之策摺（雍正
五年二月二十二日）[2]-[9]-104 ………… 142

〔124〕陝西總督岳鍾琪奏周開捷不勝川提之任
請特簡廉能之員補授摺（雍正五年二月
二十二日）[2]-[9]-109 …………………… 146

〔125〕陝西總督岳鍾琪奏請解總督之任授以甘
督專管三邊兵馬事務摺（雍正五年二月
二十二日）[2]-[9]-110 …………………… 148

〔126〕雲南總督鄂爾泰奏請改衛為縣添設官兵
等五事摺（雍正五年三月十二日）[2]-[9]-
172 ……………………………………… 151

〔127〕陝西總督岳鍾琪奏覆敬遵聖訓與新任
提督黃廷桂和衷協恭共勵報効摺（雍正
五年三月二十五日）[2]-[9]-235 ………… 153

〔128〕陝西巡撫法敏奏報赴藏欽差馬拉等員過
省日期摺（雍正五年閏三月初九日）[2]-
[9]-316‥‥‥‥‥‥‥‥‥‥‥‥‥‥‥‥‥‥153

〔129〕陝西總督岳鍾琪奏報委員隨同馬拉僧格
入藏緣由摺（雍正五年閏三月十一日）
[2]-[9]-331‥‥‥‥‥‥‥‥‥‥‥‥‥‥‥‥154

〔130〕陝西總督岳鍾琪奏奉旨確覈平定青海官
員功績摺（雍正五年閏三月十一日）[2]-
[9]-335‥‥‥‥‥‥‥‥‥‥‥‥‥‥‥‥‥‥154

〔131〕陝西總督岳鍾琪奏陳病故內閣學士鄂賴
軍前功績請旨加恩摺（雍正五年閏三月
十一日）[2]-[9]-336‥‥‥‥‥‥‥‥‥‥‥155

〔132〕西藏辦事大臣馬喇等奏報自成都府起程
赴藏日期摺（雍正五年四月十六日）[1]-
2621‥‥‥‥‥‥‥‥‥‥‥‥‥‥‥‥‥‥‥156

〔133〕副都統馬喇等奏報備辦派藏兵丁事宜
摺（雍正五年四月十六日）[1]-2622‥‥‥156

〔134〕陝西總督岳鍾琪奏報提臣黃廷桂議論
事務明白謹遵旨留心體察摺（雍正五年
四月十六日）[2]-[9]-490‥‥‥‥‥‥‥‥‥157

〔135〕四川巡撫馬會伯奏報欽差副都統馬拉等
起程進藏日期摺（雍正五年四月十八日）
[2]-[9]-512‥‥‥‥‥‥‥‥‥‥‥‥‥‥‥‥157

〔136〕陝西總督岳鍾琪奏報料理郭羅克地方
不法番族情形摺（雍正五年五月十三日）
[2]-[9]-619‥‥‥‥‥‥‥‥‥‥‥‥‥‥‥‥158

〔137〕陝西總督岳鍾琪奏報西寧沿邊岷州土司
黃登楚江挫等不法情事摺（雍正五年五
月十三日）[2]-[9]-620‥‥‥‥‥‥‥‥‥‥159

〔138〕陝西總督岳鍾琪奏謝聖恩傳諭領回在京
丟失皮衣摺（雍正五年五月十三日）
[2]-[9]-621‥‥‥‥‥‥‥‥‥‥‥‥‥‥‥‥160

〔139〕雲南提督郝玉麟奏報滇川疆界分定彝民
悅服情形摺（雍正五年五月二十六日）
[2]-[9]-657‥‥‥‥‥‥‥‥‥‥‥‥‥‥‥‥160

〔140〕四川提督黄廷桂奏奉岳鍾琪面傳手錄
　　　　諭旨恭謝聖慈開導摺（雍正五年六月
　　　　十九日）[2]-[10]-14……………………………162

〔141〕噶爾丹策零奏報策妄阿喇布坦猝死並請
　　　　遣人往西地念經摺（雍正五年七月初五
　　　　日）[1]-2655…………………………………162

〔142〕陝西總督岳鍾琪奏覆辦理奔子欄番人東
　　　　珠扎什不應歸滇情由並請免其治罪摺
　　　　（雍正五年七月十三日）[2]-[10]-147……163

〔143〕阿里三部首領及眾兵丁之奏書（雍正
　　　　五年七月十七日）[1]-5335…………………165

〔144〕扎薩克台吉頗羅鼐奏報殺害貝子康濟鼐
　　　　情形摺（雍正五年七月十七日）[1]-
　　　　5344………………………………………166

〔145〕扎薩科台吉頗羅鼐奏書底稿（雍正五年
　　　　七月十八日）………………………………168

〔146〕諭怡親王傳知岳鍾琪據報康濟鼐被擒當
　　　　將西藏事宜料理清楚（雍正五年七月）
　　　　[3]-630………………………………………168

〔147〕散秩大臣兼副都統達鼐奏報康濟鼐被眾
　　　　噶隆擒拏摺（雍正五年八月初四日）[1]-
　　　　2682………………………………………169

〔148〕喇嘛促爾齊木藏卜喇木札木巴等奏報
　　　　康濟鼐被殺摺（雍正五年八月十三日）
　　　　[1]-2690…………………………………170

〔149〕散秩大臣兼副都統達鼐奏報康濟鼐被殺
　　　　達賴喇嘛派使臣摺（雍正五年八月十六
　　　　日）[1]-2693……………………………171

〔150〕陝西總督岳鍾琪奏陳料理西藏阿爾布巴
　　　　隆布鼐等殺害康濟鼐管見摺（雍正五年
　　　　八月十九日）[2]-[10]-309………………173

〔151〕陝西總督岳鍾琪等奏報委員前往巴塘等
　　　　處駐防密探情形摺（雍正五年八月十九
　　　　日）[2]-[10]-310…………………………174

〔152〕陝西總督岳鍾琪奏請曉諭達賴喇嘛不許
收留康濟鼐所轄拉藏蒙古摺（雍正五年
八月二十二日）[2]-[10]-328⋯⋯⋯⋯⋯ 178

〔153〕陝西總督岳鍾琪等奏報達賴所差阿旺羅
卜藏面陳康濟鼐被害情由應否准其進京
摺（雍正五年八月二十二日）[2]-[10]-
329 ⋯⋯⋯⋯⋯⋯⋯⋯⋯⋯⋯⋯⋯⋯ 178

〔154〕欽差副都統馬拉等奏報進藏宣讀聖旨賞
賜物件情形摺（雍正五年八月三十日）
[2]-[10]-358⋯⋯⋯⋯⋯⋯⋯⋯⋯⋯⋯ 181

〔155〕西藏辦事大臣馬喇等奏轉達賴喇嘛謝頒
旨教誨摺（雍正五年八月三十日）[1]-
2702⋯⋯⋯⋯⋯⋯⋯⋯⋯⋯⋯⋯⋯⋯ 181

〔156〕七世達賴喇嘛謝派大臣駐藏辦事奏書
（雍正五年至七年三月吉日）[4]-23 ⋯⋯ 182

〔157〕欽差副都統馬拉等奏報達賴喇嘛等所稱
康濟鼐被殺情由摺（雍正五年八月三十
日）[2]-[10]-359⋯⋯⋯⋯⋯⋯⋯⋯⋯ 182

〔158〕西藏辦事大臣馬喇等密奏噶隆等殺害康
濟鼐之詳情摺（雍正五年八月三十日）
[1]-2699 ⋯⋯⋯⋯⋯⋯⋯⋯⋯⋯⋯⋯ 186

〔159〕達賴喇嘛奏報眾噶隆合謀殺死康濟鼐緣
由摺（雍正五年八月三十日）[1]-2700 ⋯ 189

〔160〕阿爾布巴喇嘛奏報眾噶隆合謀殺死康濟
鼐摺（雍正五年八月三十日）[1]-2701 ⋯ 190

〔161〕欽差副都統馬拉等奏請派內地綠旗兵
駐守西藏摺（雍正五年八月三十日）[2]-
[10]-360 ⋯⋯⋯⋯⋯⋯⋯⋯⋯⋯⋯⋯ 192

〔162〕西藏辦事大臣馬喇等奏請遣內地綠旗
官兵到西藏摺（雍正五年八月三十日）
[1]-2703 ⋯⋯⋯⋯⋯⋯⋯⋯⋯⋯⋯⋯ 193

〔163〕陝西總督岳鍾琪奏遵旨酌籌料理明春進
兵西藏事宜摺（雍正五年九月十五日）
[2]-[10]-440 ⋯⋯⋯⋯⋯⋯⋯⋯⋯⋯⋯ 193

〔164〕散秩大臣兼副都統達鼐奏報出西寧邊口
探聽青海諸王議論摺（雍正五年十月初
三日）[1]-2724⋯⋯⋯⋯⋯⋯⋯⋯⋯⋯ 195

〔165〕陝西西寧總兵周開捷奏請効力疆場摺
　　　（雍正五年九月二十六日）[2]-[10]-
　　　529 ………………………………………… 195

〔166〕散秩大臣兼副都統達鼐奏請恩准赴西招
　　　地方効力摺（雍正五年十月初三日）[1]-
　　　2723………………………………………… 196

〔167〕散秩大臣兼副都統達鼐奏報頗羅鼐為
　　　康濟鼐復仇而起兵摺（雍正五年十月初
　　　三日）[1]-2725…………………………… 196

〔168〕雲南總督鄂爾泰奏遵旨密議進兵西藏
　　　事宜摺（雍正五年十月初八日）[2]-[10]-
　　　572 ………………………………………… 198

〔169〕散秩大臣副都統達鼐奏報青海諸王人
　　　覲後之言論摺（雍正五年十月十五日）
　　　[1]-2730 …………………………………… 200

〔170〕四川巡撫憲德奏報差員到打箭爐接領厄
　　　爾沁等進京摺（雍正五年十月十八日）
　　　[2]-[10]-613 ……………………………… 202

〔171〕四川提督黃廷桂奏接准欽差知會護送達
　　　賴恭上物件進京摺（雍正五年十月十八
　　　日）[2]-[10]-614 ………………………… 202

〔172〕西藏辦事大臣馬喇等奏報班禪額爾德尼
　　　謝賞奇物摺（雍正五年十月二十九日）
　　　[1]-2731 …………………………………… 203

〔173〕西藏辦事大臣馬喇等奏請暫選人辦理
　　　噶隆事務摺（雍正五年十月二十九日）
　　　[1]-2732 …………………………………… 203

〔174〕西藏辦事大臣馬喇等奏報頗羅鼐派人
　　　送信前來摺（雍正五年十月二十九日）
　　　[1]-2733 …………………………………… 204

〔175〕西藏辦事大臣馬喇等奏報審問隆布鼐等
　　　人摺（雍正五年十月二十九日）[1]-2734
　　　……………………………………………… 206

〔176〕西藏辦事大臣馬喇等奏報達賴喇嘛等懇
　　　請聖主派兵摺（雍正五年十月二十九日）
　　　[1]-2735 …………………………………… 206

〔177〕西藏辦事大臣馬喇等奏報頗羅鼐與隆布
　　　鼐交戰等情摺（雍正五年十月二十九日）
　　　[1]-2736 ……………………………………… 207

〔178〕散秩大臣兼副都統達鼐奏報頗羅鼐與隆
　　　布鼐等交戰等情摺（雍正五年十一月初
　　　八日）[1]-2739………………………………… 210

〔179〕雲南總督鄂爾泰奏遵旨籌畫進兵西藏
　　　事宜摺（雍正五年十一月十一日）[2]-
　　　[11]-13 …………………………………………… 212

〔180〕散秩大臣兼副都統達鼐奏請萬安摺
　　　（雍正五年十一月十六日）[1]-2740……… 214

〔181〕散秩大臣兼副都統達鼐奏報安置頗羅鼐
　　　之來人等情形摺（雍正五年十一月十七
　　　日）[1]-2743 …………………………………… 214

〔182〕山西巡撫石麟奏報動用耗羨銀兩飭屬購
　　　買騾馱以備班運糧餉進藏摺（雍正五年
　　　十一月二十一日）[2]-[11]-57 …………… 215

〔183〕川陝總督岳鍾琪奏報參將顏清如所稟西
　　　藏頗羅鼐與阿爾布巴交戰情形摺（雍正
　　　五年十一月二十一日）[2]-[11]-58 ……… 216

〔184〕雲南提督郝玉麟奏謝恩賜荔枝等物摺
　　　（雍正五年十一月二十一日）[2]-[11]-66… 217

〔185〕雲南提督郝玉麟奏報官兵恭謝豁免前往
　　　察木多時借支未還銀兩摺（雍正五年
　　　十一月二十一日）[2]-[11]-67 …………… 217

〔186〕川陝總督岳鍾琪奏謝陛見聖訓暨賞賜補
　　　服花翎等物摺（雍正五年十二月初六日）
　　　[2]-[11]-145 …………………………………… 219

〔187〕西藏辦事大臣馬喇等奏報達賴喇嘛派使
　　　勸頗羅鼐等休戰摺（雍正五年十二月
　　　初七日）[1]-2766……………………………… 219

〔188〕駐藏大臣馬臘等奏報普魯鼐與隆布鼐
　　　爭釁情形摺（雍正五年十二月初七日）
　　　[1]-5336 ………………………………………… 222

〔189〕刑部左侍郎黃炳奏請恩准前往西藏効力
　　　辦事摺（雍正五年十二月十三日）[2]-
　　　[11]-166 ………………………………………… 225

〔190〕雲南總督鄂爾泰謝硃諭訓誨暨遵旨籌畫
　　　進兵西藏事宜摺（雍正五年十二月十三
　　　日）[2]-[11]-169 ………………………………226

〔191〕雲南總督鄂爾泰奏謝恩賞驛馬克食等
　　　物摺（雍正五年十二月十三日）[2]-[11]-
　　　173 …………………………………………227

〔192〕西藏辦事大臣馬喇等奏報派人勸頗羅鼐
　　　等休戰摺（雍正五年十二月十九日）
　　　[1]-2779 ………………………………………228

〔193〕西藏辦事大臣馬喇等奏報康濟鼐屬下
　　　蒙古人情形摺（雍正五年十二月十九日）
　　　[1]-2780 ………………………………………231

〔194〕西藏辦事大臣馬喇等奏報阿爾布巴近況
　　　摺（雍正五年十二月十九日）[1]-2781 …233

〔195〕川陝總督岳鍾琪奏請抽調陝甘撫標兵丁
　　　駐劄骨兒伴鎖理麻地方摺（雍正五年
　　　十二月二十二日）[2]-[11]-213 …………233

〔196〕川陝總督岳鍾琪奏陳川陝兩省進藏兵丁
　　　宜免帶盔甲摺（雍正五年十二月二十二
　　　日）[2]-[11]-214 …………………………234

〔197〕雍正帝頒給準噶爾台吉噶爾丹策零敕書
　　　（雍正五年十二月）[1]-2883 ……………234

〔198〕奏進唐古特文書摺（雍正五年）[1]-2898·235

〔199〕陝西西寧總兵周開捷奏接奉兵部劄付
　　　預備兵馬進藏緣由摺（雍正六年正月初
　　　四日）[2]-[11]-253 ………………………236

〔200〕散秩大臣兼副都統達鼐奏報康濟鼐被殺
　　　頗羅鼐走逃阿里克摺（雍正六年正月初
　　　八日）[1]-2926 ……………………………236

〔201〕雲南總督鄂爾泰奏報料理進藏官兵事宜
　　　並請敕部撥餉協濟摺（雍正六年正月初
　　　八日）[2]-[11]-296 ………………………237

〔202〕雲南巡撫朱綱奏報與督臣等會商籌撥
　　　軍餉事宜摺（雍正六年正月初八日）
　　　[2]-[11]-300 …………………………………244

〔203〕川陝總督岳鍾琪奏謝恩賜鹿尾等物摺
　　　（雍正六年正月十七日）[2]-[11]-337 ……245

〔204〕川陝總督岳鍾琪奏報鑾儀使周瑛到陝養
病與起程赴川日期摺（雍正六年正月十
七日）[2]-[11]-339 ……………………………245

〔205〕川陝總督岳鍾琪奏報提臣馮允仲抵達
西安日期及暫留緣由摺（雍正六年正月
十七日）[2]-[11]-340 ……………………246

〔206〕川陝總督岳鍾琪奏請委員採買西路兵丁
所需駝隻牛羊摺（雍正六年正月十七日）
[2]-[11]-341 ……………………………………246

〔207〕散秩大臣兼副都統達鼎奏轉喀爾喀貝勒
受賞謝恩摺（雍正六年正月二十日）
[1]-3005 ……………………………………247

〔208〕散秩大臣兼副都統達鼎奏謝御賜福字及
綢緞食物摺（雍正六年正月二十日）
[1]-3006 ……………………………………248

〔209〕川陝總督岳鍾琪奏報動用軍需銀兩增買
進藏軏運糧餉駄騾情形摺（雍正六年
正月二十二日）[2]-[11]-379…………………248

〔210〕川陝總督岳鍾琪奏謝硃批祝賀新春大禧
摺（雍正六年二月初一日）[2]-[11]-441‥249

〔211〕川陝總督岳鍾琪奏請隨營軏運進藏官兵
應需口糧摺（雍正六年二月初一日）
[2]-[11]-442 ……………………………………250

〔212〕鑾儀使周瑛奏謝恩命領兵進藏並賞賜
銀物摺（雍正六年二月初六日）[2]-[11]-
497 ……………………………………………251

〔213〕鑾儀使周瑛奏報自京抵川日期摺（雍正
六年二月初六日）[2]-[11]-498……………252

〔214〕鑾儀使周瑛奏報延期抵川緣由並請賞賜
官兵平安丸藥摺（雍正六年二月初六日）
[2]-[11]-499 ……………………………………252

〔215〕雲南總督鄂爾泰奏覆遵旨辦妥調兵進取
西藏事宜摺（雍正六年二月初十日）
[2]-[11]-545 ……………………………………253

〔216〕散秩大臣兼副都統達鼎奏報勘察青海安
息二路並於此安哨摺（雍正六年二月
十一日）[1]-3074………………………………255

〔217〕散秩大臣兼副都統達鼐奏報噶隆隆布鼐
　　　將頗羅鼐趕往阿里克摺（雍正六年二月
　　　二十日）[1]-3086……………………………255

〔218〕川陝總督岳鍾琪奏請賞給運送進藏官兵
　　　糧餉人員盤費摺（雍正六年二月十三日）
　　　[2]-[11]-565………………………………257

〔219〕甘肅巡撫莽鵠立奏報備辦西寧地方軍需
　　　物品情由摺（雍正六年二月十五日）
　　　[2]-[11]-580………………………………258

〔220〕川陝總督岳鍾琪奏覆派撥駐防官兵應賞
　　　銀兩數目摺（雍正六年二月十七日）
　　　[2]-[11]-601………………………………259

〔221〕川陝總督岳鍾琪奏請頒給西藏頗羅鼐
　　　密旨摺（雍正六年二月十七日）[2]-[11]-
　　　602…………………………………………260

〔222〕陝西西寧總兵周開捷奏謝恩賜福字摺
　　　（雍正六年二月十八日）[2]-[11]-603……261

〔223〕川陝總督岳鍾琪奏議鄂爾泰條陳備辦
　　　軍需事宜摺（雍正六年二月二十四日）
　　　[2]-[11]-641………………………………261

〔224〕副都統達鼐奏報青海郡王等呈請自力隨
　　　軍進藏効力摺（雍正六年三月初二日）
　　　[1]-3096……………………………………263

〔225〕左都御史查郎阿等奏報三等侍衛葉爾扈
　　　赴藏途中病歿摺（雍正六年三月初四日）
　　　[1]-3110……………………………………264

〔226〕川陝總督岳鍾琪奏呈西藏頗羅鼐密寄番
　　　文請飭發理藩院翻譯摺（雍正六年三月
　　　初四日）[2]-[11]-721………………………264

〔227〕川陝總督岳鍾琪奏議請仍令頗羅鼐總管
　　　後藏事務等西藏事宜十項摺（雍正六年
　　　三月初四日）[2]-[11]-722…………………264

〔228〕川陝總督岳鍾琪奏謝恩賜磁瓶等物摺
　　　（雍正六年三月十一日）[2]-[11]-763……268

〔229〕川陝總督岳鍾琪奏報派遣撫臣莽鵠立前
　　　赴西寧料理滿漢官兵出口事宜摺（雍正
　　　六年三月十一日）[2]-[11]-765…………268

〔230〕都查院左都御史查郎阿等奏報辦理派員
進藏向頗羅鼐密傳聖諭事宜摺（雍正
六年三月十九日）[2]-[11]-841‧‧‧‧‧‧‧‧‧‧‧269

〔231〕川陝總督岳鍾琪奏報辦理川滇進藏官兵
口糧情形摺（雍正六年三月十九日）
[2]-[11]-842‧‧‧‧‧‧‧‧‧‧‧‧‧‧‧‧‧‧‧‧‧‧‧‧‧‧‧‧‧269

〔232〕左都御史查郎阿奏謝加賞俸米摺（雍正
六年三月十九日）[1]-3118‧‧‧‧‧‧‧‧‧‧‧270

〔233〕都察院左都御史查郎阿等奏覆擬向藏人
宣告兩次諭旨不同緣由摺（雍正六年
三月二十八日）[2]-[12]-66‧‧‧‧‧‧‧‧‧‧‧271

〔234〕都察院左都御史查郎阿等奏議西藏遣使
赴京年限摺（雍正六年三月二十八日）
[2]-[12]-67‧‧‧‧‧‧‧‧‧‧‧‧‧‧‧‧‧‧‧‧‧‧‧‧‧‧‧‧‧273

〔235〕川陝總督臣岳鍾琪奏報豫晉二省騾頭俱
經收足無庸買補摺（雍正六年三月二十
八日）[2]-[12]-68‧‧‧‧‧‧‧‧‧‧‧‧‧‧‧‧‧‧‧‧‧‧‧273

〔236〕川陝總督岳鍾琪奏請動用軍需銀兩續買
進藏官兵所需馱騾等項摺（雍正六年
三月二十八日）[2]-[12]-69‧‧‧‧‧‧‧‧‧‧‧274

〔237〕川陝總督岳鍾琪奏請增加陝省領兵官弁
跟役摺（雍正六年三月二十八日）[2]-
[12]-70‧‧‧‧‧‧‧‧‧‧‧‧‧‧‧‧‧‧‧‧‧‧‧‧‧‧‧‧‧‧‧‧‧276

〔238〕雲南總督鄂爾泰奏議辦理軍需物品事宜
摺（雍正六年三月二十八日）[2]-[12]-
74‧‧‧‧‧‧‧‧‧‧‧‧‧‧‧‧‧‧‧‧‧‧‧‧‧‧‧‧‧‧‧‧‧‧‧‧‧‧277

〔239〕四川巡撫憲德奏報會同岳鍾琪辦理川滇
兩省官兵進藏口糧情由摺（雍正六年四
月初二日）[2]-[12]-105‧‧‧‧‧‧‧‧‧‧‧‧‧‧‧278

〔240〕鑾儀衛鑾儀使周瑛奏報會商進兵西藏軍
務事宜摺（雍正六年四月初六日）[2]-
[12]-137‧‧‧‧‧‧‧‧‧‧‧‧‧‧‧‧‧‧‧‧‧‧‧‧‧‧‧‧‧‧‧279

〔241〕鑾儀衛鑾儀使周瑛奏謝硃批勉勵並賜平
安丸藥摺（雍正六年四月初六日）[2]-
[12]-138‧‧‧‧‧‧‧‧‧‧‧‧‧‧‧‧‧‧‧‧‧‧‧‧‧‧‧‧‧‧‧280

〔242〕川陝總督岳鍾琪奏謝欽賜地輿全圖十幅
摺（雍正六年四月十五日）[2]-[12]-173‧‧280

〔243〕川陝總督岳鍾琪奏遵議陝省應派進藏馱
　　　馬確數暨買補價值緣由摺（雍正六年
　　　四月十五日）[2]-[12]-175 ……………281

〔244〕陝西寧夏總兵郭成功奏遵旨酌撥兵馬
　　　器械預備進藏等情摺（雍正六年四月
　　　十五日）[2]-[12]-182 ………………282

〔245〕四川巡撫憲德奏報驗收進藏官兵需用馱
　　　載馬匹摺（雍正六年四月二十一日）[2]-
　　　[12]-234 …………………………………282

〔246〕雲南總督鄂爾泰奏覆商酌買補出兵西藏
　　　中途倒斃馬匹情由摺（雍正六年四月二
　　　十六日）[2]-[12]-267 ………………283

〔247〕雲南總督鄂爾泰奏謝恩賞皇輿圖十卷暨
　　　御製磁器等物摺（雍正六年四月二十六
　　　日）[2]-[12]-268 ………………………285

〔248〕散秩大臣兼副都統達鼐奏報連城伐木事
　　　宜移交臬司辦理摺（雍正六年四月二十
　　　六日）[1]-3142…………………………286

〔249〕川陝總督岳鍾琪奏遵旨酌議諄噶爾來使
　　　特壘動身回歸日期摺（雍正六年四月二
　　　十九日）[2]-[12]-291 ………………287

〔250〕川陝總督岳鍾琪奏報派員挨站嚴查遺漏
　　　馬臘等摺子緣由並抄呈馬臘等清字咨文
　　　摺（雍正六年四月二十九日）[2]-[12]-
　　　295 …………………………………………287

〔251〕川陝總督岳鍾琪奏報自西寧口外至烏魯
　　　烏蘇安設臺站情由請旨核議遵行摺（雍
　　　正六年五月初七日）[2]-[12]-341 ………288

〔252〕散秩大臣兼副都統達鼐奏報領兵移駐索
　　　羅木起程日期摺（雍正六年五月初一日）
　　　[1]-3143 …………………………………290

〔253〕左都御史查郎阿等奏請萬安摺（雍正六
　　　年五月十七日）[1]-3149………………290

〔254〕川陝總督岳鍾琪奏陳驗收豫晉陝三省所
　　　購運送進藏官兵口糧騾頭未曾任意苛刻
　　　摺（雍正六年五月二十一日）[2]-[12]-
　　　419 …………………………………………291

〔255〕西藏辦事大臣馬喇等奏報頗羅鼐領兵入
招等事摺（雍正六年五月二十二日）[1]-
3150 ……………………………………………… 292

〔256〕西藏辦事大臣馬喇等奏報差往頗羅鼐處
送書之人被拘摺（雍正六年五月二十二
日）[1]-3151 ……………………………………… 292

〔257〕甘肅巡撫莽鵠立奏報前赴西寧料理官兵
出口事宜無誤緣由摺（雍正六年六月初
一日）[2]-[12]-478 ……………………………… 293

〔258〕川陝總督岳鍾琪奏抄呈駐藏參將顏清如
稟文摺（雍正六年六月初二日）[2]-[12]-
483 ………………………………………………… 295

〔259〕四川巡撫憲德等奏報千總吳鎮探得達賴
喇嘛差迎周大人情由摺（雍正六年六月
初四日）[2]-[12]-503 …………………………… 295

〔260〕左都御史查郎阿奏謝補任吏部尚書摺
（雍正六年六月初七日）[1]-3156 ……… 296

〔261〕川陝總督岳鍾琪奏總兵周開捷料理陝省
進藏官兵軍需欺隱侵蝕摺（雍正六年六
月初十日）[2]-[12]-554 ……………………… 296

〔262〕西藏辦事大臣馬喇等奏報頗羅鼐進入布
達拉宮摺（雍正六年六月十一日）[1]-
3157 ……………………………………………… 300

〔263〕川陝總督岳鍾琪奏報西寧地方支應進藏
運糧駄騾料草口糧違誤不妥情節摺（雍
正六年六月初十日）[2]-[12]-555 ………… 302

〔264〕川陝總督岳鍾琪奏報周開捷稟呈進藏
官兵所需運糧騾頭鞍屜不堪應用情由
摺（雍正六年六月十四日）[2]-[12]-582 ‥ 303

〔265〕川陝總督岳鍾琪奏覆開銷欽差鄂齊進藏
所需公用銀兩摺（雍正六年六月十四日）
[2]-[12]-584 ……………………………………… 305

〔266〕川陝總督岳鍾琪奏報料理西藏地方情節
摺（雍正六年六月十四日）[2]-[12]-586 ‥ 306

〔267〕副都統馬喇等奏報遣往頗羅鼐處把總
回報各情形摺（雍正六年六月十五日）
[1]-3161 ………………………………………… 308

〔268〕鑾儀衛鑾儀使周瑛奏報領兵自打箭爐出
口進藏情節摺（雍正六年六月十七日）
[2]-[12]-593 ……………………………… 309

〔269〕雲南開化總兵南天祥奏報頗拉奈擒獲阿
爾布巴隆布奈劄納奈情由摺（雍正六年
六月十八日）[2]-[12]-594 ……………… 310

〔270〕吏部尚書查郎阿等奏報達賴喇嘛使者暫
留索羅木摺（雍正六年六月十八日）[1]-
3163 ………………………………………… 311

〔271〕吏部尚書查阿郎等奏報密令頗羅鼐退回
原地摺（雍正六年六月十八日）[1]-3164
…………………………………………… 312

〔272〕吏部尚書查阿郎等奏報頗羅鼐稟告招地
之情形摺（雍正六年六月十八日）[1]-
3165 ………………………………………… 313

〔273〕川陝總督岳鍾琪奏請預支四川庫貯備辦
進藏官兵軍需用品摺（雍正六年六月二
十二日）[2]-[12]-638 …………………… 315

〔274〕鑾儀衛鑾儀使周瑛奏將顏清如馬良柱洪
德周擢補副將參將遊擊摺（雍正六年
六月二十二日）[2]-[12]-644…………… 316

〔275〕鑾儀衛鑾儀使周瑛奏報夔州副將張翼病
故摺（雍正六年六月二十二日）[2]-[12]-
645 ………………………………………… 316

〔121〕四川提督周瑛奏謝恩授鑾儀使摺（雍正五年二月初六日）[2]-[9]-17

奴才周瑛謹奏，為恭謝天恩事。

雍正伍年貳月初伍日蒙吏兵二部轉傳上諭，周瑛著補授鑾儀衛使，欽此欽遵。臣聞旨自天，稽首在地，伏念臣草莽愚蒙，至微極陋，由千把末弁蒙聖主仁皇帝不次拔擢，歷陞化林副將，備員邊汛，毫無報稱，乃蒙皇上特恩授臣松潘鎮總兵官，帶兵駐防察母道及西藏等處叄年，塞外萬里塵土清，實皆仰仗天威遠播，微臣毫無寸功，復荷聖恩特授臣四川提督，膺此逾分之榮，實切捐軀之報，奈臣生長邊隅，才庸識淺，責任愈重，恐懼愈深，因口外奔走多染山瘴蠻煙，以致精神恍惚，事務紛更，負罪多端，百身莫贖，得沐皇仁寬宥，不加斥逐，臣已抱慙，夙夜跼蹐難安，更邀大造包荒，陞臣鑾儀衛使之職，時瞻天仗威儀，倍切臣心惕勵，惟有勉竭犬馬愚誠，冀答高厚於萬一耳，所有微臣感激下忱，理合恭摺叩謝天恩，伏祈皇上睿鑒施行。

雍正伍年貳月初陸日

〔122〕雲南鶴麗總兵張耀祖奏報遵旨帶兵回汛並請陞見摺（雍正五年二月十三日）[2]-[9]-67

雲南鶴麗總兵官駐劄鶴慶府臣張耀祖謹奏，為奏明事。

臣駐劄叉木多欽奉諭旨撤師回汛，所有雲南招撫之地方貳拾柒處，前經欽差散秩大臣副都統宗室臣鄂齊，內閣學士臣班第，扎薩克大喇嘛格勒克綽爾濟〔註469〕會同四川提督臣周瑛前曾奏明交給達賴喇嘛者木魯巴敦等伍處，其餘南稱等貳拾處地方奏明交給駐劄西寧散秩大臣達鼎查明辦理，欽差自藏往回，臣派撥官兵沿途護送至川兵駐防之革達接替回營，臣奉命撤師，即寫番信與西藏達賴喇嘛、貝勒康金奈、貝子阿爾布巴等，令其和衷辦事，仰報皇恩，務令人民樂業，各安住牧，又犒賞誠諭川滇招撫各地方頭人，照常安業向化，聽候西寧散秩大臣達鼎查明之後，作何交給，聽候聖主旨意遵行。至於叉木多乍丫乃通藏要路，臣諭令該處胡圖克兔並頭人喇嘛等務須恪遵王化，共樂昇平，善撫番民，各守疆土。臣查軍前存倉有四川交代之糧米壹千叄百零玖石，炒麵貳百壹拾石，大兵盡撤，既不便仍留兵丁看守以費帑餉，若運回內地，則所費腳價倍多，臣令管理錢糧守備王五采盤量封鎖，交與叉

〔註469〕《清代藏事輯要》頁一一○作扎薩克大喇嘛格勒克綽爾濟。

木多胡圖克兔並頭人昌諸垻〔註470〕小心看守訖（硃批：是），臣由擦哇崗過大雪山〔註471〕、溜筒江〔註472〕、阿墩子、奔子欄、中甸，渡金沙江，帶兵進口，沿途番民皆各安生業，共戴皇仁（硃批：深慰朕懷），遠戍官兵各歸原處，臣叩違闕廷將近肆載，犬馬戀主之忱未敢刻釋，恭請陛見以慰孺慕，臣前奉硃批諭旨，職守為重，天語教訓甚明，兼臣於雍正貳年叁月內到任，肆月內即帶兵出口，遠離汛守迄今叁載，鶴麗邊疆重地，武備宜嚴，俟臣盡心整飭料理後，叩乞聖慈，允臣入覲以伸下悃。所有住咱帶兵回汛，遠近番民向化樂業情形理合繕摺，崇差齎捧奏聞，伏乞睿鑒施行，臣謹奏。

雍正伍年貳月拾叁日

硃批：勉力職任，你係見過之人，路遠徒勞往返，不必來。

〔123〕陝西總督岳鍾琪奏覆派兵隨欽差進藏保護達賴喇嘛並籌久安長治之策摺（雍正五年二月二十二日）[2]-[9]-104

陝西總督臣岳鍾琪謹奏，為遵旨奏聞事。

竊臣具奏叉木多等處安設鎮營應援西藏一摺，奉到硃批諭旨，命臣詳細再加通盤籌畫，權其輕重，得確見合宜之論時奏聞，朕再斟酌，欽此。伏思臣前歲在京曾與怡親王議及西藏情形，原有兩路進兵救藏甚易之論，但彼時臣尚未知索諾木達爾扎等與康濟鼐有不和之處，只據臣所見以為西藏雖屬險遠，從前兩路進兵，竟使澤零敦多布〔註473〕首尾不能相顧，得以成功甚速，何況目今藏衛等處之人疊蒙聖主施恩優渥，感戴益深，即或諄噶爾再有窺藏之舉，伊等協力同心，自必堅為拒守，萬一力不能敵，亦必將達賴喇嘛保護送入內地，以待天兵應援，則川陝兩路進藏，不啻輕車熟路，較前更屬易事，此臣就西藏人心和睦而論之愚見也，今聞索諾木達爾扎等與康濟鼐心既不和，恐其忌功妒能，外雖恭順，內藏奸狡，兼與羅布藏丹進有翁壻之情，倘致內外勾連，事起倉猝，我兵雖兩路疾趨進藏，亦已緩不濟急矣，且我兵之所以救藏者，原為達賴喇嘛現今在藏起見，是所重在達賴喇嘛，而不獨在藏也，設使

〔註470〕常寫作倉儲巴，即商卓特巴，大喇嘛管理庫藏及財政收支機構之主管曰商卓特巴。

〔註471〕即梅里雪山。

〔註472〕即瀾滄江。

〔註473〕《平定準噶爾方略》卷四頁十八作策零敦多卜。《蒙古世系》表四十三作策凌端多布，其父布木。此人為大策凌端多布，以區別於小策凌端多布。

諄噶爾之人乘虛來藏，一聞我兵兩路應援，彼竟仍如從前逃遁，或將達賴喇嘛一併迫脅帶往，則口外番彝向背所係，關係甚大，我兵徒得一空藏，守之無益，棄之可惜，故臣竊以為取藏猶易，而保護達賴喇嘛甚難，若云遣兵進藏，臣雖無才，尚可仰仗天威，力能身任其責，而兵馬未到之先，鞭長莫及，恐不能保達賴喇嘛不失陷於諄噶爾之手，是以仰蒙訓旨垂問設兵駐防，臣謹以革達、裡塘安設鎮營酌議奏請，以圖呼應神速，保護萬全，前摺業已備陳之矣。惟糜費錢糧，誠如怡親王所奏者，臣亦非不計及於此，而實為保護達賴喇嘛起見，乃敢遵設兵駐防之旨，用抒末議，上冀采擇耳，今口外若不設兵駐防，則惟有一面預備川陝兩省兵馬，事事早為料理，一面差官駐藏，以為防護達賴喇嘛，體察番情之計，臣愚以為廷議令臣委官一員隨欽差進藏，固屬甚是，但止遣官員，不帶兵馬，則恐索諾木達爾扎等結黨勾連，豈一二官員所能鈐制，應請派撥陝省參遊一員，馬兵三百名，隨欽差進藏住劄彈壓（硃批：此論甚是，但敕書已寫付來使與馬臘〔註474〕等初九日起身矣，朕意目下未必即有事，可先令伊等到藏，卿仍遵前議，委一可信之員與馬臘、僧格〔註475〕同往，令伊等到藏與康濟鼐、達賴喇嘛商酌，著他們請數百兵，那時再派去好，今若忽添兵去，況敕書內又無此語，恐唐古特人驚疑，已有諭旨趕送馬臘等，著他等到來再與卿面商矣）凡有關係緊要事務，令其與康濟鼐等相商料理，其一切地方錢糧諸事不得干預，以免滋擾。至口糧錢糧寬裕支給，每歲約需銀三四萬兩，到藏之日聽其自行買備，三年更換一次，如此則有備無患，一遇諄噶爾有窺藏之信，即便會同康濟鼐等督率唐古忒之兵於噴多、樣八井險要之處，勒兵拒守，乘其遠來疲乏，以逸待勞，不難勦滅，倘賊勢眾大，度量唐古忒之人不能拒敵，即領官兵先護送達賴喇嘛由又木多一路前赴內地，則喀木藏衛之人心有所歸向，自必皆為我用，縱使諄噶爾之人

〔註474〕　《欽定八旗通志》卷三百二十一作滿洲正紅旗副都統馬臘。此人為首任駐藏辦
　　　　　事大臣，據《欽定八旗通志》頁二五七八《瑪拉傳》，馬臘滿洲正黃旗人，多
　　　　　次任都統、副都統職，雍正元年三月授鑲藍旗蒙古副都統，十一月調本旗滿洲
　　　　　副都統，二年二月擢刑部侍郎，十一月降三等侍衛兼佐領，四年授正紅旗滿洲
　　　　　副都統，五年正月奉命入藏辦事，七年二月調鑲藍旗滿洲副都統，留駐理塘護
　　　　　衛遷康之七世達賴喇嘛，八年擢正黃旗護軍統領，九年以副都統清保代之，十
　　　　　二月擢工部尚書，兼正紅旗滿洲都統，十年三月回京，七月革職，以佐領在軍
　　　　　需處章京上行走，十一年正月賞副都統銜復入西藏辦事，乾隆元年八月卒。
〔註475〕　《清代職官年表》內閣學士年表作內閣學士僧格。與馬臘同為首任駐藏大臣，
　　　　　巴林氏，蒙古鑲紅旗人，內閣學士，雍正五年至十一年駐藏辦事。

再踞西藏，亦不能固結彼處之人為其附和，加以我兵照從前川陝兩路齊進，恢復西藏實屬不難。但臣更有慮者，恐諄噶爾之人存心詭詐，一聞我兵進剿，仍似從前將西藏所有之物滿載而逃，我兵追則不能，守亦不可，安藏之後勢必撤兵，數年之後，如伊蓄養復來，則往返奔馳，終無了局，此一勞永逸之計，誠不可不早為籌畫也。臣受恩深重，犬馬寸私，亟圖報効，再四思維，若策妄阿喇布坦從此悔罪歸誠，自無窺覬西藏之舉，倘天奪其魄，自取滅亡，臣請將三邊之兵預為操練精熟，甲仗衣糧駞載事事辦理完足，俟其一有覬藏之行，令駐藏官兵將達賴喇嘛保護而來，與其應援西藏，不若乘虛直入搗其巢穴，彼如逃遁，則因糧扼要，反客為主，務使殄滅醜類，以仰副我皇上久安長治之懷，庶屬一勞永逸之計也（硃批：如果策妄再露強橫，自然用此著為是）。但此兵作何預練方為精銳，駞載作何預備使不致糜費錢糧，其所經道路及如何因糧於敵反客為主，此時未奉諭旨，不敢瀆陳，如蒙允照臣議，自當詳悉奏請聖謨，亦斷不敢率意冒昧，倘臣所見未協，必得川陝兩路進藏為是（硃批：此一議似用不著），亦須將兩省兵馬預為料理，一有行走，庶無遲誤機宜，臣知識短淺，且事關重大，故以兩議陳請，伏祈垂鑒採擇。所有原奉硃批奏摺，理合一並恭繳，統祈睿照，為此謹具摺恭奏請旨。

雍正五年二月二十二日具。

硃批：卿此丹衷，上蒼聖祖早賜鑒察矣，兩議俱係上策，此外無法。但朕尚未能洞徹策妄之意，據目下揆度，似乎無事，然終為國家隱憂，前一策欽差到藏，自然如此料理，是後一策不可不備，去歲亦有旨照卿之議，且知此盡守之道，如果策妄懷蠢動之念，亦須來往遣使數次，未有突然而行之理，彼亦無詞，伊部落人心亦不服，待稍露動靜時，此一大事非卿朕無所倚任也，那時卿須來與朕通盤商酌妥協，一鼓而可成此事也，進取事宜卿可預為籌畫，朕覽所用兵數，進剿道路，至於糜費錢糧之處不必介意，朕常戲言，捨千萬錢糧除策妄一大患，亦可償價矣，凡一勞永逸之舉朕不惜費也，況戶部庫中今歲可至五千萬矣，朕元年戶部只千五六百萬數，復何憂也，此事非急務，卿可徐徐議奏，不必過勞精神，必遵朕旨而行。

附修訂摺一件

世襲三等公川陝總督臣岳鍾琪謹奏，為遵旨奏聞事。

竊臣具奏叉木多等處安設鎮營應援西藏一摺，奉到硃批諭旨，欽此欽遵。

伏思臣前歲在京曾與怡親王議及西藏情形，原有兩路進兵救藏甚易之論，但彼時臣尚未知索諾木達爾札等與康濟鼐有不和之處，只據臣所見以為西藏雖屬險遠，從前兩路進兵，竟使澤零敦多布首尾不能相顧，得以成功甚速，何況目今藏衛等處之人疊蒙聖主施恩優渥，感戴益深，即或諄噶爾再有窺藏之舉，伊等協力同心，自必堅為拒守，萬一力不能敵，亦必將達賴喇嘛保護送入內地，以待天兵應援，則川陝兩路進藏不啻輕車熟路，較前更屬易事，此臣就西藏人心和睦而論之愚見也。今聞索諾木達爾扎等與康濟鼐心既不和，恐其忌功妒能，外雖恭順內藏奸狡，兼與羅卜藏丹進有翁壻之情，倘致內外勾連，事起倉猝，我兵雖兩路疾趨進藏亦已緩不濟急矣，且我兵之所以救藏者原為達賴喇嘛現今在藏起見，是所重在達賴喇嘛而不獨在藏也，設使諄噶爾之人乘虛來藏，一聞我兵兩路應援，彼竟仍如從前逃遁，或將達賴喇嘛一併迫脅帶往，則口外番彝向背所係，關係甚大，我兵徒得一空藏，守之無益棄之可惜，故臣竊以為取藏猶易，而保護達賴喇嘛甚難，是以仰蒙訓旨垂問設兵駐防，臣謹以革達、裡塘安設鎮營酌議奏請，以圖呼應神速，保護萬全，前摺業已備陳之矣。惟糜費錢糧誠如怡親王所奏者，臣亦非不計及于此，而實為保護達賴喇嘛起見，乃敢遵設兵駐防之旨，用抒末議，上冀采擇耳，今口外若不設兵駐防，則惟有一面預備川陝兩省兵馬，早為料理，一面差官駐藏以為防護達賴喇嘛體察番情之計。臣愚以為廷臣議令臣委官一員隨欽差進藏固屬甚是，但止遣官員不帶兵馬，則恐索諾木達爾札等結黨勾連，豈一二官員所能鈐制，應請派撥陝省參遊一員，馬兵三百名隨欽差進藏住劄彈壓，凡有關係緊要事務，令其與康濟鼐等相商料理（硃批：此論深中肯綮，但敕書業經頒付來使同馬臘等于初九日起身矣，朕料目下或未必即有事，故可且令伊等到藏，卿仍照前議委一深信屬員與馬臘、僧格同往，令伊等到藏向康濟鼐、達賴喇嘛商酌機宜，請兵駐藏之語必出自伊等口中，再行派去方為妥協，今若遽然遣兵，似屬無因而至，且敕書內並無此意，唐古特人寧不妄生驚疑耶，已另降諭旨追付馬臘等，令詣卿處面商一切）其一切地方錢糧諸事不得干預，以免滋擾，至口糧錢糧寬裕支給，每歲約需銀三四萬兩，到藏之日聽其自行買備，三年更換一次，如此則有備無患，一遇諄噶爾有窺藏之信，即便會同康濟鼐等督率唐古忒之兵於噴多、樣八井險要之處勒兵拒守，乘其遠來疲乏以逸待勞，不難勦滅，倘賊勢眾大度量唐古忒之人不能拒敵，即領官兵先護送達賴喇嘛由叉木多一路前赴內地，則喀木藏衛之人心有所歸向，自必皆為我用。縱使諄噶爾之人再踞西藏亦不能固結彼處之

人，為其附和，加以我兵照從前川陝兩路齊進，恢復西藏實屬不難。但臣更有慮者，恐諄噶爾之人存心詭詐，一聞我兵進剿仍似從前將西藏所有之物滿載而逃，我兵追則不能，守亦不可，安藏之後勢必撤兵，數年之後如伊蓄養復來，則往返奔馳終無了局，此一勞永逸之計誠不可不早為籌畫也，臣再四思維合無仰請將三邊之兵預為操練精熟，甲仗衣糧馱載事事辦理完足，俟其一有觀藏之行，令駐藏官兵將達賴喇嘛保護而來，與其應援西藏不若乘虛直入搗其巢穴，彼如逃遁則因糧扼要，反客為主，務使殄滅醜類，以仰副我皇上久安長治之懷，庶屬一勞永逸之計也（硃批：若策妄阿喇蒲坦再逞強橫，自當用此著為是）但此兵作何預練方為精銳，馱載作何預備始不致糜費錢糧，其所經道路及如何因糧於敵反客為主，此時未奉諭旨，不敢瀆陳，如蒙允照臣議自當詳悉奏請聖謨，亦斷不敢率意冒昧，倘臣所見未協，必得川陝兩路進藏為是（硃批：此議似可不用），亦須將兩省兵馬預為料理，一有行走庶無遲誤機宜，臣知識短淺，且事關重大，故以兩議陳請，伏祈垂鑒採擇，謹奏。

硃批：卿之丹衷上蒼聖祖早賜鑒察矣，兩議俱係上策，此外更無別法，但朕尚未能洞悉策妄阿喇蒲坦之意，見據目下揆度似乎無事，然虜情叵測，終為國家隱憂，前一策欽差到藏後自應如此措置為是，後一策尤不可不備，朕于去歲曾經有旨照卿前議，且盡防守之道，縱令策妄阿喇蒲坦心懷跳梁，亦在來往遣使數次之後，方有舉動，斷無突然蠢動之理，彼既無詞，伊部落人等心亦不服，若果狡虜顯露不軌行迹，此一大事非卿朕無所倚賴，彼時卿須赴京與朕通盤籌筭，謀定萬全，庶幾一鼓可望成功也，大槩機宜卿試預為籌畫，兵數共需幾何，進剿總有幾路，先呈朕覽。至于糜費錢糧之處不必介意，朕常有言，捨千萬帑金除卻策妄一大患，所得亦可償所失矣，凡遇一勞永逸之舉，朕不惜費，況戶部庫帑今歲可至五千萬，斯何足慮，此事尚非目下急務，徐徐詳議具奏，毋致過勞精神，卿其遵旨而行。

〔124〕陝西總督岳鍾琪奏周開捷不勝川提之任請特簡廉能之員補授摺（雍正五年二月二十二日）[2]-[9]-109

陝西總督臣岳鍾琪謹奏，為奏聞事。

竊臣保奏孫繼宗周開捷一摺蒙硃批諭旨，臣跪讀之下仰見我皇上至聖至明無微不照。竊查周開捷奏黃喜林與臣跪門一事實屬捏造，臣進剿桌子山〔註476〕

〔註476〕在今甘肅永登縣西南。

時曾遣紀成斌同周開捷領兵前赴甲爾多寺策應，嗣聞周開捷紀成斌因安營細事爭論角口（硃批：是，選侍衛之千總亦如是奏），臣思同事領兵必須和衷料理方克有濟，若任性使氣恐悮軍機，隨嚴加戒飭，伊等跪求是實，今周開捷將己過歸移他人，且妄瀆聖聰（硃批：原屬大錯，向他不必提起，亦不過為己之心切耳，大笑話，看他一切奏對似少舞聰明之人，然聞他約束兵丁整理營伍甚好，摠兵中一好摠兵也），看此存心不特不勝川提之任，及西寧重鎮亦難信任矣，伏乞聖明垂察。至川提一缺就臣所知人內實難其選，周瑛熟諳番情為人誠實，倘有領兵行走之處頗堪獨當一面，若整飭營伍操練兵馬亦非所長，且四川營伍漸覺廢弛必得才守兼優之人方能整頓（硃批：黃廷桂此人甚好，到來你看，然亦不可迎合，致悮地方，你留心察訪據實奏聞，此人當日僅識面，從未交一言，觀其光景亦不料竟能如此，況係黃秉忠之子，前日方曉得，那樣人如何生此子），仰懇聖慈俯念四川地方緊要特簡廉能之員補授，庶於營伍地方均有裨益，及西藏等處一切事宜臣亦得相商料理矣，為此恭摺密奏，伏乞睿鑒，謹奏請旨。

雍正五年二月二十二日具。

硃批：覽。

附修訂摺一件

同日又奏，為奏聞事。

竊臣保奏孫繼宗周開捷一摺蒙硃批諭旨，臣跪讀之下仰見我皇上至聖至明，無微不照。竊查周開捷奏黃喜林與臣跪門一事實屬捏造，臣進剿桌子山時曾遣紀成斌同周開捷領兵前赴甲爾多寺策應，嗣聞周開捷與紀成斌因安營細事爭論口角（硃批：是，據檢選侍衛之千總亦如是奏），臣思同事領兵必須和衷料理方克有濟，若任性使氣恐誤軍機，隨嚴加戒飭，伊等跪求是實，今周開捷將己過歸移他人，且妄瀆聖聰（硃批：原屬大錯，卿向伊不必提起，總因為己之心太切，釀成笑柄耳，雖其一切奏對頗似舞弄聰明，然聞伊極能約束兵丁，整理營伍，仍屬各鎮中一好總兵也），看此存心不特不勝川提之任，及西寧重鎮亦難信任矣，伏乞聖明垂察。至川提一缺就臣所知人內實難其選，周瑛熟諳番情為人誠實，倘有行走之處頗堪獨當一面，若整飭營伍操練兵馬亦非所長（硃批：今用黃廷桂，其人甚好，卿見即知，然亦不可迎合朕意，致誤地方，于其到任後留心察訪，據實奏聞，朕于當日雖經識面，未與之言，觀其光景不料竟能如此，況係黃秉忠之子，若人何生如是佳兒），仰

懇聖慈俯念四川地方緊要特簡廉能之員補授，庶於營伍地方均有裨益，及西藏等處一切事宜臣亦得相商料理矣，為此恭摺密奏，伏乞睿鑒，謹奏。

硃批：覽。

〔125〕陝西總督岳鍾琪奏請解總督之任授以甘督專管三邊兵馬事務摺（雍正五年二月二十二日）[2]-[9]-110

陝西總督臣岳鍾琪謹奏，為敬陳下悃仰祈睿鑒事。

竊臣邊鄙庸愚，遭逢聖主，受恩深重，仰報末由，而犬馬寸私則有日夜激勵不敢稍懈於隱微者，茲臣因具奏叉木多等處駐兵援藏一摺仰蒙諭旨命臣詳細再加通盤籌畫，權其輕重得確見合宜之論時奏聞，朕再斟酌，欽此。臣業已另摺備陳之矣。臣之所論應援西藏不若乘虛直入搗其巢穴者此臣上報聖恩之素志也，特以職分所當自盡之事不敢瑣瀆，且諄噶爾現在恭順未露窺藏之迹，臣更不敢冒昧懸擬，今既仰蒙垂詢合宜之論，則臣愚以為保護達賴喇嘛固重於兩路救藏，而剿滅諄噶爾尤重於保護達賴喇嘛也，倘策妄阿喇布坦怙終不悛，必欲自取滅亡再有窺藏之舉，臣雖無才或統兵進藏或直搗巢穴皆可仰伏天威稍竭涓埃之報。但臣之所慮者臣行年四十有二，雖在壯歲已得怔忡及手足疼痛之病，前臣業經奏明蒙我皇上眷注深恩頻加慰諭，臣敢不努力支持上副恩命，但思總督重任事事俱關緊要，臣未諳吏治，意見遲鈍，每日辦事必至三更，精神心血較前更減，誠恐日復一日年復一年臣身因循成疾，萬一有馳驅塞外之舉智慮不無昏憒精力不無卒減，則欲踐今日之言臣未能自信其功之必成，而時不再來實有急切於無已者，臣之報效愚誠寢食惟此，每一念及不覺涕零，臣非敢以薄書鞅掌妄自言勞於君父之前也。至總督兼轄文武雖有節制鎮提之責，而兵馬事務不過時加稽察嚴飭將弁勤於操練整理而已，勢不能挨營逐隊親為訓練，且臣駐劄西安又與三邊相去遙遠，實於操練兵馬之事鞭長莫及，伏懇聖慈察臣之愚憐臣之病亟賜特簡賢能代臣總督之任，或荷天恩授臣以甘肅提督俾得專管三邊兵馬之事，庶可調治筋骨蓄養心神以遂臣仰報素志，在臣犬馬之意總以得一盡職之官便可藉為効命之地，而爵位崇卑實不敢稍自計及。倘蒙寵眷以臣曾為總督或無轉調提督之例，仰乞特恩俯加臣以將軍職衙兼管提督事務，則臣得盡其心力於兵馬之事，而自後有生之年皆仰報洪慈之日，臣雖肝腦塗地斷不敢稍有推諉，上負我皇上簡用之隆恩耳。若夫兵馬如何操練精銳馱載馬駝作何喂養齊備甲仗軍裝如何製造完固，以上各項事宜皆非一時所能猝辦，倘得於二三年間容臣專心籌畫逐一次第料理則備而不用亦不致糜費錢糧，倘驟遇不虞

又能行走神速，此實臣力之所能身任，而不得不亟請聖主垂鑒，竟以諄噶爾之事交臣專理者也，至於一切機宜臣雖稍有一得之愚而事理煩瑣，誠非摺內所能具奏，仰懇聖恩俯准容臣於回陝之日進京叩覲天顏，奏請訓旨，伏乞恩鑒，為此謹具密摺恭奏請旨。

雍正五年二月二十二日具。

硃批：卿此奏朕含淚覽焉，事情尚非急務，朕看西邊兵丁一年操練工夫足可適用，朕先已密諭與卿，朕必令你兼文，便將來用卿任此事時亦著人署理，或調卿他省朕心方愜矣。於文案細事如必件件親理實不勝其煩，可延好幕客數人少代細小之事不妨，必遵朕旨而行。摠有些微差錯朕不怪也，或有謗言入耳，朕亦不以卿為偷安，想卿可忙中少計安養，保和精神以備與國家效此一大力，但朕再不興必欲滅策妄之念，盡朕之心以開導挽回，彼若必執迷，朕至無可奈何，告天地時朕方舉行此事也，兵者危事，朕斷不敢為天下先，但國家既有此一事亦不可忽而不備，朕看光景事屬尚早，況摠督川陝實不得人，便今摠督六人亦卿與鄂爾泰高其倬朕可保勝任，其他豈摠督之才也，奈何奈何。況川陝尤難得人矣，卿可遵朕旨料理，摠綜大事，卿正壯年，去歲來朕看卿精神力量不至勉強。再卿之宿疾有一醫官劉裕鐸〔註477〕，此人醫道頗有可觀，朕已命他看視齊蘇勒去矣，待他回來使他來，卿可與他斟酌調理，想必能全愈也。卿可暫將川省一切事宜次第料理畢，回陝時或今冬明春卿來見朕，此間大槩策妄處必露光景，朕與卿再面加詳悉商酌，朕尚有密諭卿之事。再程如絲之案朕已有旨命黃炳來會同卿、馬會伯、憲德察審，此事卿不必出立主見，隨伊三人審理，內中如另有緣由可密奏朕知，朕自有道理，因此事內中有一點形跡恐卿作難，故特密諭。

附修訂摺一件

同日又奏，為敬陳下悃仰祈睿鑒事。

竊臣邊鄙庸愚遭逢聖主受恩深重，仰報未由而犬馬寸私則有日夜激勵不敢稍懈于隱微者，茲臣因具奏叉木多等處駐兵援藏一摺欽奉硃批諭旨，業已另摺備陳之矣，臣之所論應援西藏不若乘虛直入搗其巢穴者此臣上報聖恩之素志也，切以諄噶兒現在恭順未露窺藏之迹臣更不敢冒昧懸擬，今既仰蒙垂訓合宜之論，則臣愚以為保護達賴喇嘛固重于兩路救藏，而勦滅諄噶兒猶重于保護達賴喇嘛也。倘策妄阿喇蒲坦必欲自取滅亡再有窺藏之舉，臣雖無才

〔註477〕劉裕鐸，回族，為雍正乾隆朝著名醫官，與吳謙主修《醫宗金鑒》。

或統兵進藏或直搗巢穴皆可仰伏天威稍竭涓埃之報，但臣之所慮者臣行年四十有二，雖在壯歲已得怔忡及手足疼痛之病，前已奏明，今思總督重任事事俱關緊要，臣未諳吏治，意見遲鈍，每日辦事必至三更，精神心血較前更減，誠恐日復一日年復一年臣身因循成疾，萬一有馳驅塞外之舉智慮不無昏憒精力不無卒減，則欲踐今日之言臣未能自信其功之必成，而時不再來實有急切於無已者，臣之報効愚誠寢食惟此，每一念及不覺涕零，臣非敢以薄書鞅掌妄自言勞於君父之前也。至總督兼轄文武，雖有節制提鎮之責，而兵馬事務不能挨營訓練，且臣駐劄西安又與三邊相去遙遠，實於操練兵馬之事鞭長莫及，伏懇聖慈察臣之愚憐臣之病亟賜特簡賢能代臣總督之任，或荷天恩授臣以甘肅提督俾得專管三邊兵馬，庶可調治筋骨蓄養心神以遂臣仰報素志。倘蒙寵眷以臣曾為總督或無轉調提督之例，仰乞特恩俯加臣以將軍職銜兼管提督事務，則臣得盡其心力于兵馬之事，而自後有生之年皆仰報洪慈之日，雖肝腦塗地斷不敢稍有推諉，上負我皇上簡用之隆恩耳。若夫兵馬如何操練精銳馱載馬駝作何喂養齊備甲仗軍裝如何製造完固，以上各項事宜皆非一時所能猝辦，倘得於二三年間容臣專心籌畫逐一次第料理，則備而不用亦不致麋費錢糧，倘驟遇不虞又能行走神速，此實臣力之所能身任而不得不亟請聖主垂鑒，竟以諄噶爾之事交臣專理者也。至于於一切機宜臣雖稍有一得之愚而事理煩瑣，誠非摺內所能具奏，仰懇聖恩俯准容臣於回陝之日進京叩覲天顏奏請訓旨，伏乞恩鑒，謹奏。

硃批：此奏為卿含淚覽焉，事情雖重大尚不至緊急迫切，朕前已曾密諭，且觀西邊兵丁不過操練年餘儘可濟用，毌需二三年之久，卿必兼文朕心方愜，將來便畀卿以軍旅之寄，本任止命人暫署抑或調任他省終不削去總督職銜專任以武事也，總督任重事繁如必欲件件親理實不勝其紛紜，宜延請優等幕客數人分治瑣務，庶幾少代耳目之勞，必遵朕旨而行，即有些微舛錯定予以原情見恕，縱使謗言上達斷不以偷安相責，卿可于忙中覓暇保養精神以備與國家効此心力。至于醜虜策妄阿喇蒲坦朕初不存勦滅之念，唯盡朕之心以多方開導，彼若怙惡不悛終于執迷至萬不獲已，可告之天地祖宗時方始舉行此事耳，兵者危事朕斷不敢為天下先，雖然國家既有此事亦安可忽而不備，但看光景為期尚早。而現今總督川陝又實難得人，不特川陝即今總督六人內亦止卿與鄂爾泰高其倬可保勝任，其餘豈總督之才耶，奈何奈何。況卿正當壯年可仰遵朕旨總持大綱，分寄細務，不必過辭。據前歲來京之精神力量觀之尚不至于勉強，若慮

宿疾難于治療有醫官劉裕鐸，其人醫術頗有可觀，現命看視齊蘇勒在准，俟伊回京遣來看卿，告以病源與之斟酌調理，諒必可期全愈，目今暫將川省一切事件次第辦畢回陝，或于今冬明春來京見朕，至時大約策妄阿喇蒲坦必露情形，朕與卿面為酌計一番方可決定機宜，且更有密諭卿之事也。再者程如絲之案朕已有旨命黃炳往川會卿并同馬會伯憲德察審，卿于此案不必立主見，憑伊三人審鞫定擬，其中若另有緣由密行奏聞，朕自有裁奪，斯事不無些微行迹，恐卿作難，故特此諭知。

〔126〕雲南總督鄂爾泰奏請改衛為縣添設官兵等五事摺（雍正五年三月十二日）[2]-[9]-172

雲南總督臣鄂爾泰謹奏，為奏明事。

竊照湖廣所屬之五開銅鼓平溪清浪四衛奉旨歸黔管轄，原防四衛官兵應行撤回之處臣已准署總督都御史臣傅敏〔註478〕咨商會題，所有五開銅鼓二衛自應將黔省黎平協官兵撥防，查黎平懸處彝藪，該協原設副將一員守備一員兵丁六百二十名，從前止一府一縣尚慮不足彈壓，今加五開銅鼓兩衛地方愈加遼濶，若止以從前之兵零星分佈未免顧此失彼，應于黎平協添設守備一員分為左右兩營，添兵三百八十名以敷一千之數，分防五開銅鼓各緊要地方，但應增兵丁無可抽撥之處應請旨添設。其平溪清浪二衛必得大員駐劄始有裨益，查思州府地方昔與楚屬接壤，原為黔之邊地，今平溪清浪既已歸黔，則思州即係腹裏，應將鎮遠協分防思州之遊擊把摠兵丁移駐平溪衛防守，其清浪衛即于分防平溪官兵內撥防，思州府于鎮遠協內撥千摠一員帶兵防守。再平溪清浪衛官無刑名之責，向俱移送沅州等州縣審理，今改隸思州府管轄，應照五開銅鼓改衛為縣之例將平溪清浪二衛改為二縣，一切刑名錢穀各專責成，并各設典史一員以供巡緝。至于衛學教授應改為教諭，頒發知縣教諭印信學記，臣咨商提臣楊天縱批行按察司富貴，准咨覆詳無異，已于本年二月十九日會疏具題在案。又貴州安順府東南四十餘里有城名安順州，乃明朝土知州張洪烈改土歸流之舊治，地方遼濶人烟輻輳，向未設有職官，而衖蠹土棍把持武斷，窩藏奸犯，欺凌良懦，無所不為，臣前赴黔省訪聞既確隨與提臣楊天縱面商并囑伊查覆。茲准覆稱細審其地形勢宜立一營，設守備一員千摠一員把摠二員兵丁三百二十名駐劄安順州，名為安順營，提標壩陽等四汛

〔註478〕《清代職官年表》部院大臣年表作都察院左都御史福敏。

歸併管轄，守備千把請另添設，其兵丁在壩陽等四汛原有三百二十名可以分防，毋須議增（硃批：應議增者不可惜費），咨請會題前來。臣查其地漢彝雜處，更需文員協同料理，安順府城內有道府縣等官，應將安順府經歷移駐安順州城內，兼以巡檢職銜稽查匪類緝拿盜賊，則地方事務亦可無悞，現擬繕疏會題（硃批：覽）。

又前督臣高其倬題請于中甸安設大營兼設撫番清餉同知一員經歷一員巡檢二員，原以中甸可開鼓鑄可墾田土起見，臣諮訪中甸雖地方遼濶，然天氣寒冷不能種植，前所招佃民久已逃散，且銅廠息微，公私無益，業經題明封閉。查維西一帶地氣和煖可種稻麥，況內接鶴麗鎮劍川協之汛防，外通西藏，寔係扼要之區，應于維西建立大營設叅將一員駐兵四百名，中甸設守備一員駐兵二百名，阿墩子等處分設千把并兵丁共四百名防守，止需添叅將一員，其餘官兵在鶴麗鎮標劍川協援剿協抽調移駐，中甸同知經歷等官俱可不設，將鶴慶府通判移駐維西，劍川州添州判一員駐扎中甸，足可彈壓料理，現在分案具題（硃批：好）。

為又交阯分界建關一案，據開化鎮總兵官南天祥呈稱，承准照會親徃查勘，除久定之汛無庸更易外，立碑分界處共有九寨，悉皆層崖峭壁密箐深林，宵小最易潛藏，非增兵不能彈壓，應于本標三營內公撥官兵一百名派出守備一員輪流統率駐劄鉛廠河新立關內，其馬街舊設把總一員在汛兵丁一百名乃左營汛轄，今邊界既展至鉛廠河則馬街又屬內地，應將原設馬街汛弁兵移駐馬鞍山，與鉛廠河互相犄角（硃批：尚未見彼一言，朕尚稍疑，應備處當留心），連絡聲援俾得建威消萌等情，臣查交阯情形現已平靜，撥兵移汛自應及時，例批布按二司查議，俟覆到具題。

又武舉向有隨標舊例，後經停止，今據滇黔兩省武舉紛紛赴臣衙門具呈，咸稱雲南貴州地屬遐荒，武舉並無恒業，進京盤費艱難，每遇會試之年不免向隅而泣，懇復舊典。臣思武舉亦在鄉紳之列（硃批：武舉一種實無益，若令來分營伍之任，兵丁心不甘，若不賜一進身之路，滇省實居天末，此輩會試將近，實屬為艱，地方之不法無理莫如此輩，不但武舉便武進士朕亦不喜此途，二者朕尚未得主見，定時有諭），殷實者少貧乏者多，既不能上進又無以資生，遂甘自廢棄，多玩法妄行為地方害，亦宜有以安置之，現將兩省武舉題請仍准隨標効力，量材錄用，仰懇聖恩破例允准，于地方營伍似不無裨益，以上數件事關添設官兵，更易吏制，相應具摺奏明，伏乞聖主睿鑒施

行，臣爾泰謹奏。

雍正五年三月十二日

硃批：覽。

〔127〕陝西總督岳鍾琪奏覆敬遵聖訓與新任提督黃廷桂和衷協恭共勵報効摺（雍正五年三月二十五日）[2]-[9]-235

陝西總督臣鍾琪謹奏，為遵旨具奏事。

雍正五年三月初○〔註479〕日（硃批：不必介意，戲圈來的）奉到硃批上諭，黃廷桂補授四川提督，欽此。仰見聖明垂念封疆重大，特簡才能畀膺鉅任，又蒙周詳訓示，臣敢不感頌欽遵。雖黃廷桂與臣未曾相識，而與臣子岳濬文武同城，其辦事勤慎持廉奉公臣亦向所有聞，今臣得同事一方，正可共勵報効，惟俟提臣黃廷桂蒞任之時臣將邊防番彝情性營伍一切事宜詳細告知，仍敬遵聖訓和衷協恭，務期均有裨益，以仰體聖主殷殷之至意也，理合繕摺具奏，伏乞皇上睿鑒，為此恭奏以聞。

雍正五年三月二十五日具。

硃批：黃廷桂朕只見其辦理奏對好，向日未深交言，昨來京陛辭好極，此人可以筭一人物，朕甚慶喜，到任見面卿自知也。岳濬朕一見甚賞見他，不料此子大有骨氣，做官聲名辦事妥協，好之極，卿當慶快也，天道不棄，卿此一片公忠應生此等之子，稍年輕些，不然朕即大用矣，朕意再調他一要任，著他歷練學習學習，此子將來必成大器，朕保他。

〔128〕陝西巡撫法敏奏報赴藏欽差馬拉等員過省日期摺（雍正五年閏三月初九日）[2]-[9]-316

陝西巡撫臣法敏謹奏，為奏聞事。

雍正五年三月初八日准理藩院咨，欽差副都統馬拉〔註480〕、閣學士僧格〔註481〕奉旨前往西藏知照到臣，隨即轉行布政司遵照去後，今副都統馬拉等于閏三月初三日到西安省城固驛，馬不敷騎用，隨遵照上年副都統鄂齊等自西安赴四川添僱驟頭之例應付，已于次日起程矣，理合奏聞，為此謹奏。

〔註479〕　此處原文為硃筆塗成○。
〔註480〕　《欽定八旗通志》卷三百二十一作滿洲正紅旗副都統馬臘。
〔註481〕　《清代職官年表》內閣學士年表作內閣學士僧格。與馬臘同為首任駐藏大臣，巴林氏，蒙古鑲紅旗人，內閣學士，雍正五年至十一年駐藏辦事。

雍正伍年閏叄月初玖日

硃批：覽。

〔129〕陝西總督岳鍾琪奏報委員隨同馬拉僧格入藏緣由摺（雍正五年閏三月十一日）[2]-[9]-331

陝西總督臣岳鍾琪謹奏，為遵旨奏聞事。

竊臣奏請派撥糸遊一員兵三百名隨欽差進藏駐劄一摺奉到硃批諭旨，此論甚是，但勅書已寫付來使與馬臘等初九日起身矣，朕意目下未必即有事，可先令伊等到藏，卿仍遵前議委令一可信之員與馬臘、僧格同徃，令伊等到藏與康濟鼐、達賴喇嘛商酌，著他們請數百兵，那時再派去好，今若忽添兵去，況勅書內又無此語，恐唐古特人驚疑，已有諭旨趕送馬臘等，著他等到來再與卿面商矣，欽此。仰見我皇上睿慮周詳無微不燭，誠如諭旨所行乃出萬全之策，至於令康濟鼐達賴喇嘛請兵使唐古特人等不致驚疑之處，聖諭甚是，臣實愚昧未能見及於此，俟馬臘僧格到日容臣再與面商，另行具摺奏聞。再臣前奉諭旨令臣將素知信任經歷之官揀選一員，不必引見令其預備，俟僧格馬臘至時一同前去，欽此。臣查特授莊浪營糸將顏清如人去的，辦事好（硃批：此人聞得著實好，朕尚未見面），前隨師由木魯烏蘇一路進藏，後從叉木多回來，熟悉藏裡情事，今委令隨同欽差在藏駐劄，實屬可用，但查自叉木多進藏一路該員止行走一次，恐途間事宜尚未深諳，臣復選得永寧協屬大壩營把總梁萬福（硃批：甚好）先曾進藏三次，去年又隨欽差鄂齊等進藏，其道路一切事宜甚屬諳練，並通曉唐古特番語，令其隨顏清如同去，諸事有益，理合遵旨奏聞，伏乞睿鑒，為此謹聞。

雍正伍年閏叄月十一日具。

硃批：覽。

〔130〕陝西總督岳鍾琪奏奉旨確覈平定青海官員功績摺（雍正五年閏三月十一日）[2]-[9]-335

陝西總督臣岳鍾琪謹奏，為遵旨奏明事。

臣准部咨，奉上諭，從前議敘平定青海功績朕俱詢問年羹堯分定等次，朕意以為年羹堯斷不忍欺，故信之不疑，皆准所請，今只以宋可進賞給三等阿達哈哈番而黃喜林賞給二等阿達哈哈番，據此則從前議敘各官輕重失實不能公平顯然矣，著將本內諸人議敘之處交與岳鍾琪秉公分別具奏到日，議政大臣大

學士等定議具奏，欽此。臣伏查甘肅提臣宋可進前於京營參將任內在西寧軍前駐防塞外歷有年所，雍正元年十月內撤兵進口，適逆彝羅卜藏丹盡狂悖犯順，驚擾西寧南北西三川，宋可進帶領西寧鎮標官兵奮勇救護，大敗逆彝，後在青海行走首先迎敵，屢著勤勞。雖原任西寧總兵黃喜林進勦青海時統領先鋒官兵至騰革里地方，亦曾立有功績，然於逆彝初肆猖獗侵犯三川之時黃喜林俱未臨敵，即青海軍前功次亦不能居於宋可進之上。其副都統臣達鼎在青海軍前領兵晝夜分馳直至騰革里，又至索諾木〔註482〕地方追殺堅參堪布〔註483〕，擒獲七慶台吉〔註484〕，功苦倍著，乃年羹堯於議敘青海功績分定等次之時將黃喜林請賞世職優於宋可進達鼎二人，似屬未公，今蒙我皇上明並日月，特旨命臣分別具奏，臣秉公確覈，當以宋可進為首功，達鼎黃喜林次之，紀成斌又次之，庶幾於酬庸懋賞之典不至輕重失實矣。再查周瑛在藏駐劄，郝玉麟駐防叉木多，俱能仰體聖主柔遠之懷，招撫番眾彈壓地方，均克盡職，前蒙恩賞世職實屬允當。至於蘇丹係議政之員，已蒙聖恩賞給世職，但議政議敘之例臣未深知不敢懸議，恭請皇上欽定，理合遵旨據實奏明，伏乞皇上睿鑒，為此謹奏以聞。

雍正五年閏三月十一日具。

硃批：大學士同該部議奏。

〔131〕陝西總督岳鍾琪奏陳病故內閣學士鄂賴軍前功績請旨加恩摺（雍正五年閏三月十一日）[2]-[9]-336

陝西總督臣岳鍾琪謹奏，為據實密奏恭請聖鑒事。

伏思我皇上至德同天，弘仁及物，內外大小臣工沐聖主高厚之恩至優且渥，臣恭膺鉅任，既有見聞，敢不上體聖主微功必錄之仁，敷陳上奏，以仰請皇上之采擇也。竊查原任病故內閣學士鄂賚前於康熙五十八年由部郎隨軍征藏，經理軍需並無違誤，迨雍正元年奉命進藏，適逆彝羅卜藏丹進狂悖犯順，藏地番民聞風驚駭，人心搖惑，斯時鄂賚孤身遠處，一聞信息即宣佈恩威，曉諭番眾，又復訓練番兵，分守要隘，隨後周瑛亦領兵繼進駐劄，鄂賚即同心協

〔註482〕 三岔口之意，今青海省瑪多縣附近。

〔註483〕 青海地區有達賴喇嘛、班禪額爾德尼所屬住牧之人，此堪布為達賴喇嘛派駐青海管理屬人之堪布。

〔註484〕 疑即吹拉克諾木齊，此人原為青海蒙古雍正元年羅卜藏丹津叛亂之前右翼盟長，顧實汗圖魯拜琥第七子瑚嚕木什之孫，《蒙古世系》表三十七失載，《松巴佛教史》頁五五三表十載其父名旺欽，己名曲扎諾木真台吉。與《如意寶樹史》頁七九〇後表五校，己名曲扎諾木齊台吉，諾木真為諾木齊之誤。

力，籌畫有方，人心遂定。及青海事竣奉旨撫恤流離，編設佐領，鄂賚持廉矢慎，事事合宜，旋因病卒於西寧，蒙聖恩格外恤賞，諭旨褒崇，浩蕩皇仁，莫不感而欲泣，今因宋可進等世職一案，蒙皇上於加恩行賞之中，甄別詳慎，誠以嚴濫賞者，正所以勸有功也，臣因思鄂賚軍前功績實與周瑛、郝玉麟相等，可否加恩，皆出自聖主隆仁，非臣所敢擅請，理合繕摺密奏，伏乞皇上睿鑒，為此謹具摺密奏以聞。

雍正五年閏三月十一日具。

硃批：鄂賚先已賜世職矣，此奏甚是公當。

〔132〕西藏辦事大臣馬喇等奏報自成都府起程赴藏日期摺（雍正五年四月十六日）[1]-2621

奴才馬喇〔註485〕、僧格謹奏，為奏聞事。

竊奴才等於閏三月二十七日抵成都府，巡撫馬會伯〔註486〕欽遵上諭將賞銀五千兩給奴才等外，其奴才等乘騎馱載馬匹帳鍋等物及駐藏一年行糧奴才等照巡撫撥給數接受整理畢，將於四月十八日自成都府起行，為此謹奏以聞，再將由地方撥給之銀兩細數另行繕摺，一併謹奏覽。

雍正五年四月十六日

〔133〕副都統馬喇等奏報備辦派藏兵丁事宜摺（雍正五年四月十六日）[1]-2622

副都統臣馬喇等謹奏，為遵旨奏聞事。

竊臣馬喇、臣僧格接准議政王大臣咨送上諭，臣等謹遵，於閏三月二十七日到達四川省城，與督臣岳鍾琪詳細會議，前蒙我皇上頒發達賴喇嘛等敕書內未將發兵之事開寫，今忽添兵同去，恐西藏人等不知緣故或致驚疑，聖諭周詳無微不照，惟一面遵旨先將兵丁派定應用什物俱預備停當，俟臣馬喇、臣僧格帶同派出參將顏清如，於到藏之日看彼處情形，與達賴喇嘛、康濟鼐商議，如果添兵駐劄實在有益，臣馬喇等一面請旨一面移咨督臣岳鍾琪，將預備之兵即行發往，如此誠為萬全之策。再臣岳鍾琪查駐藏兵丁其馬匹最關緊要，若派撥四川之兵由打箭爐一路進藏道路險遠，恐騎馱馬匹不無倒斃之處，莫如挑選西寧兵丁三百名即由木魯烏蘇一路進藏，道路平坦水草俱好，

〔註485〕《欽定八旗通志》卷三百二十一作滿洲正紅旗副都統馬臘。
〔註486〕《清代職官年表》巡撫年表作四川巡撫馬會伯。

兵馬行走甚為便易，臣今密飭西寧鎮臣周凱捷〔註487〕在標營內挑選兵三百名聽候遣用，凡騎駄馬匹應用什物俱預備停當，俟副都統臣馬喇等移咨到臣，臣即遵原奉諭旨將西寧預備之兵揀委遊擊一員令其帶領由木魯烏蘇一路前往駐劄。再目下馬喇等齎捧敕書及頒賜達賴喇嘛等什物前去其護送之兵亦不可少，相應仍照上年欽差鄂齊等進藏之例在四川提標及化林協兩處只派撥馬兵三十名護送前往，其兵丁騎駄馬匹口糧鹽菜等項照例支給，所有臣等遵旨公同面商事宜理合繕摺謹奏以聞。

　　雍正五年四月十六日

　　副都統臣馬喇。

　　內閣學士臣僧格。

　　陝西總督臣岳鍾琪。

〔134〕陝西總督岳鍾琪奏報提臣黃廷桂議論事務明白謹遵旨留心體察摺（雍正五年四月十六日）[2]-[9]-490

　　陝西總督臣岳鍾琪謹奏，為奏聞事。

　　臣奉硃批諭旨，黃廷桂朕只見其辦理奏對好，向日未深交言，昨來陛辭，好極，此人可以算一人物，朕甚慶喜，到任見面卿自知也，欽此。臣查提臣黃廷桂抵任以來與臣接談之間聽其議論事務誠如聖諭，甚是明白，但蒞任方始尚未見諸行事，臣惟恪遵前旨留心體察，且現今密邇同城，一切事宜皆可得之於確知酌見，容臣另行據實密奏外，合先繕摺奏聞。再臣前摺內遺寫日期實因一時疎忽，今蒙聖恩不加嚴飭，臣謹一併奏謝，伏乞睿鑒，為此謹奏。

　　雍正五年四月十六日具。

　　硃批：人不可必其世事數時，摠以據實奏聞。

〔135〕四川巡撫馬會伯奏報欽差副都統馬拉等起程進藏日期摺（雍正五年四月十八日）[2]-[9]-512

　　四川巡撫臣馬會伯謹奏，為奏聞事。

　　竊照欽差副都統馬拉內閣學士僧格等於本年閏叁月貳拾柒日抵成都府，臣欽遵俞旨即將恩賞馬拉等銀伍千兩照數交給，又馬拉等所需騎駝馬匹帳房鑼鍋并一年口糧等物臣豐裕折給銀兩，料理齊備，今馬拉等於肆月拾捌日自

〔註487〕《甘肅通志》卷二十九頁十九作鎮守西寧臨鞏總兵官周開捷。

成都府起程進藏。再督臣岳鍾琪遵旨揀選松潘鎮標中軍遊擊今陞莊浪營叅將顏清如，大壩營把總梁萬福帶提標兵丁二十名化林協兵丁一十名隨馬拉等進藏，所需官兵口糧馬匹等項銀兩俱經照例折給，同日起程隨徃進藏訖。除用過銀兩數目具疏題報外，所有副都統馬拉等起程日期理合繕摺奏聞，伏祈皇上睿鑒。

雍正伍年肆月拾捌日

硃批：覽。

〔136〕陝西總督岳鍾琪奏報料理郭羅克地方不法番族情形摺（雍正五年五月十三日）[2]-[9]-619

陝西總督臣岳鍾琪謹奏，為奏聞事。

臣查松潘口外上中下郭羅克地方番族賦性頑野，劫奪為生，在口外屢行不法，臣於康熙六十年十月內奉旨率師進剿，將中郭羅克下郭羅克兩處賊番盡行剿滅，惟上郭羅克番眾數百戶情願改革前非，輸誠投順，臣仰體聖祖仁皇帝好生之仁准其歸服，復因地處邊外而伊等既無恆產又無常業，若隸內地管轄鞭長莫及，難於約束，隨查其地勢境址，與雜谷土司界壤相連，若令土司管轄則就近科理似屬有益，經臣將雜谷土舍囊貰沙加布〔註488〕請旨授以長官司職銜，管理上郭羅克番族，兼可少分雜谷土司之勢，數年以來頗皆安靜住牧，詎於去年復逞故智，將出差口外之遊擊邱民揚行李馬匹搶劫一空，臣據報即行具摺奏聞并轉飭松潘鎮臣張元佐查拏賊番追取搶去各物，隨據張元佐報稱拏獲賊番二名，其搶去邱民揚之衣物馬匹亦俱追獲等情，臣因餘賊未獲正復嚴飭務行全獲間，詎知奸番藐不畏法又將額爾得尼濟濃丹仲〔註489〕等馬匹牛羊恣意搶奪，經副都統臣達鼎具摺奏聞，議政議覆令臣一面料理一面奏聞，奉旨依議，欽此。臣思上郭羅克奸番違背聖祖仁皇帝寬大之恩，仍敢肆兇逞惡，不法已極。再囊貰沙加布係專管伊等之長官司，而雜谷土司班第兒吉〔註490〕有統轄之責任，今並不嚴加約束任其作奸，罪亦難逭，雖經獲有

〔註488〕《中國土司制度》頁二三七載雜谷宣慰司宣慰使板地俪吉，沙加布即其子，治所在今四川省理縣雜谷腦鎮。

〔註489〕屬土爾扈特部遊牧於青海者，《蒙古世系》表四十六作丹忠，號額爾德尼濟農，父拜博。

〔註490〕《中國土司制度》頁二三七作雜谷宣慰司宣慰使板地俪吉，治所在今四川省理縣雜谷腦鎮。

賊番二名皆非逆首，不便完結，臣嚴飭土司班第兒吉并囊貟沙加布帶領土兵擒拏賊首，查追所搶馬匹牛羊，并嚴查有無藏匿羅卜藏丹進、吹拉克諾木齊等逃遁之部落，仍令料理妥當，務期一勞永逸，以贖前愆，不得草率完結。嗣據報稱青草未長，難以進兵，臣復飭其將土兵預備停當，另檄調遣去後。今查青草已經發生，臣專差松潘鎮標千總郭子侯張懷元二人前往雜谷，督催土司班第兒吉等即帶土兵速往進勦，又恐奸番四散竄匿，隨飛檄松潘總兵張元佐派委守備宋宗璋、千總馬龍前往新撫阿壩地方挑領阿壩土兵分路堵截，并嚴飭化林協於所屬新撫霍耳地方防範稽查，毋致賊番兔脫，復移咨副都統臣達鼐令其知會青海蒙古人等各就其住牧地方留心查察，不許容留潛匿外，臣先將料理緣由遵旨繕摺奏聞，伏乞睿鑒，為此謹奏。

雍正五年五月十三日具。

硃批：甚好，當日西海那等情形卿尚成前之功，目今內外清楚，不過如強盜禽獸之類耳，朕不慮也，卿酌量料理奏聞可也。

〔137〕陝西總督岳鍾琪奏報西寧沿邊岷州土司黃登楚江挫等不法情事摺（雍正五年五月十三日）[2]-[9]-620

陝西總督臣岳鍾琪謹奏，為奏聞事。

竊查西寧沿邊一帶土司前臣遵奉密諭逐一確查，皆能安分守法，撫恤土民，惟岷州土司黃登楚江挫〔註491〕貪虐成性，縱子劫掠，又有土司趙廷賢〔註492〕係其至戚相助為非，土民不堪魚肉，有喇的等於去年聯名訐告，俱願歸流輸賦，臣准據署甘提臣田畯、西寧鎮臣周開捷各咨報前來，臣隨轉飭蘭州按察司李元英先將土司黃登楚江挫父子併有名黨惡拘調到蘭，一面會委文武能員查造戶口錢糧各冊呈送，以便繕疏題請改土歸流去後。於本年閏三月內據李元英報稱已將土司黃登楚江挫父子設法喚出，現在羈禁蘭州，併移委蘭州營遊擊張興、岷州撫民同知熊學烈前往編查戶口錢糧，俟造冊到日會詳呈請具題矦審，請旨改土歸流等因。臣正在查催繕疏間，今准欽差刑部侍郎臣黃炳咨稱，雍正五年閏三月二十五日面奉上諭，你將此事交與岳鍾琪，趙連等若果被冤是實，自應代伊等雪冤，將土司黃登楚江挫治罪，其伊等既情願改土為流似屬可行，但亦須看其地方情形有無妨礙之處，著岳鍾琪查明具

〔註491〕今甘肅省舟曲縣憨班鄉兵馬村人，曾建黑峪寺。
〔註492〕《中國土司制度》頁一二九七作岷州土副千戶趙廷賢。

奏，欽此。將番民趙連等四名交與臣標中軍副將曹勤查收，先將趙連等原呈一紙原冊二本備咨到臣，當即欽遵諭旨除轉行蘭州布政司鍾保、按察司李元英併案嚴審，其改土歸流事宜以及地方情形行令確勘妥議，統於審結之日另疏題報，臣先將土司黃登楚江挫等不法情事會疏題叅外，理合繕摺奏聞，伏乞睿鑒，為此謹奏。

雍正五年五月十三日具。

硃批：甚好，朕觀趙連等情辭哀切，似非捏成誣陷人者，應如是料理。

〔138〕陝西總督岳鍾琪奏謝聖恩傳諭領回在京丟失皮衣摺（雍正五年五月十三日）[2]-[9]-621

陝西總督臣岳鍾琪謹奏，為恭謝天恩事。

臣准兵部咨開，奉旨馬齊衣服交與馬齊，岳鍾琪衣服爾告訴奏事之人，如有岳鍾琪人來時交給，亦告訴該部，如有行文順便將衣服帶去交與岳鍾琪，欽此。竊臣於雍正三年十月內陛見，在南海甸寓所失去皮衣四件，彼時臣即查詢，因家人開門偶出衣服隨即不見，臣見事屬可疑是以未即奏聞，今巡捕營守備韓祥將賊犯緝獲，追出竊去原衣，蒙聖恩傳諭到臣，遵即望闕叩謝，容有便差臣令其赴部具領外，理合繕摺恭謝天恩，伏乞睿鑒，為此謹奏。

雍正五年五月十三日具。

硃批：此事有人在朕前言及卿為何未據實奏聞，隱此事者，朕曰不然，凡人各有地步，他乃封疆大臣，今居海淀，咫尺而被盜，他便奏朕，豈不想到關朕顏面乎，若在西安被盜若不奏朕則謂欺隱也，彼亦深愧服朕論，又言卿為何不加防範而被盜者，朕云諸人皆可防範，惟陛見來督撫防範不得，而在岳鍾琪更不可防範也，知者為防盜，無知小輩窺其隙而不得，加以未陛見，夜間全長隨兵丁用意防護，可思之在他行得麼，此人亦大笑，以朕言為是，朕此論廷臣多有聞之者，隨奏謝之，因偶爾言來，卿等當知朕體量人情之備悉也。

〔139〕雲南提督郝玉麟奏報滇川疆界分定彝民悅服情形摺（雍正五年五月二十六日）[2]-[9]-657

提督雲南等處地方總兵官署都督僉事紀錄一次臣郝玉麟謹奏，為奏聞事。

竊照奔子欄劃分地界，喇嘛東珠扎什頑梗煽惑情形，經臣於雍正肆年拾壹月繕摺奏聞，仰蒙皇上至聖至明，無微不照，雍正伍年叁月初拾日臣蒙兵部割付，內開議政大臣會議得喇嘛東珠扎什甚屬奸詭生事，不可留在奔子欄

地方，應行文管理奔子欄地方官員將東珠扎什拏送四川，其郝玉麟料理歸入
中甸管轄者甚是，作速行文總督岳鍾琪，照依郝玉麟辦理可也等因轉奏。奉
旨，依議，欽此欽遵，劄行到臣。察東珠扎什臣未奉部文之先，據雲南駐防阿
墩子遊擊顧純祖稟稱，奔子欄喇嘛東珠扎什於正月貳拾貳日帶家人已往巴塘
去訖，查巴塘係四川地方，近於川省，臣一面飛咨四川督撫提臣就近查拏，
並請撥巴塘營官壹人來滇管理割歸地方，庶番民相安，邊地敉寧等因移咨去
後，一面行知駐防奔子欄地方文武並出示曉諭番民。肆月拾肆日據雲南委官
管理中甸原任劍川州知州楊正輔，遊擊顧純祖詳報，內稱卑職等仰遵憲委，
遵即至奔子欄等候川員，閏叁月初伍日川委合州知州張植，化林協守備張聖
學到奔子欄，隨准移稱，本年正月拾陸日自成都起程，未至巴塘之先即預調
東珠扎布前來，叁月初壹日到巴，東珠扎什叁月初貳日亦至，該喇嘛深自悔
責，去歲不能力勸番眾，今情願隨至奔子欄開導番民以贖前罪，隨於初伍日
譯寫督撫兩憲告示，遍加曉諭，叁月拾伍日帶領巴塘營官並東珠扎什自巴塘
起程，閏叁月初伍日至奔子欄，初陸柒捌等日會同傳集奔子欄、其宗、喇普
等處頭人喇嘛番民宣播皇仁，明白開諭化誨，頭人喇嘛番民俱各悅服歸滇，
出具永不滋事甘結。查奔子欄之銅頂朗印角壩楮丫拉等處地方交錯，奔子欄
之內外俱係奔子欄熱傲壹人所管，應一併改歸滇省管轄。再查奔子欄過江肆
拾里，東接雲南中甸橋頭界，係往來必由之大路，酒巴塘綠玉所屬，查此路
沿途並無綠玉田地戶口，應將此一段大路亦改歸滇省以免人民地方摻雜隔越
之虞。所有各處大小地方柒拾柒處，頭人百姓共壹千陸百捌拾捌戶，並每年
上納國賦，開具清冊移交，即於閏叁月拾柒日公同前往丫拉勒石立界訖。隨
於貳拾日到阿墩子，貳拾肆日准川員移開，阿墩子起至為西止大小地方肆拾
捌處，頭人百姓共捌百陸拾捌戶，並每年上納國賦，而勒石應在阿墩子與阿
董交界之竹納卡山頂為界，當即會同川員於竹納卡勒石定界訖。而川省委員
旋奉督臣岳鍾琪，撫臣馬會伯檄行擒拏東珠扎什赴省，並議擬巴塘營官壹人
來滇之文，川員隨將東珠扎什押解成都，並撥巴塘營官喇嘛羅藏洛什移交滇
省，委員暫行管理。割歸滇省之奔子欄、其宗、喇普、為西、阿墩子一帶地方
各等情詳報前來。臣查東珠扎什已去，奔子欄番民又目睹聖諭，俱各歡欣鼓
舞，心悅誠服，願歸滇省，而兩省委員會勘勒石立界之處亦明晰妥當。雖阿
墩子與阿董地界相連，向係一處納糧當差，今見阿墩子割歸雲南，而阿董頭
人亦願歸滇管轄，懇求委員轉達，但臣細閱兩省委員報文，凡錢糧隔越摻雜

分截之處，頗為明確，況阿董所轄地方亦甚遼闊，臣奉旨會勘，原以阿墩子為界，若將阿董議歸滇省，則過阿墩子又有叁肆百里之遠，阿墩子以外自應歸之川省，今巴塘已撥有營官羅藏洛竹來滇仍舊管轄各地方，則邊地自可永遠乂安矣。所有疆界分定，彝民悅服情形，理合繕摺專差臣標千總鄭大志，家人劉芳貴齎馳奏聞，伏乞皇上睿鑒施行，謹具奏聞。

雍正伍年伍月貳拾陸日

硃批：欣悅覽之，善後事宜全在用得其人，慎之。

〔140〕四川提督黃廷桂奏奉岳鍾琪面傳手錄諭旨恭謝聖慈開導摺（雍正五年六月十九日）[2]-[10]-14

提督四川等處地方總兵官署都督同知仍帶拖沙喇哈番臣黃廷桂謹奏，為奏謝天恩事。

雍正伍年伍月初捌日川陝總督臣岳鍾琪面傳手錄諭旨一道到臣，臣隨恭設香案望闕叩頭謝恩，開讀內開，奉硃筆密諭，甚好，卿等料無負朕之理，但恐微員下吏欺隱爾等耳，當竭力留神察訪，時刻不可忽也，總之屬員不必深信而不加體察，便信得及之人留一番心，其長處更益加切知也，何妨乎，大槩接人之道不逆詐亦當不逆不詐，爾等封疆大臣只勉以不被人欺，何事不能辦理也，不被人欺之道非疑也，總令人欺，覺後不以被人欺為恥，少不粉飾瞻顧方能得不被人欺之本原也，此朕向來用人之一得偶而論來，馬會伯黃廷桂憲德可亦令聞之，欽此。臣跪讀再四不勝感激警惕，伏念臣質本庸愚，識見短淺，蒙我皇上天心仁恕訓示周詳，在京陛見時仰沐殊恩，已竊慶躬承提命，今奉職數千里外復邀垂注，俾與督撫諸臣共荷聖慈委曲開導，臣雖木石為心敢不遵旨勉勵竭力，留神時加察訪以期不被人欺，但恐愚鈍終不能覺，倘得覺後斷不敢粉飾瞻顧以上負聖明教誡之諄誠，以自貽終身衾影之危懼也，理合繕摺恭謝天恩，伏乞睿鑒，為此具摺謹差臣標千總段起賢齎摺奏聞。

雍正伍年陸月拾玖日

硃批：覽，勉之。

〔141〕噶爾丹策零奏報策妄阿喇布坦猝死並請遣人往西地念經摺（雍正五年七月初五日）[1]-2655

噶爾丹策零謹奏雍正皇帝明下。

竊於辰年〔註493〕我使者根敦等傳宣諭旨，朕願與爾父和好，爾亦聽爾父之言與朕子孫和好，欽此，照此諭旨今我亦願興廣黃教，俾眾生安居樂業，今年我父驟然亡故，從前遇類此事件赴西地誦經，用是為照此誦經以及興廣黃教，俾眾安居樂業事派我人前往，伏乞大皇帝明鑒，其緣由將口奏，以奏書禮進豹皮三十一張。

丁未年〔註494〕七月初五日

〔142〕陝西總督岳鍾琪奏覆辦理奔子欄番人東珠扎什不應歸滇情由並請免其治罪摺（雍正五年七月十三日）[2]-[10]-147

陝西總督臣岳鍾琪謹奏，為欽奉上諭事。

臣查奔子欄改歸滇省一案因委員會勘之時番人有不願歸滇之語，經臣奏明俟到成都遴員前往料理，諸事便易，又經雲南提臣郝玉麟具奏情節，臣准部咨奉旨將此摺交與議政王大臣看，著問周瑛伊原同郝玉麟辦理之事，又給牌何故，欽此。又奉上諭巴塘所屬阿墩子等地方歸入中甸事務，鄂起〔註495〕、班弟〔註496〕自藏回來時曾經具奏，岳鍾琪為此事甚易，臣差人查明即可完結亦曾奏過，周瑛既會同郝玉麟至彼處辦妥，又行文番人不是了，將周瑛交與兵部察議，將喇嘛東珠扎什不便留於奔子欄地方拏送四川，郝玉麟所辦甚是，著交與岳鍾琪應照郝玉麟具奏辦理，著交議政議覆，欽此。併臣奏明奔子欄、其宗、喇普、為西等處交錯中甸腹裡，緊接滇省汛防，自應歸滇為便，經議政議覆奉旨依議，欽此。臣即遴委合州知州張植化林協守備張聖學前往會同滇省委員明白曉諭，作速料理，今據報稱從前番人不知情節心生疑惑，今宣揚聖旨莫不悅服歸滇，統計奔子欄、其宗、喇普、為西等大小地方七十七處共一千六百八十八戶，造冊交明滇員，仍於阿墩子各交界處立石分界，併會選巴塘老成迭巴一名羅藏洛竹管理奔子欄事務，所有東珠扎什遵旨拏送四川等情前來。除戶口錢糧歸併事宜統聽雲南督臣等會核題報外，臣即查詢東珠扎什何故不願歸滇情節，據稱當日提督周瑛所給印文內開奔子欄事未奉聖旨，若爾等不願屬雲南可送文書來，我奏請皇上仍令住原處之語，是以眾心疑惑

〔註493〕藏曆第十二饒迴木龍年甲辰，雍正二年。
〔註494〕藏曆第十二饒迴火羊年丁未，雍正五年。
〔註495〕《欽定八旗通志》卷三百二十一作滿洲正黃旗副都統鄂奇，時為雍正四年。此人為宗室。
〔註496〕《清代職官年表》內閣學士年表作內閣學士班第。

不肯即歸雲南，實非抗玩，今差官前來宣明皇上諭旨無不悅服，俱各欽遵歸隸雲南并將原文呈驗。臣譯閱周瑛所給原文與東珠扎什所供情節無異，則其從前不即歸滇之處過在周瑛，非東珠扎什之敢於抗玩也，今東珠扎什拏解來川詢其前情似屬可原。惟是東珠扎什本係西藏之人，為人明白可用，但恐不能安靜，又未便縱之使去，仰懇聖恩推原下隱，免其治罪交與四川提臣衙門，歲給衣糧令其管理翻譯事務以羈縻其身心，亦屬有益，然應否寬免任使皆出自聖主洪仁，非臣所敢擅便，臣謹繕摺恭奏請旨，伏乞睿鑒訓示遵行，為此謹奏。

雍正五年七月十三日具。

硃批：甚好，料理妥協之至，著黃廷桂好生恩養，但須嚴加羈縻，令知朕宥罪之恩，不可與其舊地時通信聞，此人將來或有得力處亦未可定，此事一面暗交黃廷桂一面將訊問情由具題請旨，完結好本上朕再發明旨。再奏邊營兵制一摺留中交廷議。

附修訂摺一件

世襲三等公川陝總督臣岳鍾琪謹奏，為欽奉上諭事。

臣查奔子勒改歸滇省一案因委員會勘之時番人有不願歸滇之語，經臣奏明俟到成都遴員前往料理，諸事便易，又經雲南提臣郝玉麟具奏情節，臣准部咨欽遵。奉到上諭，隨即遴委合州知州張植化林守備張聖學前往會同滇省委員明白曉諭，作速料理。今據報稱從前番人不知情節心生疑惑，今宣揚聖旨莫不悅服歸滇，統計奔子勒、其宗、喇普、為西等大小地方七十七處共一千六百八十八戶，造冊交明滇員，仍於阿墩子各交界處立石分界，併會選巴塘老成迭巴一名羅藏洛竹管理奔子勒事務，所有喇嘛東珠扎什遵旨拏送四川等情前來。除戶口錢糧歸併事宜統聽雲南督臣等會核題報外，臣即查詢東珠扎什何故不願歸滇情節，據稱當日提督周瑛所給印文內開奔子勒事未奉聖旨，若爾等不願屬雲南可送文書來，我奏請皇上仍令住原處之語，是以眾心疑惑不肯即歸雲南，實非抗玩，今差官前來宣明皇上諭旨無不悅服，俱各欽遵歸隸雲南并將原文呈驗。臣譯閱周瑛所給原文與東珠扎什所供情節無異，則其從前不即歸滇之處過在周瑛，非東珠扎什之敢於抗玩也，今東珠扎什拏解來川詢其前情似屬可原，惟是東珠扎什本係西藏之人，為人明白可用，但恐不能安靜，又未便縱之使去，仰懇聖恩推原下隱，免其治罪交與四川提臣衙門，歲給衣糧令其管理翻譯事務以羈縻其身心，亦屬有益，然應否寬免任使皆出自聖主洪仁，非臣所敢擅便，臣謹繕摺恭奏請旨，伏乞睿鑒訓示遵行，為此謹奏。

第一部分　平定阿爾布巴之亂史料

雍正五年七月十三日

硃批：甚好，料理俱屬妥協之至，東珠扎什交與黃廷桂加意優養，更須嚴行稽查，令其知朕寬宥之恩，毋得仍與舊地時通音問，此人將來或有得力處亦未可定，斯事應一面交黃廷桂一面將訊問過情由具題請旨，以便朕于題本內降旨完結。又奏邊營兵制一摺留中候交廷議。

〔143〕阿里三部首領及眾兵丁之奏書（雍正五年七月十七日〔註497〕）[1]-5335

貝子康濟鼐同母之弟阿里地方庫棱諾彥嘎希巴〔註498〕、効力貝子康濟鼐諾彥彭蘇克德勒克〔註499〕、嚕托克巴噶爾丹策淩〔註500〕之舊蒙古以及伯呼波哱巴〔註501〕、阿里三部大眾跪奏天下大恩人文殊師利大皇帝金蓮花寶座下。

貝子康濟鼐與準噶爾賊結仇為敵，雖則安逸、或受難或僥倖或失誤，惟傾心歸依聖主為生，普天下無人不知。此嘎勒藏扎木蘇喇嘛〔註502〕先於裡塘地方時該地大小喇嘛等發生隔閡叛亂，抵達青海地方之際巴圖魯台吉〔註503〕亡故，隨之青海地方發生叛亂之事，嘎勒藏扎木蘇又住塔爾廟，塔爾廟之喇嘛等亦反抗聖主，塔爾廟發生那等事，昇天之聖祖皇帝特旨封坐布達拉宮禪榻，此年聖祖即昇天。文殊師利大皇帝施重恩眷念之貝子康濟鼐前，其嘎勒藏扎木蘇、索諾木達爾扎、及裝死隱藏僥倖得貝子封號之阿爾布巴、四處逃竄僥倖得公封號之隆布鼐、似狗般捲縮便得封號之扎爾鼐，此五人並非應得封號，並無効力之勞，惟向額爾克王〔註504〕、延將軍〔註505〕等行賄以致受

〔註497〕時間由輯者補出。

〔註498〕原文作貝子康濟鼐同母之弟、阿里地方庫棱諾彥嘎希巴，今改正為貝子康濟鼐同母之弟阿里地方庫棱諾彥嘎希巴，嘎希巴即噶錫鼐，且噶錫鼐為康濟鼐之兄。

〔註499〕《頗羅鼐傳》頁二七五載薩噶首領烏珍洛雲，疑即此人。

〔註500〕原文作嚕托克巴、噶爾丹策淩，作兩人，根據本文檔前兩人書寫習慣，今改為一人，嚕托克《大清一統志》（嘉慶）卷五百四十七作魯多克城，《欽定理藩院則例》（道光）卷六十二作茹拖宗，宗址在西藏日土縣日松鄉。此宗與拉達克接壤，且拉達克為顧實汗後裔噶爾丹策旺征服，阿里為顧實汗後裔直轄地，故魯多克巴為一蒙古人名，此人身份履歷待考。

〔註501〕清代檔案史料作波絨巴，今西藏聶拉木縣波絨鄉一帶遊牧民。

〔註502〕指七世達賴喇嘛。

〔註503〕《蒙古世系》表三十七作達什巴圖爾，顧實汗圖魯拜琥幼子，即第十子。

〔註504〕清軍定藏後以延信為首辦事，延信回京後以策旺諾爾布帶定西將軍印為首辦事，此處額爾克王似指策旺諾爾布，也有可能指率軍駐藏之親王羅卜藏丹津。

〔註505〕指延信。

—165—

恩賞而已，今不能承受聖主重恩，暗殺貝子康濟鼐兄弟妻室等，發誓背叛聖主。先是下毒貝子康濟鼐時我等眾人奏請聖主僅委任為我阿里地方之諾彥，但未獲准，仍授任為召地方總理事務，不僅効力聖主而且有恩於衛藏阿里等各地大眾，未料竟慘遭如此毒手，實屬罕見。派去殺頗羅鼐之貢布，拒戰衛地方五百兵丁，敗其兵丁，未留一人斬盡殺絕〔註506〕。台吉頗羅鼐調遣阿里三部兵丁將精選大軍設防於準噶爾賊前來之路，頗羅鼐僅率一千兵丁前去為康濟鼐復仇，我阿里地方宗教之敵乃準噶爾之賊，所能依賴者惟聖主矣，即便現在除聖主外並無依附之處。喇嘛嘎勒藏扎木蘇、索諾木達爾扎、貝子阿爾布巴、公隆布鼐、台吉扎爾鼐、貝子阿爾布巴之女婿貢布阿爾布羅卜藏〔註507〕等衛貢布地方之叛賊，請從速以國法論處，倘若不法辦，我十三萬土伯特部眾人將面臨離散，阿里地方我等人愚懦，雖不善長有條有理陳奏，文不達意，但聖主實為文殊師利大皇帝，必將明鑒，以奏書禮，並卡齊〔註508〕庫爾庫木，於七月十七吉日〔註509〕由阿里三部首領兵丁會同謹奏。

〔144〕扎薩克台吉頗羅鼐奏報殺害貝子康濟鼐情形摺（雍正五年七月十七日）[1]-5344

扎薩克台吉噶倫頗羅鼐伏跪叩奏天下大恩人文殊師利大皇帝金蓮花寶座前。

貝子康濟鼐與準噶爾賊敵對，欽遵大皇帝聖旨於準噶爾賊前來之各路駐兵，勤於興廣黃教之事，仰副大皇帝睿意，念佛教眾生之太平安逸，効力行走之事，仰蒙聖主洞鑒，無復奏之處。達賴喇嘛、索諾木達爾扎、貝子阿爾布巴、公隆布鼐、扎薩克台吉扎爾鼐此五人互為至交親戚，皇上諒必聞之，癸卯年〔註510〕此五人為首，率衛地貢布地方之眾於招地之喇姆齊佛前誓言，惟除達賴喇嘛外不從於其他喇嘛、其他諾彥及任何人等情，看其誓言似與大皇帝抗拒。前給貝子康濟鼐飲毒藥，差點未死，公將軍、王阿保俱知，曉其

－166－

五人叛逆之心。貝子康濟鼐截斷準噶爾賊來之二路，為大皇帝之大業欲捨命効力，倘仍率招地噶倫等駐剳，則嗣後與大皇帝威武名望稍有玷辱，亦未可定等因具奏，上未准行，丙午年〔註511〕差內大臣〔註512〕、格勒克綽爾濟等命將土伯特眾兵分編操練，故以貝子康濟鼐統領眾兵，以衛地之數兵增與達克布、貢布二部落兵，以貝子阿爾布巴及台吉扎爾鼐為首，以衛地數兵增與藏地兵，以公隆布鼐、台吉頗羅鼐二人為首。定畢分編兵士，補放頭目，自此貝子康濟鼐將此事奏聞大皇帝，言倘準噶爾賊前來我等五噶倫為皇上大事捨命効力，倘若敗逃施以皇上之嚴法等情，奏書及其使臣於六月初二日差往京城，想已抵達。分兵設頭目，念眾俱齊心効力於皇上，康濟鼐自當効力。而達賴喇嘛、索諾木達爾扎、貝子阿爾布巴、公隆布鼐、台吉扎爾鼐等心不悅，伊等商議，羅卜藏丹津若來不傷及達賴喇嘛，倘準噶爾賊來不必拒戰，敗往貢布地方，棲於堅固處。惟貝子康濟鼐與準噶爾賊之勝負尚未決斷，即不令敗走，而雖能敗走，依聖主之法將敗走之人治罪等情具奏，甚為不悅。又今年差派皇上使者侍郎等賞貝子康濟鼐以印信，賜納爾唐寺〔註513〕名，撥給供奉之業，又賞康濟鼐以敕諭時達賴喇嘛等五人，伊等所為並無利濟黃教，反以賜貝子康濟鼐及納爾唐寺以名號，以及撥給供奉之業等因，益加不滿意，又因皇上未施恩伊等而懷仇，伊等厭惡銘記皇上諭旨勤奮効力奉命駐招地辦事之康濟鼐，於六月十八日無故以貝子阿爾布巴、公隆布鼐、台吉扎爾鼐、達賴喇嘛近前數人，貝子阿爾布巴之婿貢布之阿爾布羅卜藏等為首，率兵五百突殺康濟鼐本人並二妻等唐古特、蒙古十餘人〔註514〕。以達賴喇嘛近前八人為首暗遣兵五百欲殺台吉頗羅鼐，發覺拒戰，勝之，未餘一人俱殺之，鞏固藏地，不令班禪額爾德尼為敵所俘，於藏地衛地間駐軍。台吉頗羅鼐現往阿里地方，於準噶爾賊前來之二路增設兵丁哨探，再率阿里地方兵七百名藏地兵欲盡力報貝子康濟鼐之仇。達賴喇嘛年幼，索諾木達爾扎、貝子阿爾布巴、隆布鼐、扎爾鼐、羅卜藏丹津等互為親戚，內心一致，殺康濟鼐者亦或由羅卜藏丹津處來人耳，招地人如此議論，不拘此達賴喇嘛居於何處於佛教眾生

〔註511〕藏曆第十二饒迴火馬年丙午，雍正四年。
〔註512〕內大臣指宗室鄂奇。
〔註513〕現常寫作納塘寺，位於西藏日喀則縣，為西藏歷史久遠之古寺，其《甘珠爾》經甚為有名。
〔註514〕原文作二妻、第唐古特、蒙古十餘人，疑誤，今改為二妻等唐古特、蒙古十餘人。

無裨益，惟聖主睿鑒而已，貝子阿爾布巴、隆布鼐、扎爾鼐等對感激効力聖主仁恩之貝子康濟鼐、扎薩克台吉頗羅鼐不悅，背叛聖主，斬殺康濟鼐等罪俱應當即正法。貝子康濟鼐乃至台吉頗羅鼐、藏地及阿里地方之眾先以準噶爾結為仇敵，將勞逸諸事惟有傾心信賴聖主，感激遵行訓旨，如今除聖主外另無他望，漸可鑒之耳。再連班禪額爾德尼及十三萬土伯特民眾，請聖主仁愛拯救，鑒之鑒之，以奏書之禮并獻福字哈達，扎薩克台吉噶倫頗羅鼐望皇上金宮殿叩謝。七月十七日〔註515〕具奏。

〔145〕扎薩科台吉頗羅鼐奏書底稿（雍正五年七月十八日）〔註516〕

噶倫扎薩克台吉頗羅鼐與後藏地方頭領齊奏天命文殊師利大皇帝陛下。

該達賴喇嘛抵達青海後扎西巴圖爾亡故，抵達塔爾寺後塔爾寺已毀，於土伯特地方坐床之年聖祖皇帝殯天，今康濟鼐同準噶爾起戰端，仰念黃教屢辦大善事，雅布、阿爾布巴、隆布鼐、扎爾鼐等會同前藏頭領等於六月十八日暗殺康濟鼐，聞此我即念聖主之事，收後藏之兵駐劄時阿爾布巴等發兵去，我俱斬之，為矜念班禪額爾德尼、我等唐古特眾生，祈禱繕書，於七月十八日〔註517〕具奏。

〔146〕諭怡親王傳知岳鍾琪據報康濟鼐被擒當將西藏事宜料理清楚（雍正五年七月）[3]-630〔註518〕

怡親王等又密奉上諭，據達鼐報稱，康濟鼐已被噶隆等誘擒，目今彼地雖未得詳細，然西藏事情從前料理甚不妥協處，朕曾屢諭，今康濟鼐係敕封貝子之人，若果被擒害，國體所在，自應商量辦理，但不知西藏此番之事，與策妄阿喇布坦有通信處否，倘與策妄阿喇布坦相關，則當將兩處之事一併計議，若只西藏自生事端，朕意亦當趁此機先將西藏事宜料理清楚，以為邊方久遠之計，當發兵之時別立名色，出其不意，將達賴喇嘛移至西寧，則西藏可永遠無事矣，若果策妄有瞻顧西藏之意，遣人幫助，已抵西藏地，則我兵或者先直搗其巢穴以剿滅之，策妄既滅，則西藏料理易易耳，若目今將西

〔註515〕藏曆第十二饒迴火羊年丁未，雍正五年七月十七日。
〔註516〕此奏稿《雍正朝滿文硃批奏摺全譯》作為該書第五三四五號，即本書第二八三號奏摺之附件，經辨識，原書誤，今改置於此，時間由輯者添加。
〔註517〕雍正五年七月十八日。
〔註518〕原註，時間係編者考定。

藏之事料理清楚，將來亦可置策妄於不問，則先急理西藏，此事關係重大，岳鍾琪既親身來京，朕自面同計議，爾等可先將此意密行寄知，所派陝西之兵，若明春草出進兵，則似應於此時前往西寧為是，著岳鍾琪即行差派前往，並知會四川兵馬前往打箭爐駐劄，雲南兵馬前往鶴麗鎮駐劄，倘岳鍾琪之意以為此時且不必發兵，恐驚駭西藏、西海人眾，則著岳鍾琪自行定奪，並知會四川雲南二省兵馬亦各在本營預備，如四川現派兵馬起行之後，察木多地方應當派兵多少數目駐劄接續，著岳鍾琪即酌量派往，至中甸派兵接續之處，已諭鄂爾泰料理，欽此。再劉裕鐸著隨總督同來，一路調理。

〔147〕散秩大臣兼副都統達鼐奏報康濟鼐被眾噶隆擒拏摺（雍正五年八月初四日）[1]-2682

散秩大臣副都統奴才達鼐謹具密奏，為奏聞事。

雍正五年八月初三日由招地前來之呼爾敦侍衛告稱，我原係拉藏汗屬人，後隨貝子康濟鼐駐劄招地，本年四月康濟鼐派出二十五人令我率領於納克產〔註519〕地方設卡，以瞭望準噶爾前來之路，於六月二十三日夜拉藏汗之姨母名沙里之女子派名達希札木蘇者來我處報信，爾家裡派人來告知我等，於本月十八日招地之噶隆等以會商事宜為名將康濟鼐騙至拉布楞〔註520〕擒拏，其屬下之大員亦均被擒，據悉派人亦將往拏我呼爾敦侍衛等語，此信不等著速轉告我呼爾敦侍衛等語〔註521〕，是以特派我前來送信予爾等語。欽惟我係康濟鼐屬下，曾為其使臣進京兩次恭請聖主萬安，眾噶隆等既已拏解康濟鼐及其屬下大員，我亦恐難倖免，遂率跟役三人驅趕馬騾近三十匹欲投奔西寧駐防大臣，於六月二十四日由納克產地方啟程，於二十七日抵達騰格里池後見有三十餘人隨後追來，我便丟棄駄子驅趕馬騾脫身，伊等未趕上我等，僅掠我駄子返回，我遂來投大臣等語。臣問呼爾敦侍衛，爾係跟隨康濟鼐久居招地之人，凡事理應知情，彼處之人平常如何評議康濟鼐，噶隆等何以無故擒拏康濟鼐，若爾如實相告等語。其告稱招地之諸務俱由康濟鼐主辦，以致其他噶隆大員不服，納貢者倒念叨康濟鼐好，我因駐防納克產卡倫，不知康濟鼐為何被擒是實，如若知情豈敢隱瞞等語。又問呼爾敦侍衛，招地有無

〔註519〕《欽定理藩院則例》（道光）卷六十二作納倉，今西藏申扎縣一帶地區。

〔註520〕據《頗羅鼐傳》頁二六四，康濟鼐被騙至大昭寺被殺，故此處拉布楞指大昭寺內一議事處所。

〔註521〕原文作轉告我呼不爾敦侍衛等語，疑衍不字，今改為轉告我呼爾敦侍衛等語。

準噶爾音信，我赴招地之大臣等是否抵達等語。告稱準噶爾並無音信，我來此之前據悉赴招地大臣等已達納爾唐〔註522〕地方，此間或許已達招地等語。奴才欽惟貝子康濟鼐原為小人，念其效力準噶爾之兵屢加施恩封為貝子，自授噶隆以來，因主辦招地諸務使其他噶隆不服，因相互不和睦，而夥同擎解康濟鼐耳，況且自聖主弘揚佛教以來，西域大眾無不感戴聖主之恩，奴才愚見伊等彼此嫉恨為爭權奪利亦難預料，除此別無原由。再內閣學士桑格〔註523〕等抵招地後將查奏該地方各項事務，是以奴才將此行文詳加知照四川陝西總督岳鍾琪。再該呼爾敦侍衛暫留於我處外，我仍在派人探取招地音信，為此謹具奏聞。

雍正五年八月初四日

〔148〕喇嘛促爾齊木藏卜喇木札木巴等奏報康濟鼐被殺摺（雍正五年八月十三日）[1]-2690

管理打箭爐地方事務扎薩克喇嘛促爾齊木藏卜喇木扎木巴〔註524〕、郎中伊特格爾謹奏，為奏聞事。

切照今年八月十二日遣往西藏副都統麻喇〔註525〕等咨文內開，我等密摺一件請安摺一件已交付領催費揚古送往爾處，到達之後請受之與達賴喇嘛所遣阿旺羅卜藏所齎唐古特奏書一併齎奏等語。將達賴喇嘛所遣阿旺羅卜藏攜來達賴喇嘛致奴才等之唐古特文書譯出閱之。文內開，爾等身體皆好，爾等辦理皇上之公事效力，我甚喜悅，我身體好，今我住哲蚌寺〔註526〕學經，先是皇上曾有旨於眾噶隆內以康濟鼐為首與貝子阿爾布巴、公〔註527〕、二台吉〔註528〕辦事，欽此。我亦曾遍示曉諭，爾等各為皇上善加黽勉効力等語，此間康濟鼐凡事不奏聞皇上，隨意驕傲，蔑視眾人，是故於六月十八日以噶隆

〔註522〕西藏林周縣甘丹曲果鎮朗塘村《中國分省系列地圖集》（西藏）。
〔註523〕《清代職官年表》內閣學士年表作內閣學士僧格。與馬臘同為首任駐藏大臣，巴林氏，蒙古鑲紅旗人，內閣學士，雍正五年至十一年駐藏辦事。
〔註524〕《大清一統志》（嘉慶）卷五百四十七載，康熙五十六年遣喇嘛楚兒沁藏布蘭木占巴、理藩院主事勝住等繪畫西海西藏輿圖。《平定準噶爾方略》卷八頁十六作喇嘛楚兒沁藏布喇木占巴。此喇嘛與主事勝住於西藏地理考察及地圖測繪史上為重要之人物。
〔註525〕《欽定八旗通志》卷三百二十一作滿洲正紅旗副都統馬臘。
〔註526〕哲蚌寺，格魯派三大寺之一，《大清一統志》（嘉慶）卷五百四十七載，布雷峰廟，在喇薩西北十六里，相傳宗喀巴弟子所建，有喇嘛五千餘。
〔註527〕指隆布鼐。
〔註528〕指頗羅鼐與扎爾鼐。

等為首，眾人同心殺死康濟鼐，我等甚懼，心中時刻不能平靜，故遣人赴爾處，將此情由請爾等急奏等語。訪問達賴喇嘛所遣喇木扎木巴阿旺羅卜藏殺死康濟鼐之緣由，告稱今年四月初九日達賴喇嘛自己前往哲蚌寺時我亦曾隨之去，六月十八日薄暮從招來人告訴已殺康濟鼐方纔得知，聞眾紛紛議論，去年十月康濟鼐與其部下人等商議，除在達賴喇嘛處之老者喇木扎木巴外，將眾噶隆、徒弟等盡行殺戮，時其部下人等一半不肯，因而未成。今年又商議，七月初四日於布達拉以北昌達爾瓦地方設宴時欲盡誅眾噶隆及其徒弟等，因噶隆等預先聞之纔共同殺死康濟鼐等語。是以奴才等一面將副都統麻喇等奏摺、達賴喇嘛奏疏、達賴喇嘛致奴才等之唐古特文書一併先由驛站緊急齎奏，一面將達賴喇嘛所遣阿旺羅卜藏交付筆帖式赫敏〔註529〕乘驛繼之趕緊遣往外，咨文四川巡撫憲德〔註530〕、提督黃廷桂等知會，為此謹奏以聞。

雍正五年八月十三日

〔149〕散秩大臣兼副都統達鼐奏報康濟鼐被殺達賴喇嘛派使臣摺（雍正五年八月十六日）[1]-2693

散秩大臣副都統奴才達鼐謹具密奏，為奏聞事。

竊於招地前來之呼爾敦侍衛告稱噶隆等不和相互嫉妒爭權奪利，噶隆等合謀抓拏康濟鼐等語，此情於雍正五年八月初四日奴才業已擬摺謹具密奏。本月十五日達賴喇嘛所派使臣蒼里抵達西寧，經問告稱，達賴喇嘛給聖主之奏書封於匣內，再給大臣之行文一件，噶隆貝子阿爾布巴、公隆布鼐、台吉札爾鼐等一同給大臣之行文一件，呈交〔註531〕於我送來等語。奴才將伊等給奴才之唐古特行文譯後看得，其達賴喇嘛來文內稱，康濟鼐原自阿里克地方前來時便野心勃勃，嗣後由此處給其封號，分給土地，相繼由聖主施恩封為貝子以後將眾噶隆冷落，諸務擅作主張肆意妄為，雖經貝子阿爾布巴、公隆布鼐、台吉札爾鼐等相勸，伊聲稱聖主交付諸務均由我作主等語，並不奏聞於大聖主，因各事肆意妄為，噶隆等與唐古特頭目合謀於六月十八日將康濟鼐拏獲，此事蒙聖主睿鑒後恐心裡忐忑不安，分秒不誤由打箭爐著速派人前往，雖速抵而回，恐聖主動怒，特派此人前去，請將我給聖主之奏書從速轉遞等語。

其噶隆貝子阿爾布巴、公隆布鼐、台吉札爾鼐等來文內稱，康濟鼐不僅

〔註529〕第八號文檔作年羹堯衙門八品筆帖式和敏。
〔註530〕《清代職官年表》巡撫年表作四川巡撫憲德。
〔註531〕原文作成交，今改為呈交。

荷沐聖主眷愛之恩，達賴喇嘛又給其封號，如此恰中其欲望，故聖主交付事宜恣意辦理，胡作非為，負恩不遵旨意，有損於我達賴喇嘛之教化及我眾吐伯特〔註532〕人。全然不顧我三格隆〔註533〕，聲稱將達賴喇嘛周圍之喇嘛除喇嘛阿喇木巴〔註534〕外均格殺勿論等語。其屬下歸順達賴喇嘛教化之兩人乘夜來告我等。況且又得悉羅卜藏丹津咨文欲與準噶爾聯合，我等感戴聖主之恩信奉達賴喇嘛之教化，會同唐古特眾頭目康濟鼐未及下手便將其殺死，若為此等少許之事使聖主動怒，生靈將遭傷害，請予拯救，嗣後我等亦將派人陳明緣由，祈求照舊眷佑我唐古特人等語。

　　奴才詢問達賴喇嘛所派使臣蒼里爾係何人，何時由招地啟程前來，除達賴喇嘛奏書外有無口信，爾噶隆等何因殺唐濟鼐，爾聲稱阿爾布巴、隆布鼐、扎爾鼐等咨文予我，頗羅鼐今去何處，準噶爾有無音信，赴招地大臣等是否抵達等語。告稱我係達賴喇嘛屬下牧長，於本年七月初五日達賴喇嘛由招地派我前來送文，我等共來五人，除達賴喇嘛給大聖主之奏書外並無口信，因康濟鼐凡事獨斷專橫，於本年六月十八日眾噶隆及唐古特頭目會合於拉布楞地方殺死康濟鼐，台吉頗羅鼐因其母患病於本年二月返回故里，準噶爾並無音信，我前來時獲悉赴招地之大臣已抵達爾宗地方，其間早已抵達招地等語。又問蒼里噶隆等殺死康濟鼐，其妻室家口及屬下之人如何處置，殺死康濟鼐後由阿里克地方往招地是否派人，殺死康濟鼐一事其班禪額爾德尼、招地眾人均如何議論。再京城派去大臣一事招地眾人皆知，而眾噶隆等本應俟大臣等前去後會同辨別康濟鼐之是非，奏聞聖主照例擬罪方是，然並未等待遂將康濟鼐殺死原因為何等語。告稱噶隆等殺死康濟鼐後，將其兩妻及康濟鼐之心腹羅巴、相國、楚木布木、巴藏、居住喀喇烏蘇之堪布均處死，抄沒康濟鼐之家產及人畜，咸歸入達賴喇嘛之商上，又為殺其所寵胖扎希及呼爾敦侍衛，派人往拏，因未相遇使之脫逃。阿里克地方並無人來招地，據悉為殺死康濟鼐一事噶隆等已往阿里克派人，殺死康濟鼐後據聞班禪額爾德尼往招地

〔註532〕即西藏。
〔註533〕格隆即噶隆，指阿爾布巴、隆布鼐，扎爾鼐三人。
〔註534〕《頗羅鼐傳》頁二五六載七世達賴喇嘛一大承伺名古頓阿葱巴。《欽定西域同文志》卷二十四頁十七載，袞都阿克喇木巴薩木丹佳木磋，官堪布，賜達爾汗號，按堪布為西藏坐床喇嘛，舊屬達賴喇嘛揀用，今舉層膺達爾汗著之，餘不多及。《清代藏事輯要》頁一一一作達賴母舅袞都阿喇木巴，賜達爾漢號，賞緞六疋。據《七世達賴喇嘛傳》頁十四載七世達賴喇嘛之舅名阿格扎西。諸書所載應即一人。

派使，有何言談不得而知，招地之人皆言殺死康濟鼐甚是。再招地眾人得悉大聖主派大臣等來招地是實，而噶隆等何因未等大臣到來我不得而知等語。又問蒼里爾係居住招地之人，殺死康濟鼐係何人起意，何人動手，著告詳情等語。告稱殺死康濟鼐乃眾噶隆及唐古特頭目會同所為，並非由誰起意，係辦理達賴喇嘛商上事務之阿爾布羅卜藏〔註 535〕動手等語。又問蒼里爾若有耳聞，如實相告無需隱瞞等語。告稱誠有所聞豈有不告之例等語。奴才欽惟西域唐古特人甚是卑賤，貪得無厭，因康濟鼐諸務獨斷專行，其內部為爭權奪利，噶隆等合謀殺死康濟鼐，但噶隆等給奴才之文內稱，該康濟鼐竟行文賊羅卜藏丹津，以求與準噶爾聯合，既然如此，若準噶爾獲悉康濟鼐被殺，以羅卜藏丹津為藉口，肆意妄為亦斷難預料，雖青海無事，奴才仍令嚴加巡查噶斯等地方所設卡倫，並不時探取口外音信，其間既然言內閣學士桑格等抵達招地，俟桑格等抵招地後，分清其是非奏聞外，送文前來之蒼里暫留奴才處，為此將達賴喇嘛裝奏書之匣一併謹具密奏。

雍正五年八月十六日

〔150〕陝西總督岳鍾琪奏陳料理西藏阿爾布巴隆布鼐等殺害康濟鼐管見摺（雍正五年八月十九日）[2]-[10]-309

陝西總督臣岳鍾琪謹奏，為敬抒管見恭奏請旨事。

竊照康濟鼐被阿爾布巴隆布鼐等擅行殺害，臣准副都統臣馬臘等來文即與川撫臣憲德提臣黃廷桂確商，選撥千總一員馬兵十六名前往巴塘、裡塘、乍丫、叉木多四處安塘駐防密探情形緣由另摺會奏外。臣查康濟鼐感戴聖恩存心忠赤，其為索諾木達爾扎等所猜忌已非一日，今竟敢狂悖蔑法以勾通羅卜藏丹進諄噶爾為詞擅自殺戮，若康濟鼐果有不法何不候欽差進藏，伊等執其實擄列其惡蹟公同擒拏請旨正法，夫復何辭，乃竟任意妄行，其為誣衊陷害也明矣。臣思阿爾布巴隆布鼐等此番舉動必有所恃，輒敢如此狂悖，今若聲罪致討法所當然，但伊等若已與諄噶爾連結為奸必不肯俛首服罪，即使尚未勾通，今一聞聖主震怒勢必畏罪勾連，恐未能一時授首，以臣之愚現今達賴喇嘛差人齎奏赴京，仰懇聖主暫霽天威，據其來奏命欽差馬臘等查詢康濟鼐負恩作奸情事，暫安羣逆之心，俟得其起釁確情緩為料理庶屬妥協。第查

〔註 535〕原文作阿爾布布羅卜藏，疑衍一布字，今改為阿爾布羅卜藏，《西藏通史松石寶串》頁七三五載拉雪總管阿爾布巴長子洛桑，《頗羅鼐傳》頁二六四載，拉雪總管阿沛洛桑動手殺死康濟鼐，故此處應即此人。

欽差進歲駐劄原為安輯藏地之人心，調濟康濟鼐等彼此和衷之意，今康濟鼐既被殺害，則阿爾布巴隆布鼐等已存悖逆之心，欽差駐藏似屬無益，臣愚以為莫若令馬臘等查明情節回京面奏，既可悉伊等作奸之底裏，且可上重國體，庶于事務有益，但臣知識短淺是否可行伏乞聖明揀擇。再涼山普雄番苗事務俱已仰仗天威剿撫悉定，現今報撤官兵，其一切善後事宜臣現在會同撫提諸臣詳議具題，但西藏既經多事則苦苦腦兒一帶（硃批：此光景西海且無事）地方甚屬緊要，臣不日即回西安，合先繕摺奏明，伏乞睿鑒，為此謹奏。

雍正五年八月十九日具。

硃批：卒然臨之不驚，無故加之不怒，二句朕實能焉有，何威之可露，摠之西藏之事我們料理原不妥協，朕已屢有諭，今事已如此，前摺已批諭矣，候卿到來須大家費一番心商酌。

〔151〕陝西總督岳鍾琪等奏報委員前往巴塘等處駐防密探情形摺（雍正五年八月十九日）[2]-[10]-310

陝西總督臣岳鍾琪等謹奏，為奏聞事。

雍正五年八月十八日臣等准進藏副都統臣馬臘、學士臣僧格咨會清文，內□□□□□〔註536〕一日前到沙爾剛拉〔註537〕，遇見達賴喇嘛□□阿旺羅卜藏持到唐古特番文二紙，翻譯得達賴喇嘛欽遵皇上屢降諭旨，著令貝子康濟鼐總理事務，□□□康濟鼐名號圖書，又令阿爾布巴、隆布鼐兩個台吉幫助康濟鼐行走，又令各處人等聽康濟鼐指使，因康濟鼐違背聖恩，將眾生害苦，故眾噶隆頭目等於六月十八日將康濟鼐殺死，此事不奏聞皇上，竟將康濟鼐殺害，我甚是恐懼，為此差人奏聞，並將情由移咨，煩大人等速來，凡應奏事件，以便商議等因。

又據阿爾布巴、隆布鼐、扎爾鼐等文稱，康濟鼐受皇上洪恩，達賴喇嘛又加與名號，凡一應地方任其揀擇給與，今備行諸惡，並不遵旨留心達賴喇嘛事務，將土伯忒之生靈苦害，除達賴喇嘛之徒弟袞都阿喇木巴〔註538〕外，其餘

〔註536〕原文缺字，所缺之字可見後文之修訂摺。
〔註537〕《欽定西域同文志》卷二十頁十四作沙爾岡拉，西番語沙爾東也，山近東偏多積雪也。
〔註538〕《頗羅鼐傳》頁二五六載七世達賴喇嘛一大承伺名古頓阿惹巴。《欽定西域同文志》卷二十四頁十七載，袞都阿克喇木巴薩木丹佳木磋，官堪布，賜達爾汗號，按堪布為西藏坐床喇嘛，舊屬達賴喇嘛揀用，今舉層膚達爾汗著之，餘不多及。《清代藏事輯要》頁一一一作達賴母舅袞都阿喇木巴，賜達

噶隆〔註539〕並眾人盡欲殺害，因康濟鼐之人感達賴喇嘛之善，將情由告訴我們。又康濟鼐與羅卜藏丹進諄噶爾說，我們務必同心來往，俱有書劄，我們因感皇恩，以達賴喇嘛之事為重，因此會同將此作惡之人誅戮，祈大人等速來，商議一應啟奏事件。我等因此急速赴藏，問明達賴喇嘛、噶隆等將康濟鼐殺害情由另奏，為此知會等語。

　　臣等伏查康濟鼐係奉旨管理西藏事務之人，今被阿爾布巴並眾噶隆頭目人等擅自殺害，顯有捏詞傾陷情獘，查馬臘等既已急速赴藏，自必詢問確情具奏，但相隔甚遠，凡有緊要奏摺，皆係唐古特之人齎送，恐伊等稽遲貽誤，所〔註540〕關匪細，今臣等會商，在四川提標內選派曾經行走通曉番語諳練彝情之千總吳鎮，帶領馬兵十六名前往裡塘、巴塘、乍丫、又木多四處，每處駐兵四名，令弁兵等以前來坐塘遞送駐藏欽差往來文報為詞，庶不致番民惶惑，臣等仍行文明白曉諭沿途迭巴頭人，凡遇駐藏欽差奏摺文報到時爾等唐古特坐塘之人即協同坐塘兵丁隨到隨送，不許逗留遲滯。又密囑千總吳鎮俟到又木多，以查塘為名前往喇哩〔註541〕一帶，探聽西藏消息，不時具報，至於前往弁兵一切馱馬口糧鹽菜俱動用庫貯軍需銀兩，豐裕支給，其沿途安塘番民，俱量加賞需外，臣等理合繕摺奏聞，伏乞睿鑒，為此謹奏。

　　雍正五年八月十九日具。

　　陝西總督臣岳鍾琪。

　　四川巡撫臣憲德。

　　四川提督臣黃廷桂。

　　硃批：前一聞西藏之信，朕意欲出其不意先機整理，借此將西藏清楚，故有前備兵來年西藏之旨，今覽達賴喇嘛之奏，似目下未有強梁之為，恐大兵一臨其境，伊若挾喇嘛逃往諄噶爾，則難措置矣，朕念及此，覺前意不可行，總俟你到來通盤面講，有諭延信亦著來，令傅寧安〔註542〕來署將軍印，不可因大學士急欲將總督印著他署理，此人有名無實之庸碌人，一些事體不曉之人，雖係滿洲大臣，以前朕未曾交一語，實不知其人，但聞其赫赫之名，想必是一

　　　　爾漢號，賞級六疋。據《七世達賴喇嘛傳》頁十四載七世達賴喇嘛之舅名阿
　　　　格扎西。諸書所載應即一人。
〔註539〕此處無法辨識，輯者補為「隆」字。
〔註540〕此處無法辨識，輯者補為「所」字。
〔註541〕《欽定理藩院則例》（道光）卷六十二載名拉里，達賴屬小宗之一，今西藏嘉
　　　　黎縣嘉黎鎮。
〔註542〕即富寧安。

大人物，既今同事半年來看，不過是一潔己無能人耳，甚平常甚平常。

附硃諭一件

此番料理不可惜費，摠以寬裕為主，滇省近日新定地方甚多，兼有安南之備，兵數不敷彈壓所關甚巨，萬不可輕易將就，國家錢糧實甚充裕，俟撥派出兵文到，可一面奏請招募補數，一面招募可也，若上蒼垂賜，頗羅鼐能勝此逆輩，則兵無所用也。〔註543〕

滿文硃批

〔註543〕據《掌故叢編》頁二九五，此段是本書第一六八號文檔《雲南總督鄂爾泰奏遵旨密議進兵西藏事宜摺》（雍正五年十月初八日）之硃批，非本奏摺之硃批，《雍正朝漢文硃批奏摺彙編》誤置於此。

－176－

附修訂摺一件

世襲三等公川陝總督臣岳鍾琪、四川巡撫臣憲德、四川提督臣黃廷桂謹奏，為奏聞事。

雍正五年八月十八日臣等准進藏副都統臣馬臘、學士臣僧格咨會清文，內開七月十一日前到沙爾剛拉，遇見達賴喇嘛差阿旺羅卜藏持到唐古特番文二紙，翻譯得達賴喇嘛所云，欽遵皇上屢降諭旨著令貝子康濟鼐總理事務，我又給康濟鼐名號圖書，又令阿爾布巴、隆布鼐兩個台吉幫助康濟鼐行走，又令各處人等聽康濟鼐指使，因康濟鼐違背聖恩，將眾生苦害，故眾噶隆頭目等于六月十八日將康濟鼐殺死，此事不奏聞皇上竟將康濟鼐殺害，我甚是恐懼，為此差人奏聞，並將情由移咨，煩大人等速來，凡應奏事件以便商議等因。

又據阿爾布巴、隆布鼐、扎爾鼐等文稱，康濟鼐受皇上天恩，並不遵旨留心達賴喇嘛事務，將土伯忒之生靈苦害，除達賴喇嘛之徒弟袞都阿喇木巴外，其餘噶隆並眾人盡欲殺害，因康濟鼐之人感達賴喇嘛之善，將情由告訴我們。又康濟鼐與羅卜藏丹進、諢噶爾說，我們務必同心來往，俱有書札。我們因感皇恩，以達賴喇嘛之事為重，因此會同將此作惡之人誅戮，祈大人等速來商議一應啟奏事件。我等因此急速赴藏，問明達賴喇嘛、噶隆等將康濟鼐殺害情由另奏，為此知會等語。

臣等伏查康濟鼐係奉旨管理西藏事務之人，被阿爾布巴併眾噶隆頭目人等擅自殺害，顯有捏詞傾陷情獎，查馬臘等既已急速赴藏，自必詢問確情具奏，但相隔甚遠，凡有緊要奏摺皆係唐古特之人齎送，恐伊等稽遲貽誤，所關匪細，今臣等會商在四川提標內選派通曉番語之千總吳鎮，帶領馬兵十六名前往裡塘、巴塘、乍丫、叉木多四處，每處駐兵四名，令弁兵等以前來坐塘遞送駐藏欽差往來文報為詞，庶不致番民惶惑。臣等仍行文明白曉諭沿途迭巴頭人，凡遇駐藏欽差奏摺文報到時即協同坐塘兵丁隨到隨送，不許逗留遲滯。又密囑千總吳鎮俟到叉木多以查塘為名前往喇哩一帶探聽西藏消息，不時具報外，臣等理合繕摺奏聞，伏乞睿鑒，謹奏。

硃批：前據達鼐報稱康濟鼐被噶隆等誘擒，朕初聞信欲出其不意先發以制之，因此遂將西藏清楚，所以有備兵來年取藏之旨，今覽卿等所奏達賴喇嘛番文語氣，阿爾布巴等目下尚未露叛逆情形，恐大兵一臨其境，設或挾制喇嘛逃往諢噶爾，則反難措置矣，朕念及此前策似不可行，總候你到來通盤

面商，復諭延信亦命來京，令富寧安前往西安署理將軍印務，卿毋因富寧安係大學士，或欲將總督印篆奏請暫署，其人有名無實，庸碌寡識全不曉事，雖係滿洲大臣，從前未交一語，祇聞其虛聲，未悉底裏，意謂是一人物，半年以來于朕前辦事觀其伎倆，但知潔身而已，一無所能耳。

〔152〕陝西總督岳鍾琪奏請曉諭達賴喇嘛不許收留康濟鼐所轄拉藏蒙古摺（雍正五年八月二十二日）[2]-[10]-328

陝西總督臣岳鍾琪謹奏，為恭請聖鑒事。

臣查康濟鼐原有拉藏蒙古數百名，前蒙聖恩賞給康濟鼐管束，今據阿旺羅卜藏口稱殺了康濟鼐之後眾噶隆差阿隆巴帶兵前往達木地方曉諭，後聞得阿隆巴回來說據眾蒙古說我主子康濟鼐既被殺了我們情願歸達賴喇嘛屬下等語。臣思拉藏蒙古乃係奉旨賞與康濟鼐管轄之人，今達賴喇嘛等並不奏請輒收其眾，顯存專擅之心，若將拉藏蒙古聽彼招集是又益增羽翼，以臣之愚仰懇聖恩諭令馬臘等明白曉諭達賴喇嘛等，此眾蒙古原係苦苦腦兒之人，蒙皇上暫賞康濟鼐管轄，今康濟鼐既死，應將眾蒙古仍各歸原部落地方住牧，爾等不便收留，如此曉諭則伊等相聚未久，達賴喇嘛等亦尚在觀望畏懼，或不至十分要結，庶幾易於料理。再臣思眾蒙古遷徙行走不無需用，臣請於四川布政司庫貯軍需項內動銀一萬兩解交馬臘等以為遷徙眾蒙古之用，倘蒙俞允臣即派熟練能員解送前往，是否合宜仰請訓示遵行，臣謹繕摺密奏，伏乞睿鑒，為此謹奏。

雍正五年八月二十二日具。

硃批：此奏非時刻為國籌畫之人想不及此也，朕亦原有此意，若令馬喇等曉諭，倘伊等疑二不從，又一番事，朕已明白入勅諭中，料伊等此事不便遣也，西藏事摠待卿到京面商。

〔153〕陝西總督岳鍾琪等奏報達賴所差阿旺羅卜藏面陳康濟鼐被害情由應否准其進京摺（雍正五年八月二十二日）[2]-[10]-329

陝西總督臣岳鍾琪等謹奏，為據情請旨事。

臣等於雍正五年八月十八日准副都統臣馬臘等知會清文，據達賴喇嘛差阿旺羅卜藏與馬臘等文書云，康濟鼐被阿爾布巴等殺害情由，臣等當即繕摺奏聞在案。今於八月十九日有達賴喇嘛所差阿藍占巴阿旺羅卜藏，並馬臘等

差來之領催費揚古，同打箭爐監督伊特格〔註544〕差伴前來之筆帖式赫敏，
馳驛至成都。臣等隨即會同面詢阿旺羅卜藏情由，據阿藍占巴阿旺羅卜藏說，
我聽得土伯忒人說，康濟鼐原係微末小人，因被拉藏罕〔註545〕親愛，放在阿
里地方為頭目，諄噶爾兵到藏將拉藏罕殺了，土伯忒之人遭塗炭時康濟鼐並
未曾幫助拉藏罕，因諄噶爾之四十餘人在阿里地方，將拉藏罕之家產等物搶
奪時康濟鼐在阿里最險要處率領阿里人等十分出力行走之故，所以得了好名，
荷蒙皇上屢次施恩，將康濟鼐加封貝子，達賴喇嘛又令康濟鼐在靈〔註546〕地
方為頭目，給與房產人口，加給代青巴圖兒名號，又任其所欲，俱加恩賞。
去年給康濟鼐大小圖書兩顆，又賞給坐床靠背帽靴衣服等物，令達賴喇嘛屬
下之人一應事件俱聽受康濟鼐指使行走，如此種種加恩，而康濟鼐不感皇上
封賞大恩，不念達賴喇嘛親愛，餂亂橫行，將達賴喇嘛納糧之阿里、豪爾、
擦瓦達、上下阿木道、餘樹、克爾且等處應交差使俱任意竊取。又收留青海
羅卜藏丹盡、撥碩克兔代青〔註547〕之逃人。又與拉藏罕之蒙古八百人口給與
口糧，凡倉內之物不論數目盡行給與。況康濟鼐不是迭巴又不是罕〔註548〕，
他家餵馬造飯挑水燒火一日用至三百人，土伯忒人等甚被苦累，但土伯忒之
人皇上賞給達賴喇嘛者十三萬，並非賞給康濟鼐者，如此重差苦累，所以土
伯忒之人共相怨恨。今殺康濟鼐之故，係去年十月內康濟鼐與伊屬下人商議，
欲將貝子阿爾布巴、公隆布鼐、台吉扎爾鼐等殺害，凡達賴喇嘛徒弟內除袞
都阿拉木巴外，餘人盡欲殺害，後來事未得行。今年六月內又商議在達木、
哈拉烏素地方，帶了酒去，於七月初四日宴會處又欲將阿爾布巴、隆布鼐、
台吉扎爾鼐等殺害，達賴喇嘛徒弟內除袞都阿拉木巴外，餘人盡欲殺害，康
濟鼐屬下之人將此商議的言語告訴阿爾布巴、隆布鼐、扎爾鼐等，眾人各欲
惜命，先行動手，因不殺康濟鼐不可，故此將康濟鼐殺了。又將默爾根諾燕
〔註549〕、坡爾破台吉〔註550〕、索木巴薩木齊塔兒〔註551〕、達馬鼐達拉藍占

〔註544〕《四川通志》（乾隆）卷三十一頁十九作成都府理事同知伊特格爾。
〔註545〕即拉藏汗，罕為汗之異寫。
〔註546〕此地又名羊卓林，應在羊卓雍措旁邊。
〔註547〕即博碩克圖戴青阿拉布坦額木布。
〔註548〕罕即汗之異寫。
〔註549〕即九十四號文檔之莫爾根諾延公布渣布。
〔註550〕似即頗羅鼐。
〔註551〕據《頗羅鼐傳》頁二六六載，康濟鼐管家巴桑士達和秘書冬那瓦同時被殺。
　　　　據《西藏通史松石寶串》頁七三六載，康濟鼐管家巴桑色達爾及秘書頓納哇

巴〔註552〕，並康濟鼐婦人同時殺死。因台吉坡洛鼐〔註553〕係康濟鼐同心合意之人，他告假往後藏去了，並康濟鼐兄弟原在後藏居住，俱於六月十三日一同遣發多人前去擒殺，我起身來時將康濟鼐兄弟殺死之信得了，坡洛鼐之信未得。又問據你們噶隆等文書內說，康濟鼐與羅卜藏丹盡、諄噶爾通信，可有憑證麼。據說，從前我沒有聽見，我到了沙爾剛喇〔註554〕時欽差大人拆開我們信字，上有康濟鼐與羅卜藏丹盡、諄噶爾通信來往，有書劄之語，我纔知道。又問康濟鼐被殺，在你們聽見欽差進藏之先殺的，還是得信後殺的。據說先得了大人進藏信，過後數日纔殺的，因知道欽差來了，所以差我送書，又有達賴喇嘛啟奏的摺子，教我送到打箭爐交與駐爐稅官轉進，沒有教我進京的話，是打箭爐的稅官教我進京的，此外並無別事。又問康濟鼐死了，他管的拉藏蒙古兵怎麼樣了。據稱殺了康濟鼐之後，眾噶隆差阿隆巴帶兵前住達木地方曉諭，後聞得阿隆巴回來說，據眾蒙古說，我主子康濟鼐即被殺了，我們情願歸達賴喇嘛屬下，藏裡如今狠安靜等語。

臣等查據阿旺羅卜藏稱，係達賴喇嘛令其齎送奏摺至打箭爐，交與監督伊特格等轉進，並未有教他進京之語，臣等細思阿旺羅卜藏既非達賴喇嘛專差齎奏進京之人，理應留住打箭爐請旨遵行為是，今既據監督伊特格等奏明，令其馳驛赴京，臣等未便阻留，因停其馳驛，雇給腳騾，同原伴之筆帖式赫敏、領催費揚古等緩程赴京，但應否允其進京之處，臣等合先摺奏請旨，伏乞睿鑒俯賜訓示遵行，為此謹奏。

雍正五年八月二十二日

陝西總督臣岳鍾琪。

四川巡撫臣憲德。

四川提督臣黃廷桂。

硃批：覽，已有旨了。

　　　同時被殺，後書應即據前書而著，兩書譯名不同而已，索木巴薩木齊塔兒似即管家巴桑士達。

〔註552〕見前註，達馬鼐達拉藍占巴似即康濟鼐之秘書冬那瓦。

〔註553〕即頗羅鼐，此處岳鍾琪敘事不明，似乎將頗羅鼐前後誤作兩人坡爾破台吉與台吉坡洛鼐。

〔註554〕《欽定西域同文志》卷二十頁十四作沙爾岡拉，西番語沙爾東也，山近東偏多積雪也。

〔154〕欽差副都統馬拉等奏報進藏宣讀聖旨賞賜物件情形摺（雍正五年八月三十日）[2]-[10]-358

奴才馬拉、僧格謹奏，為奏聞事。

奴才等自沙拉梗拉嶺〔註555〕起程，至七月二十二日到離藏有三日路程之色頂地方，阿爾布巴等與他們堪布滾處札木素藍占巴等帶信來說，皇上敕旨到來，此七月係黑道月分，我們此處風俗甚是忌諱，大人們初一日到來，初二日降旨甚好。因而奴才等至八月初一日進藏，索諾木達爾札、貝子阿爾布巴率領眾諜巴〔註556〕、眾苦兒〔註557〕等在十里之外跪請皇上聖安，瞻拜敕書。次日奴才等請敕書到白賴邦〔註558〕，達賴喇嘛下樓接領敕書，立聽宣讀畢，恭請皇上聖安。所有降旨賞賜物件，並達賴喇嘛受戒喜事賞賜物件俱照數賞給訖。達賴喇嘛告稱，蒙滿珠舍利皇上之恩，我同土白特眾生俱行安逸度日，屢叨隆恩，不計其數，今又准我所請遣大人前來照管，降旨教誨年幼之人，恩澤疊沛，因我受戒，又蒙加恩，實不敢當，將何報答，惟有率眾喇嘛誦經，祝我皇上萬萬歲，並將恩降諭旨謹刻肺腑，竭力勤誦經典，圖報而已。所有遵旨回奏並賞賜謝恩之處另行具奏等語。為此謹具奏聞。

雍正伍年捌月叁拾日

〔155〕西藏辦事大臣馬喇等奏轉達賴喇嘛謝頒旨教誨摺（雍正五年八月三十日）[1]-2702

奴才馬喇、僧格謹奏，為奏聞事。

竊奴才等自沙爾岡拉嶺〔註559〕起行，七月二十二日行至距藏三日路程之色丁〔註560〕地方後，阿爾布巴等致書其堪布衰楚扎木蘇喇木扎木巴稱，皇上敕書已到，本七月為壬月，以我規矩甚忌之，大臣等初一日到，初二日宣旨甚好等語。奴才等八月初一日抵藏，索諾木達爾扎、貝子阿爾布巴率眾第巴仲科

〔註555〕《欽定西域同文志》卷二十頁十四作沙爾岡拉，西番語沙爾東也，山近東偏多積雪也。
〔註556〕即第巴，亦稱第悉、第司，藏人於官之統稱，大者總理藏事，小者一村之長亦稱第巴。
〔註557〕即仲科爾。
〔註558〕即哲蚌寺，西藏格魯派三大寺之一，《大清一統志》（嘉慶）卷五百四十七載，布雷峰廟，在喇薩西北十六里，相傳宗喀巴弟子所建，有喇嘛五千餘。
〔註559〕《欽定西域同文志》卷二十頁十四作沙爾岡拉，西番語沙爾東也，山近東偏多積雪也。
〔註560〕第一五四號文檔作色頂。

爾等迎於十里外，恭請皇上安，拜敕書。翌日奴才等捧敕書赴哲邦寺，達賴喇嘛從住樓下，受敕書宣讀時立著聽畢恭請皇上安，以頒敕書禮賞賜之物及達賴喇嘛受戒之喜賞賜之物照數賞賜畢，達賴喇嘛告稱仰賴文殊師利大皇帝之恩，小僧自己、土伯特眾生皆享安逸，且屢加洪恩不勝枚舉，茲復照小僧所請派大臣等照管小僧，頒降諭旨，教訓諄諄，施恩優渥，且又以小僧受戒施以非常寵恩，小僧實難承受，無以仰報，惟有率眾喇嘛誦經祈禱皇上萬萬歲，感激皇上之恩銘記敕諭，竭力勤學經教，至於照敕諭回奏，賞賜洪恩之處，為謝恩事小僧另行具奏等語，為此謹奏以聞。

雍正五年八月三十日

〔156〕七世達賴喇嘛謝派大臣駐藏辦事奏書（雍正五年至七年三月吉日〔註561〕）[4]-23

達賴喇嘛奏書

調轉天命力輪於天下年輕文殊師利皇帝陛下，敕封西天大善自在佛所領天下釋教普通瓦赤喇怛喇達賴喇嘛謹燃香撒花跪地叩奏，荷蒙聖禮皇帝仁鑒黃教及本僧，派副都統馬喇、內閣學士僧格來至此地，傳佈皇恩，深入人心，如若來此之大臣等為我土伯特之眾引路，久留於此，我等諸事得以告知大臣等辦理，本地人眾亦必遵從聖主教化，斷不悖行。此前為請派大臣，擬由前後兩路派使，幸為大聖皇帝早已洞鑒，旨令新派二位大臣駐本地辦理土伯特事務，於二月二十八日頒降前來，如此大恩，即使以黃金填滿天下亦難還報。又一再扶佑黃教及本地眾生，如日閃耀，我等大小土伯特人眾仰賴聖禮大皇帝仁恩生存外，再無所依賴，謹請將我此處所有大小人眾擁入聖仁，頒降溫諭，請鑒之。謹以奏書禮進獻哈達，於三月吉日達賴喇嘛叩奏。

〔157〕欽差副都統馬拉等奏報達賴喇嘛等所稱康濟鼐被殺情由摺（雍正五年八月三十日）[2]-[10]-359

奴才馬拉、僧格謹密奏，為奏聞事。

奴才等進藏見達賴喇嘛，據達賴喇嘛移文內稱，有一切應奏事件，你們速來商量等語。因而問達賴喇嘛，你是為喇嘛之人，或是或非不可偏向了，須要直奏，方副聖主愛養之至意，阿爾布巴等殺康濟鼐的情由，是怎麼說呢。據達

〔註561〕原文如此，疑為編者所考訂之日期，據文內內容，為馬喇、僧格抵藏後七世達賴喇嘛之奏疏，但馬喇、僧格於雍正五年八月初一日抵藏，具體哪一年待考。

賴喇嘛口稱，蒙聖祖皇帝憐念愛養我所幼之人，遣派大兵送我進藏時康濟鼐原係管阿里地方四五戶之小頭目，大兵進藏，有將軍大人尋及康濟鼐，始從後藏而來。阿爾布巴至索羅木地方在大兵前迎接投誠，即隨將軍大人前來至藏，將軍大人將康濟鼐、阿爾布巴、隆布奈俱放為噶隆，又將坡羅奈〔註562〕、扎爾奈〔註563〕亦放為噶隆，復蒙聖主格外施恩特放貝子、公、扎薩克台吉，是以我欽遵皇上諭旨憐惜他們。去歲康濟鼐要照舊諜巴之例求放他為諜巴，向阿爾布巴等說，再三來求，我說從前蒙皇上諭旨，土白特曾經放過汗並諜巴，毫無益處，若不啟奏聖主我不便擅自放他為諜巴。康濟鼐又向我說，將十三萬土白特你我二人佔了，其餘噶隆們要他做什麼。我令康濟鼐總理，給他印號辦事，曉諭阿爾布巴等，並傳之眾人，凡事要依康濟鼐，不料噶隆等以我為喇嘛，一切所辦之事，不甚令我聽見，後來我聞得噶隆等將康濟鼐殺了，隨差人向噶隆等說，皇上施大恩於天下眾生處，爾我眾人俱係明白知道的，若竟不啟奏皇上，又不通知於我，甚屬不是了。據噶隆等回稱，欲將眾生苦樂情由奏陳皇上，奈路途遙遠，欲要通知達賴喇嘛，必有阻撓，事反不成，竊思康濟鼐係背皇上洪恩，與諄噶爾、羅卜藏丹津等勾通書信往來，一切事情俱係胡行，立意將我們噶隆並達賴喇嘛親近人等俱要殺害，因事甚緊，我等無法將康濟鼐害了，康濟鼐胡行的事情我等另行奏聞聖主等情，我今將大概情節告訴大人們，其中噶隆等情由，我詳細繕疏奏陳恩主等語。

　　問阿爾布巴，康濟鼐任意侵佔地方，苦累土白特之眾生，除滾杜阿蘭巴〔註564〕人等外，其餘噶隆以及眾人俱要殺害之處，有康濟鼐屬下之人思念達賴喇嘛好處，告訴出來，又說康濟鼐向羅卜藏丹津、諄噶爾書信往來，這侵佔的是何地方，出首說要殺害你們的人是何名字，現在何處，與羅卜藏丹津、諄噶爾書信往來，可有憑據。據供，康濟鼐蒙皇上施恩封為貝子，達賴喇嘛又憐念給他名號，照舊諜巴之例，將淩〔註565〕地方之人給他千戶，尚不知

〔註562〕即頗羅鼐。
〔註563〕即扎爾鼐。
〔註564〕《頗羅鼐傳》頁二五六載七世達賴喇嘛一大承伺名古頓阿苾巴。《欽定西域同文志》卷二十四頁十七載，袞都阿克喇木巴薩木丹佳木磋，官堪布，賜達爾汗號，按堪布為西藏坐床喇嘛，舊屬達賴喇嘛揀用，今舉層膺達爾汗著之，餘不多及。《清代藏事輯要》頁一一一作達賴母舅袞都阿喇木巴，賜達爾漢號，賞緞六疋。據《七世達賴喇嘛傳》頁十四載七世達賴喇嘛之舅名阿格扎西。諸書所載應即一人。
〔註565〕此地又名羊卓林，應在羊卓雍措旁邊。

足，自庚子年〔註566〕至乙巳年〔註567〕任意侵佔給他兄弟親戚人等城堡房屋共十二處，人二千七百五十一戶，一年應交庫內貢物折算銀一萬四千八百餘兩。修理那爾唐廟，從庫內領用銀四千三百餘兩，又將庫內進貢之湯古特〔註568〕、薩爾滾爾二百七十九戶，給那爾唐廟裏每年應交庫內貢物折算銀三千六百餘兩，第五輩達賴喇嘛的時節，達賴汗並其妻、三子〔註569〕、辦事齋桑、兵役以及家口共有一千五百人，每年應給銀五千三百餘兩，康濟鼐管理以來每年要銀二萬五千三百餘兩，因而庫內銀兩不敷，將達賴喇嘛使用的銀器皿從庫內取出銷毀用了。此等擅自庫內取用銀兩，侵佔地方，我另行詳細啟奏皇上。思念達賴喇嘛好處出首之人，名喚厄爾克台吉阿旺雲敦〔註570〕，現在喀倫〔註571〕地方，此人原係康濟鼐愛惜之人，我叫來，大人們問他就知道了。雖聞得康濟鼐與諄噶爾、羅卜藏丹津等書信往來是實，但未見書字，康濟鼐故後在他家裏搜出有印號的蒙古、湯古特字七張，我將此原字奏陳皇上等語。

問阿爾布巴，康濟鼐將達賴喇嘛庫內物件，任意侵佔許多，在去年來的大人們跟前為什麼竟不告出。據供，去年我等眾人向康濟鼐說，你侵佔的地方若肯退出，達賴喇嘛憐憫我們給的地方亦肯退還，如此商量，康濟鼐說，我只退出達賴喇嘛給我的淩地方，其餘別處係我自立的，不便退出，彼時我等若說出他侵佔之處，恐致生事，因此不曾說出是實，大人們回去後將他的淩地方並不曾交，其達賴喇嘛給我們的地方，我們也不曾交等語。

問阿爾布巴，康濟鼐每年領厄魯特兵餉時並不照達賴汗份例額數支領，從庫內取有二萬餘兩之多，去年來的大人跟前竟不告出，是怎麼說呢。據供，去年來的大人們曾問厄魯特兵，你們庫內的物件若用完了，皇上自有恩賞錢糧。據康濟鼐回稱，養厄魯特兵，有達賴汗的份例，盡可足用，因而我們以為此後定照達賴汗取用庫內物件，不致花費，將他從前每年多取之處並未說出，不意至今年三月他照舊取銀二萬五千餘兩等語。

問阿爾布巴，據此，康濟鼐之惡並非一兩日之事，你們為什麼不早奏皇

〔註566〕藏曆第十二饒迴金鼠年庚子，康熙五十九年。
〔註567〕藏曆第十二饒迴木蛇年乙巳，雍正三年。
〔註568〕即西藏。
〔註569〕《松巴佛教史》頁五四九表六載達賴汗有二子，名丹增旺加和拉藏汗，非三子。《蒙古世系》表三十八作朋素克，有兩子，拉藏汗與旺扎爾，非三子，待考。
〔註570〕《西藏志》頁三十四作拉藏罕屬下台吉阿旺雲登。
〔註571〕即卡倫，《朔方備乘》卷十曰更番候望之所曰臺，國語（即滿語）謂之喀倫，亦作卡倫，又有稱卡路，皆繙譯對音之轉也。

上，並通知達賴喇嘛，遽爾擅自殺害，是怎麼說呢。阿爾布巴所供與對達賴喇嘛之供同。

八月二十日阿旺云敦〔註572〕自喀倫處叫來，隨問阿旺云敦，康濟鼐要殺噶隆等並達賴喇嘛親近人等之處，說你想念達賴喇嘛好處，出首了，是實麼。據供我原在阿里地方跟隨台吉吳八十，後吳八十身故，我自己住了，諄噶爾的人將拉藏的人搶去的時節，阿里地方的頭目與我們會同商量奪回來時我就到後藏住了，聽見將軍大人們統領大兵送達賴喇嘛來藏，我帶信給康濟鼐，叫他來一同到藏，康濟鼐得了品級，甚是疼我，我也盡力圖報，因而達賴喇嘛給我厄爾克台吉名號，又賞人幾戶。康濟鼐原係好人，自見坡羅奈以來，凡事俱聽坡羅奈之言，混行辦理，我盡力勸阻，奈他竟不聽信，想必有鬼跟著他了。後來他把白賴邦廟裡的喇嘛阿克巴、吉克巴等叫來告訴，如今噶隆等甚是可惡，就是達賴喇嘛也不好，我要做一件損陰德的事情，要你們做證見。如此說了，喇嘛回去之後我向康濟鼐說，你有此意，還該瞞著些人，反把喇嘛們叫來告訴，這就不是了，他們必定通知達賴喇嘛，如今怎麼樣呢。康濟鼐說無妨，我同坡羅奈商量，七月初四日起至初八日止預備大筵席，把他們叫來，借此盡行殺害，已經定了等情。我想噶隆等係白人，要殺隨他殺去，達賴喇嘛係眾生供養之佛喇嘛，兼有大恩於我，不獨我知此等情節，即眾喇嘛俱無不知者，因而思念皇上之事並達賴喇嘛之恩，就死也要將此事出首了是實等語。

隨將此處問據喇嘛阿克巴、吉克巴等供稱康濟鼐情節，阿旺云敦厄爾克台吉告訴的，俱係實事，今年五月二十八日康濟鼐叫我們來，給我們緞子四尺，茶各一包，手帕各一個，又給飯吃，向我們說我雖係現在之人，到死後魂靈也是甚不好的，因而索性要行一件損陰德的事，你們都聽著。我們喇嘛聞此言語，甚是驚恐，向康濟鼐說，達賴喇嘛係我們父母，你們噶隆等理應將皇上並達賴喇嘛之事公同一心而行，告訴過了我們，又想康濟鼐偏與諄噶爾是一起之人，因而我們喇嘛除念經外，只有靜坐等語。

相應將康濟鼐與諄噶爾、羅卜藏丹津等往返帶的有印號字七張，並八月二十七日阿爾布巴領兵攻破坡羅奈營盤送來所得湯古特字二張，奴才等大概翻譯，另行繕摺，恭進御覽。再隆布奈、扎爾奈因在出兵地方，無從問及外，所有問過達賴喇嘛，並取過阿爾布巴等供情，謹密奏聞。

雍正伍年捌月叁拾日

〔註572〕《西藏志》頁三十四作拉藏罕屬下台吉阿旺雲登。

〔158〕西藏辦事大臣馬喇等密奏噶隆等殺害康濟鼐之詳情摺（雍正五年八月三十日）[1]-2699

奴才馬喇、僧格謹密奏，為奏聞事。

奴才等抵藏後會見達賴喇嘛，問之曰達賴喇嘛致書我等速來，商議諸項應奏事宜，達賴喇嘛爾為喇嘛之人，勿偏頗是非公正具奏，始合聖主體恤至意，阿爾布巴等殺康濟鼐真緣由如何。達賴喇嘛告稱，蒙聖祖皇帝愛養小人，發大軍護送到藏之時康濟鼐為管轄阿里克地方四五戶之小頭目，大軍到藏後將軍大臣等找尋康濟鼐時始從後藏召之來，阿爾布巴迎大軍至索羅木後歸順，隨將軍大臣等來藏後將軍大臣等授康濟鼐、阿爾布巴、隆布鼐均為噶隆，後復以頗羅藕、扎爾鼐為噶隆，聖主復加彼等格外之恩，授為貝子公扎薩克台吉，故我謹遵皇上旨意優待彼等。去年康濟鼐欲照舊第巴做第巴，說與阿爾布巴等，并屢次求告於我。我言，先是大皇帝有旨在土伯特已設汗、第巴並未獲益，欽此，若不奏達聖主則我不能擅授伊為第巴等語。時康濟鼐雖對我言我二人專主十三萬土伯特而已，其餘噶隆等奈何不得等語，但我為以康濟鼐為首辦事起見給與印信，令阿爾布巴等凡事服從康濟鼐，并遍示曉諭。以我為喇嘛，凡所辦事宜噶隆等並不報我知之，聞噶隆等殺康濟鼐，我即遣人對噶隆等言神聖大皇帝乃天下眾生靈之大恩人，我等心中知之明顯矣，不奏大皇帝亦不令我知者殊屬非是。噶隆等告稱將眾生靈之安危情由欲奏陳大皇帝，但地方遠，若告達賴喇嘛知之勢必阻止，事將不能成，康濟鼐悖逆大皇帝之恩，串連準噶爾羅卜藏丹津互通書信，挑起諸種亂事，已定欲殺我噶隆等及在達賴喇嘛身邊之所有人等，因事緊急我等無奈已殺康濟鼐，將康濟鼐之亂情我等另行奏聞神聖大皇帝等語，我將大概情形已告知大臣等，至於噶隆等事情我將詳細修書陳奏我大恩主等語。

問阿爾布巴，以康濟鼐任意佔地，土伯特生靈受害，欲盡殺除袞拉阿喇木巴〔註573〕外之噶隆等及其眾人等因，康濟鼐部下人念達賴喇嘛之好故告訴我等。又言康濟鼐與羅卜藏丹津、準噶爾互通書信等語，康濟鼐任意佔取那許多

〔註573〕《頗羅鼐傳》頁二五六載七世達賴喇嘛一大承伺名古頓阿蒁巴。《欽定西域同文志》卷二十四頁十七載，袞都阿克喇木巴薩木丹佳木磋，官堪布，賜達爾汗號，按堪布為西藏坐床喇嘛，舊屬達賴喇嘛揀用，今舉層膺達爾汗著之，餘不多及。《清代藏事輯要》頁一一一作達賴母舅袞都阿喇木巴，賜達爾漢號，賞緞六疋。據《七世達賴喇嘛傳》頁十四載七世達賴喇嘛之舅名阿格扎西。諸書所載應即一人。

地方，首告欲殺爾等之人名准，現在何處，致書羅卜藏丹津、準噶爾者有證據歟。答曰康濟鼐蒙皇上加恩封為貝子，達賴喇嘛復加體恤給名號，照舊第巴例給嶺〔註574〕地方千戶人，且仍不知足，自庚子年〔註575〕始至乙巳年〔註576〕任意自佔，給其弟、親戚家人之城、室十二處，共二千七百五十一戶人，折算其一年繳商上之公物項，銀一萬四千八百餘兩。修葺納爾唐寺時取商上銀四千三百餘兩用之，又將進貢商上之二百七十九戶唐古特、錫喇古爾〔註577〕人等撥給納爾唐寺，折算其每年繳商上之公物項，銀三千六百餘兩。五世達賴喇嘛之時達賴汗自身、妻室、三子、辦事寨桑等、兵丁及其家口共一千五百人每年供銀五千三百餘兩，自康濟鼐自己管轄以來每年取銀二萬五千三百餘兩，因商上銀不敷故將達賴喇嘛所用銀器皿從商上取出毀而用之。上述私用商上銀兩霸佔地方之處我將另行密寫，奏大皇帝閱覽，念達賴喇嘛之好而首告人名為額爾克台吉阿旺雲敦〔註578〕，現在哨所，此人原為康濟鼐所寵，我召之來大臣等問之便知之，雖聞康濟鼐致書準噶爾羅卜藏丹津者是實，但並未見其書，康濟鼐死後從其家搜出用印蒙古、唐古特文書有七張，將此原文我將奏皇上閱覽等語。

問阿爾布巴，康濟鼐任意霸佔達賴喇嘛之商上地許多，而去年大臣等來時爾為何不舉報。答曰去年我等同與康濟鼐商議若退爾所佔地方，則將達賴喇嘛撥給我等之地方我等亦退還給商上，康濟鼐言我惟退達賴喇嘛給我之嶺地方而已，其餘地方乃我自身掙得者不必退還等語，彼時怕我等若退還當即出事，故未退還者是實，大臣等去後未繳其嶺地方，故我等將達賴喇嘛撥給我等之地方亦未繳等語。

問阿爾布巴，康濟鼐每年征厄魯特兵丁錢糧時並未照達賴汗之分數徵收，而從商上多取銀二萬餘兩，且未舉報去年前來之大臣等，此事如何。答曰去年前來之大臣等曾問若為厄魯特兵丁而費商上之物，則皇上將恩賞錢糧，康濟鼐告稱養厄魯特兵丁，有達賴汗之分，盡可足用等語，所以我等想以後必照達賴汗徵收，不費商上之物耳等因，未揭發其先前多徵收事，不料到今年三月仍徵收銀二萬五千兩等語。問阿爾布巴，由此觀之康濟鼐之劣跡非僅一二日，爾等

〔註574〕此地又名羊卓林，應在羊卓雍措旁邊。
〔註575〕曆第十二饒迴金鼠年庚子，康熙五十九年。
〔註576〕曆第十二饒迴木蛇年乙巳，雍正三年。
〔註577〕哈拉烏蘇之蒙古。
〔註578〕《西藏志》頁三十四作拉藏罕屬下台吉阿旺雲登。

何不早陳奏皇上，不報知達賴喇嘛便擅殺之，其故何在，阿爾布巴答詞與先前答復達賴喇嘛之語同。

八月二十日從哨所召阿旺雲敦至，問阿旺雲敦，康濟鼐欲殺噶隆等及達賴喇嘛身邊所有人等，爾念達賴喇嘛之好而首告之，實與否。答曰我曾在阿里克地方跟隨台吉烏巴希〔註579〕，烏巴希亡故後我便獨居，準噶爾人攜羅卜藏部下人時，阿里克地方諸頭目及我等共商搶來後，我曾來後藏居住，將軍大臣等率大軍護送達賴喇嘛來藏，故我致書叫康濟鼐至，與彼同來藏，康濟鼐得品級後甚是體恤我，我亦竭誠効力，故達賴喇嘛給我額爾克台吉號，賞與數戶人。康濟鼐原係良善，自與頗羅鼐會合以來，凡事聽從頗羅鼐之言胡亂辦理，對此我雖盡力勸諫但竟不聽，想是鬼附其身。其後召哲蚌寺、沙拉寺喇嘛阿克巴、濟克巴〔註580〕等來告稱，今噶隆等甚劣，即達賴喇嘛亦不善，我想做一遭罪之事，叫爾等為干證等語。遣喇嘛等返還後我告康濟鼐曰爾若有此心則應隱瞞人，反召喇嘛等來告知者非是，伊等必告訴達賴喇嘛，康濟鼐言不妨，我已與頗羅鼐商定自七月初四日至初八日設大宴戲，召伊等來乘機我盡殺之等語。我想噶隆等為平白人，若殺就殺之，達賴喇嘛為眾生靈奉祀之佛喇嘛，曾加重恩於我，此情非我一人知者，眾喇嘛皆已知之，是故念及皇上之事，達賴喇嘛之恩，死就死罷等因，我首告此事者是實等語。遂將此事問喇嘛阿克巴、濟克巴等，言康濟鼐情由，阿旺雲敦額爾克台吉所告者皆實事，今年五月二十八日康濟鼐召我等來給我等緞四尺茶各一包哈達各一個，設饌用畢對我等言我想做殃及現身死魂之大惡事，今爾等聽從等語。聽畢此言我等眾喇嘛大懼，對康濟鼐曰達賴喇嘛為我等之父，爾眾噶隆等應為大皇帝、達賴喇嘛之事同心協力纔是，以我等之意康濟鼐已偏向準噶爾，我等為喇嘛，除誦經外靜坐等語。

是故，將康濟鼐與準噶爾、羅卜藏丹津互致用印文書七張，以及八月二十七日阿爾布巴又齎送兵破頗羅鼐營所獲文書二張，奴才等皆譯出其大概，書於另摺奏皇上閱覽。再隆布鼐、扎爾鼐因在軍營未問外，所有問達賴喇嘛、阿爾市巴供詞，謹密奏以聞。

雍正五年八月三十日

〔註579〕第一五七號文檔作吳八十。
〔註580〕第一五七號文檔作吉克巴。

〔159〕達賴喇嘛奏報眾噶隆合謀殺死康濟鼐緣由摺（雍正五年八月三十日）[1]-2700

達賴喇嘛謹跪叩奏奉天承運文殊師利大皇帝陛下。

大聖祖皇帝寵眷眾生靈，令小僧自幼居住塔爾寺，優加體恤，照前達賴喇嘛賞賜名號冊印，皇上降旨令派大兵送往土伯特，時因小僧年幼經典尚未學好，無濟於眾生靈，故以仍居住塔爾寺數年，以熟皇上之恩等因具奏，奉旨凡事照五世達賴喇嘛為之，與朕大兵同去土伯特方好，欽此。遵照旨意平安來到土伯特，復蒙大皇帝格外體恤賞賜名號冊印，於眾生靈大為有益，無征戰亦無病災，至今安居樂業，此皆大聖祖皇帝，皇上威福所致。

康濟鼐居住阿里克地方時與準噶爾挑起事端，念及若為皇帝効力者屬實，則應優待等因，康濟鼐雖係管轄阿里克地方四五戶人之小人，但用於大第巴之列，照撥給五世達賴喇嘛之舅之例，賞給諸申、名號〔註581〕，崇之勝於他人。大皇帝復令辦理噶隆事務，封為貝子，多加恩恤，但康濟鼐甚傲且奸邪，不欲安生，恐害及政教事宜，方纔奏請大皇帝委派大臣一員，雖蒙皇上照小僧所奏明鑒，但於去年降旨內大臣等以康濟鼐為土伯特首領時因康濟鼐使者達喇沙爾喇木扎木巴假傳聖旨，故康濟鼐、頗羅鼐、噶隆等告訴小僧曰，汗第巴兩者中補授康濟鼐一人，與小僧公同掌握眾人，應頒給印信大權等語，時小僧言康濟鼐欲與小僧同列則不可不具奏皇上，皇上曾有旨在土伯特設汗第巴無益，欽此，小僧不能設汗第巴，為印信事，小僧照噶隆等所告，使伊仰副皇上之事、小僧之意而行等因，遵照諭旨發給辦理庶務印票。因欽遵皇上旨意勤學經典，故不甚知曉康濟鼐、噶隆等所辦諸事詳情。再者康濟鼐所居地方，有在昭〔註582〕之前第巴所居拉布隆〔註583〕、有在拉布隆之床，乃五世達賴喇嘛時之第巴索諾木車木伯爾〔註584〕所坐之床，而康濟鼐擅去坐之。康濟鼐將商上人等任意撥給其親戚、奴僕、諸申，揚言阿里克地方藏地方乃用其力所取，行亂自詡，暗中互通亂書，舉行亂事，噶隆等土伯特第巴頭領等知其大概，聞康濟鼐到如此地步，小僧即念大皇帝重恩遣人往語噶隆等曰，神聖大皇帝乃天下眾生靈之大恩人，我等心中知之甚為明顯，將其情由不奏

〔註581〕七世達賴喇嘛賞賜康濟鼐名號為戴青巴圖魯。
〔註582〕指大昭寺。
〔註583〕拉章之變音，活佛居住之所曰拉章。
〔註584〕藏名索南饒丹，又名索南群培，五世達賴喇嘛時期第一任第巴，力主邀顧實汗率軍入藏而滅藏巴汗，建和碩特蒙古與格魯派聯合政權於西藏。

陳大皇帝亦不報小僧知者殊屬非是等語。噶隆等告稱將眾生靈之逸勞情由欲奏聞大皇帝，但地方遠而未成，達賴喇嘛身為喇嘛之人，故未能告訴之。康濟鼐背大皇帝之恩行亂書以挑起諸樣事端，已定欲盡除我噶隆等及在達賴喇嘛身邊隨行人等，因事緊急，關係皇上、達賴喇嘛之事及我等身命，故將康濟鼐殺之，將此緣由誠心奏聞大皇帝後皇上必鑒之矣等語，既噶隆等另奏此等緣由，則連小僧本身請明鑒，廑念此方政教眾生靈，復有緣由，將前往使者口奏等因，祈禱並備禮物哈達，一併於未年〔註585〕達賴喇嘛謹奏。

雍正五年八月三十日

〔160〕阿爾布巴喇嘛奏報眾噶隆合謀殺死康濟鼐摺（雍正五年八月三十日）[1]-2701

瞻望東方跪奏天命文殊師利大皇帝陛下金座之明。

竊康濟鼐原居住阿里克地方時曾管轄五六戶人，將準噶爾人所掠拉藏汗部下六百餘人送往準噶爾，行至阿里克地方後由阿里克地方強派五百人解送，時阿里克人心不服，夥同殺死準噶爾五十人後，將掠取拉藏部下人之功記於康濟鼐名下，其之緣由阿里克地方人至今仍在陳報達賴喇嘛。準噶爾侵害我土伯特人時蒙大皇帝格外體恤，遣發兩路大軍來請我愛如贊達牟尼額爾德尼之達賴喇嘛坐金床時，準噶爾人等懼皇上大軍而逃回時，康濟鼐與阿里克地方一群兵一併於納克桑〔註586〕地方居住，因準噶爾人行納克桑地方，故康濟鼐懼而逃來西藏地方，侵害達賴喇嘛部下人如準噶爾人一樣，至於堵準噶爾人所行之路追擊之事康濟鼐竟未為之，並以捏報率兵來土伯特地方之將軍大臣等，大臣等以康濟鼐欺詆為實，故具奏大皇帝，荷蒙加恩封號貝子。達賴喇嘛雖知康濟鼐事情，但念料不定日後要改悔，誠心為大皇帝、達賴喇嘛事效力等因賞康濟鼐名號〔註587〕，照大人之例將嶺地方千餘人撥給康濟鼐，且其身為土伯特第巴，辦庶務報達賴喇嘛時沒事等因〔註588〕，與達賴喇嘛一併專主十三萬土伯特人，仍不知足，康濟鼐從達賴喇嘛所屬商上之衛藏內任意選取好地方給其本族、娘家、家人等，將阿里克之三大地方以及藏地城賦盡行佔取，又悉取錫喇

〔註585〕藏曆第十二饒迴火羊年丁未，雍正五年。
〔註586〕《欽定理藩院則例》（道光）卷六十二作納倉宗，今西藏申扎縣一帶地區，清代檔案文獻常作納克產。
〔註587〕七世達賴喇嘛賞康濟鼐之名號為戴青巴圖魯。
〔註588〕原文如此，疑翻譯不確，此處意為辦理庶務無因並不報達賴喇嘛知曉。

古爾、阿克蘇〔註589〕人等，且將為眾生靈給達賴喇嘛所建庫內財物，藉口供給兵丁盡取之給其所收乞丐無事人等，尚且不彀，故以商上取出達賴喇嘛所用銀器皿等物毀而用之。又康濟鼐自身、眾妻、家人不斷從達賴喇嘛商上取而食用物件數目，以及納爾唐寺緣由，俱另寫之。

　　再大皇帝有旨，土伯特諸事著報達賴喇嘛商議而行，欽此，康濟鼐對達賴喇嘛不以為然，亦未以平白人行敬，未奉大皇帝旨意，達賴喇嘛之言，而康濟鼐、頗羅鼐二人商議，康濟鼐於去年八月十四日任意坐第巴床。待我噶隆等不如其家人，辦諸事時雖吩咐為達賴喇嘛之言之書，但置之不理。今頗羅鼐念其前惡，背叛皇上、達賴喇嘛，在西藏地方起兵，但仰賴皇上、達賴喇嘛之威福，能輕取之。

　　再至於康濟鼐致書羅卜藏丹津、策妄阿喇布坦等事，照前所聞，策妄阿喇布坦書信、羅卜藏丹津不能承受大皇帝之恩而背叛時所致書信，羅卜藏丹津回文，以及致額訥特柯克汗之書一件、致一喀楚爾小城頭目納巴克之書及所覆書信，康濟鼐死後方纔搜出。康濟鼐對諸事、皇上、達賴喇嘛之政教傷害頗大，今出此事者康濟鼐起歹意，將我三噶隆、眾人，欲於去年十月內殺死，因懼皇上、達賴喇嘛之威福，事遂未成。

　　又自今年七月初四日至初八日乘設大宴戲之機，殺我三噶隆及其隨從人後，除跟隨達賴喇嘛之衰杜阿喇木巴〔註590〕外欲盡殺其餘人，達賴喇嘛依康濟鼐則已，不則亦將傷害達賴喇嘛等情，大逆不道，肇起世上絕無之事者甚實。故念皇上、達賴喇嘛之政教，康濟鼐欲殺我等之事緊急，欲奏文殊師利大皇帝，但地方遙遠，欲告知達賴喇嘛，因其為菩薩，故未能告訴，第世道身命最愛，故將康濟鼐自身及與其合謀行亂之數人於六月十八日，我噶隆第巴頭領等無奈如此為之，我等捨命為大皇帝、達賴喇嘛之事，大皇帝既為文殊師利菩薩必明鑒耳，故懼大法，奏報康濟鼐致書策妄阿喇布坦、羅卜藏丹津等及甚為亂實事，我等虔誠祈禱大皇帝、達賴喇嘛，故仰賴大皇帝、達賴喇

〔註589〕原文作錫喇古爾阿克蘇，今改為錫喇古爾、阿克蘇。

〔註590〕《頗羅鼐傳》頁二五六載七世達賴喇嘛一大承伺名古頓阿惹巴。《欽定西域同文志》卷二十四頁十七載，衰都阿克喇木巴薩木丹佳木礎，官堪布，賜達爾汗號，按堪布為西藏坐床喇嘛，舊屬達賴喇嘛揀用，今舉曆膚達爾汗著之，餘不多及。《清代藏事輯要》頁一一一作達賴母舅衰都阿喇木巴，賜達爾漢號，賞緞六疋。據《七世達賴喇嘛傳》頁十四載七世達賴喇嘛之舅名阿格扎西。諸書所載應即一人。

嘛二菩薩之福，我等未被康濟鼐所殺，感激大恩，誠心具奏，伏乞文殊師利大皇帝睿鑒，祈奏照前體恤達賴喇嘛這方眾生靈。

雍正五年八月三十日

〔161〕欽差副都統馬拉等奏請派內地綠旗兵駐守西藏摺（雍正五年八月三十日）[2]-[10]-360

奴才馬拉，僧格謹密奏，為請旨事。

奴才等向阿爾布巴說，聞得隆布奈、扎爾奈領兵與坡羅奈之兵相戰，但爭戰並非好事，有違聖意，且又與達賴喇嘛之黃教不符，我們意思要差人招安坡羅奈。據阿爾布巴回稱坡羅奈係反出達賴喇嘛黃教之人，大人們差人去，倘有疏虞，有關大國聲名，我等實不敢當，不過數日內可以成事等語。又向阿爾布巴說，要差人去問隆布奈，並令看其兵勢。據阿爾布巴回稱這可以差得等語。是以奴才們差領催祁里克忒、把總梁萬福，隨帶阿爾布巴之人去了。其兵的形勢並隆布奈有何說處，俟回來時另行具奏外。奴才等愚見，康濟鼐已經被殺，坡羅奈雖已大敗，然事尚未完結，則內地之兵自不可少，因而奴才等向達賴喇嘛說，我們來的時節蒙聖主就要發兵同我們前來，因頒來敕內未曾開寫，恐你們湯古特人等不知情節，反有驚恐，所以並未帶來，叫我等向達賴喇嘛商量，兵得多少可以足用之處，令其奏聞等因。據達賴喇嘛回稱，從前公測旺諾爾布〔註 591〕領兵在此居住，蒙皇上以我們土白特地方褊小，產糧無多，若存許多之兵，恐致苦累民人，將兵撤回，差扎爾固齊常保前來，迨常保回去時康濟鼐即已變心，我曾向常保說奏請派一大臣前來，蒙我聖主准我所請，特差大人到此，今康濟鼐已經殞滅，想已無事了，我們地方所有十三萬土白特俱係聖主子民，兼有大人們在此居住，斷可無慮，然聖主憐我，欲要遣兵，我何敢有勞聖主之兵，總在聖主之隆恩等語。伏乞皇上遣內地綠旗兵五百名，派綠旗營大官一員，大臣一員，令其督率來藏駐守，得仗天威，可保無事矣，此兵如今發來，時值寒冬，又無水草，應俟明年青草發生時再令起程，為此謹密奏請旨。

雍正伍年捌月叄拾日

〔註 591〕即公策旺諾爾布，《蒙古世系》表三十一作策旺諾爾布，喀爾喀蒙古人，扎薩克鎮國公托多額爾德尼嗣子。《欽定外藩蒙古回部王公表傳》卷七十二有其身世之簡介。

〔162〕西藏辦事大臣馬喇等奏請遣內地綠旗官兵到西藏摺（雍正五年八月三十日）[1]-2703

奴才馬喇、僧格謹密奏，為請旨事。

竊奴才等問阿爾布巴，據聞隆布鼐、扎爾鼐率兵與頗羅鼐兵相戰等語，征戰非善事，違悖皇上之意，與達賴喇嘛之黃教亦不合，以我等之意我等將派人往招撫頗羅鼐。阿爾布巴言頗羅鼐為背叛達賴喇嘛黃教之人，大臣等派人往倘稍有閃失，則關係國譽，我等實不能擔當，大不過數日內事將成等語。又問阿爾布巴，欲派人往問隆布鼐，察看軍情。阿爾布巴言，可以派人去等語。因此奴才等派領催齊里克特〔註592〕、把總梁萬福偕同阿爾布巴部下人前往。至於軍情，隆布鼐怎樣說之處除到來時另行具奏外，以奴才等愚意，雖殺康濟鼐，頗羅鼐大敗而逃，但事仍未完結，內地兵不可無，奴才等遂對達賴喇嘛曰我等來時聖主欲即發兵與我等同來，因敕書內未寫且恐爾唐古特人不知情以至驚懼，故未發兵，著爾等與達賴喇嘛商議，用兵幾多奏請等語。達賴喇嘛告稱，先是公策旺諾爾布率兵駐此地時皇上以我土伯特地方小產糧少，若留許多兵則民受苦等因撤兵，遣審事人常保去，常保返回時康濟鼐即變心，是故說與常保，請遣臣一員等因奏請，聖主照小僧所請遣派大臣，今康濟鼐已死，想無事耳，在小僧處之十三萬土伯特人皆為聖主之民，且大臣等又駐此，斷然無妨，但聖主體恤小僧為小僧欲發兵，小僧不敢勞聖主之兵，無論如何，皆為聖主之至恩矣等語。既然卯此，則請皇上派內地綠旗兵五百，統兵綠旗大員一名，再派臣一員駐藏管束，仰仗天威想無他事，若今遣此兵則時寒無青草，來年青草萌發時再遣發，為此謹密奏請旨。

雍正五年八月三十日

〔163〕陝西總督岳鍾琪奏遵旨酌籌料理明春進兵西藏事宜摺（雍正五年九月十五日）[2]-[10]-440

陝西總督臣岳鍾琪謹奏，為遵旨奏聞事。

竊臣於九月十三日途次四川昭化縣接奉上諭，仰見我皇上睿慮周詳，機宜切當。臣跪讀之下茅塞頓開，踴躍悅服之至。仰遵上諭，無論策妄阿拉布坦〔註593〕有無勾連幫助，應宜趁此機會，師出有名，先定西藏，以安番眾，

〔註592〕第一六一號漢文摺作領催祁里克忒。
〔註593〕《平定準噶爾方略》卷一頁一作策妄阿喇布坦。

並將達賴喇嘛移住西寧，使土伯忒之人心有所屬，如此料理，不特西藏安如磐石，更可永消諳噶爾窺伺之念，誠為上策。但目今水冷草枯，難以進兵，待至來春青草發生之時即將諭旨特派陝西川滇三省之兵遣發並進，約期抵藏，仰仗聖主天威，料亦無難抵定，若此時即將官兵遣往西寧打箭爐駐劄，誠如上諭，恐聲驚駭西海西藏人眾，實屬未便，臣愚以為應俟明春正二月間將川陝派定兵馬，按其程途遠近計日遣發，統俟到彼，令其養馬四十日，再行出口，更為妥協。雲南之兵亦應如此料理，臣即密咨督臣鄂爾泰矣。再臣總督印務臣查陝省文武內不得熟諳之人，且此時既皆預備兵馬，凡一切軍務正需辦理，似不便委署，臣仍遵旨隨路帶辦，料亦不致遲誤，俟臣到西安將兵糧諸事料理齊備，即欽遵恩旨，量力馳赴闕廷，跪聆聖訓，所有微臣遵奉密旨緣由，理合具摺奏聞，奉到上諭一併恭徹，伏乞睿鑒，謹奏。

雍正五年九月十五日

硃批：達鼐一奏聞此事，朕甚密而未露，只與怡王〔註594〕、張廷玉〔註595〕、公鄂齊、富寧安密商，不料富寧安茫然一無所知，滿口亂言，其三人亦無主見，後朕得此主意，自以為無出此策者，後三人亦以為是，因有前諭。次二日夜間夢寐中似有使然，忽然得一主意，取藏料彼未敢抗拒，若挾達賴喇嘛躲離藏地，或投諳噶爾，若取一空藏則又甚難措置矣，一得此主見，則取藏務更當慎，不如暫安西藏人心，只得再看光景，所以又改諭，止派兵。諭達賴喇嘛〔註596〕之敕諭甚屬妥協，譯出漢文發來與卿看，此事朕意總尚未定，俟卿到京當面通盤籌畫，三四月內總難用兵，便遣兵，亦不為遲。近日使與鄂洛斯議界之圖理琛奏言，薩瓦向伊言，伊之人向伊言，策妄云去年已死，但信未確云云。鄂洛素〔註597〕女主言已故，其十四歲子承繼其國云云。朕意策妄若果死，西藏之事恐其無知輩多事，反不如策妄之老成慎重也，總俟卿到來面議，印務隨來甚好，路上萬不可勉強過勞，目下無不可緩之事也，西藏朕此諭到之先，若未及勾連諳噶兒，可保暫無事矣。〔註598〕

〔註594〕清聖祖第十三子胤祥（允祥）。
〔註595〕《清代職官年表》大學士年表作文華殿大學士張廷玉。
〔註596〕此處補「嘛」字。
〔註597〕即俄羅斯。
〔註598〕此硃批後有如下一段話，字體與硃批不同，內容亦與奏摺無關，錄之如下，
「錄至此摺，敬將上諭恭請聖訓，奉旨諳噶爾軍需事件且不必錄，後再請旨，所以將自此之後軍需奏摺欽遵檢出，槩未入錄。」

〔164〕散秩大臣兼副都統達鼎奏報出西寧邊口探聽青海諸王議論摺（雍正五年十月初三日）[1]-2724

為探聽其眾噶隆等殺死康濟鼐一事，及青海王等有何議論，奴才借赴西寧邊口一帶打獵而出邊，諸王內有車沁王色布騰札勒〔註599〕、盆楚克旺札勒〔註600〕二人，聲稱此事係眾噶隆等之過等語，戴青和碩齊察干丹津〔註601〕、額爾德尼額爾克托克托鼐因與達賴喇嘛好，恐加罪喇嘛而少有擔憂，此外青海並無事端。再由理藩院派筆帖式達色捧敕諭前來西寧，我處所奏頗羅鼐一事因有變更，由驛送往恐拖延日久遂交付藍翎濟爾噶郎，令將奏摺於十五日內務必送達。再達賴喇嘛由打箭爐所派使臣尚未抵達西寧，俟抵達後辦妥啟程仍需近十日，倘若另有降旨，由奴才此奏送往之日起為一月之間，若有旨送往奴才處，奴才派人追趕使臣可於半道截住，為此謹具密奏。

雍正五年十月初三日

〔165〕陝西西寧總兵周開捷奏請効力疆場摺（雍正五年九月二十六日）[2]-[10]-529

鎮守陝西西寧等處地方駐劄西寧府城副將管總兵官事加一級在任守制臣周開捷謹奏，為微臣圖報情殷仰懇聖恩俯准事。

竊臣於雍正伍年玖月貳拾伍日承准督臣岳鍾琪照會，內開為欽奉上諭事，選派臣標協營精健馬兵壹千名砲手壹百肆拾名，一切軍裝等項料理齊備等因到臣，除一應兵馬軍裝事宜臣現在遵奉加謹辦理聽候遣發外，伏念臣一介庸愚毫無寸効，仰沐聖恩畀以今職，更荷皇仁推恩錫類賜加銜准迎養，俾臣父沐聖眷於生前，錫誥命給假期，使臣母荷恩榮於身後，疊蒙高厚，馨竹難書感激下忱，涓埃未報，今奉選派兵馬之文正臣効力疆場之日，臣自分駑鈍不能勝軍旅之選，然年力強壯猶堪膺驅策之役，所有行裝俱已齊備，仰懇皇恩允臣所請俾臣効力行間，稍盡犬馬之誠，庶獲仰報天恩於萬一，謹繕摺齎奏，臣不勝誠懇激切待命之至，伏祈皇上睿鑒恩准施行。

雍正伍年玖月貳拾陸日

〔註599〕準噶爾部遊牧於青海者，《蒙古世系》表四十三作色布騰札勒，準噶爾部巴圖爾渾台吉孫，其父卓特巴巴特爾。
〔註600〕《蒙古世系》表三十七作朋素克旺札勒，顧實汗圖魯拜琥第六子多爾濟曾孫，父額爾克巴勒珠爾，祖策旺喇布坦。
〔註601〕即察罕丹津。

硃批：有旨，不備兵矣。

〔166〕散秩大臣兼副都統達鼐奏請恩准赴西招地方効力摺（雍正五年十月初三日）[1]-2723

散秩大臣奴才達鼐謹具叩奏，為請恩准〔註602〕効力事。

竊招地之諸噶隆等合謀殺死康濟鼐一事，據奴才愚見因康濟鼐曾効力於準噶爾兵役，蒙聖主格外施恩封為貝子，總管招地諸務，而康濟鼐未能盡職盡責，廣聽諸噶隆之言而辦事，使諸噶隆殺死康濟鼐已顯而易見，倘若康濟鼐別有用心專權妄為，則應將其拏解，將其惡劣行徑陳奏聖主，懇乞以國法懲辦，而噶隆等並未請旨遂即殺死康濟鼐，又派人往殺頗羅鼐，許多生命被殺，實負聖主至仁之心，況且聖主眷愛眾蒙古唐古特，為傳播佛教耗費國家錢糧數百萬兩銀送達賴喇嘛至招地，施恩加封坐床之喇嘛理應遵依佛法，以仁慈為本，將眾人引上正道纔是，而傷害數命錯矣，因聖主神聖，附合普天下大眾各自之意願，宣揚三教，以安逸眾生，如此招地之眾理當仰承聖主仁愛之心謹遵而行纔是，反滋生事端已屬不當，今藏衛又相互用兵，既然如此應即時清理西招事務以示國家之法度，使眾生仰仗聖主仁威永得安逸為生，奴才達鼐世代承蒙聖主殊恩，五代咸任大臣要職，未及回報，晝夜惶恐，今西招地方滋發事端，謹請聖主施恩賜奴才一効力之地，奴才將盡職黽勉，為此誠惶誠恐，謹以密奏請旨。

雍正五年十月初三日

〔167〕散秩大臣兼副都統達鼐奏報頗羅鼐為康濟鼐復仇而起兵摺（雍正五年十月初三日）[1]-2725

散秩大臣副都統奴才達鼐謹具密奏，為奏聞事。

竊奴才曾已奏聞詢問康濟鼐呼爾敦侍衛、達賴喇嘛使臣蒼里之情形，前奴才以商人身份派往西招地探取音信之多巴回子，其中名察哈爾者率頗羅鼐之使臣拉旺等十人於九月二十九日前來，詢問拉旺，爾為何事而來等語。告稱我台吉頗羅鼐及薩噶首領盆蘇克德類〔註603〕下屬名色布騰者，派我二人為首，共派十人並交付我等，爾等將此回子察哈爾好生護送至西寧大臣處，我給聖主之奏書給大臣之呈文均已交付予該回子察哈爾，另有口信亦已告知

〔註602〕此處補「恩」字。
〔註603〕《頗羅鼐傳》頁二七五載薩噶首領烏珍洛雲，疑即此人。

回子察哈爾，現今適逢大亂之年爾等不能同路出邊亦難預料，我已照此另行擬文一份，將派二人扮成乞丐另路啟程等語。詢問回子察哈爾，頗羅鼐聲言另有口信告知於爾，有何等口信請逐一相告等語。告稱頗羅鼐之口信為，我因妻患病前去家中，我前來後招地諸噶隆等合謀殺死康濟鼐，又派八束科爾率兵五百人前來捉我，因我屬下迎戰伊等之人全被殺，今我阿里克、薩迦〔註604〕、扎什倫布之眾人除聖主外別無它念，班禪額爾德尼斷不可令伊等劫持，已謹慎防範，我於通往準噶爾之要隘嚴設卡倫，為康濟鼐復仇而起兵，我等仰仗聖主福威，為班禪祝福，若能復仇豈敢無旨殺索諾木達爾濟〔註605〕，生擒後即獻聖主等語。又詳加詢問回子察哈爾，頗羅鼐此口信是否真實，爾又有所聞所知之情乎等語。告稱頗羅鼐之口信即如此，我於本年四月十日由招地啟程，途中留宿探取消息，於七月初三日抵達薩迦地方，據聞招地之噶隆等殺死康濟鼐，又派兵往拏頗羅鼐，故此頗羅鼐於六月二十三日率七十餘人來薩迦地方躲避，在後頗羅鼐地方來兩人告稱，於六月二十九日招地為擒台吉派兵四百餘人，包圍我寨落，開槍射箭對戰，因我方之人在隱蔽處並未受傷，伊等一人被槍殺，近十人被打傷，其間藏巴之兵陸續前來，追殲伊等大半之人，剩餘之人各處脫逃等語。又據悉距扎什倫布四十里盡頭達賴喇嘛商上征賦之日喀則城守尉尼布舒爾原係康濟鼐之受寵之人，獲知康濟鼐被殺已投奔頗羅鼐，又一名大阿喇布坦者被頗羅鼐派人解回在押，日喀則城人已被降服，於七月十七日頗羅鼐會同薩迦之首領盆蘇克德類率兵近千人開赴招地時，其阿里克、薩迦、藏地方之首領擁戴頗羅鼐，跪其前宣稱爾先世即為我地方之諾顏，我等感念大聖主外今立爾為諾顏，遵從爾之言行事等語。頗羅鼐率兵啟程，我等由薩迦地方啟程，隨軍行進二日，由此我等取道納克產前來時納克產之首領巴藏告稱，駐達木之拉藏屬下近四百戶厄魯特人俱投往阿里克時，扎魯鼐〔註606〕之子率兵往追時亦令我同追而派人後，因無奈我親自會同追趕，並未追上，查看其踪跡均投向阿里克屬下魯多克〔註607〕地方等語，我等由納克產地方啟程，尋喀喇烏蘇、木魯烏蘇之上游，自無人之科綽衛行走，安全抵達此地等語。又詢問拉旺，爾係

〔註604〕薩迦為撒喀之誤，本文檔全誤，下文仍舊，不改之。《欽定理藩院則例》（道光）卷六十二作撒喀宗，今西藏薩嘎縣達吉嶺鄉。薩迦為今西藏薩迦縣。
〔註605〕似即七世達賴喇嘛之父索諾木達爾扎。
〔註606〕即扎爾鼐。
〔註607〕《欽定理藩院則例》（道光）卷六十二作茹拖宗，宗址在西藏日土縣日松鄉。《大清一統志》（嘉慶）卷五百四十七載名魯多克城。

藏地方之人請告爾之所聞所知，勿得隱瞞等語，所告與回於察哈爾相同，故此將頗羅鼐給奴才之文譯後另摺具奏，前來之人暫留我處外將頗羅鼐及藏之首領、阿里克之首領等上聖主之三份唐古特文之奏書，一併謹具密奏。

雍正五年十月初三日

〔168〕雲南總督鄂爾泰奏遵旨密議進兵西藏事宜摺（雍正五年十月初八日）[2]-[10]-572

雲南總督臣鄂爾泰謹奏，為欽奉上諭事。

雍正五年十月初二日准兵部火牌遞至調兵公文一角，復蒙欽頒奏匣一個，內開怡親王等又密奉上諭，據達鼐報稱康濟鼐已被噶隆等誘擒，目今彼地局面雖未得詳細，然西藏事情從前料理甚不妥協處朕曾屢諭，今康濟鼐係勅封貝子之人，若果被擒害國體所在，自應商量辦理，但不知西藏此番之事與策妄阿喇布坦有通信處否，倘與策妄阿喇布坦相關則當將兩處之事一并計議，若只西藏自生事端朕意亦當趁此機先將西藏事宜料理清楚，以為邊方久遠之計，當發兵之時別立名色，出其不意，將達賴喇嘛移至西寧，則西藏可永遠無事矣，是以令各路兵馬預備並令岳鍾琪來京計議，若果策妄有瞻顧西藏之意遣人幫助已抵藏地，則我兵此數不便進矣，或者先直搗策妄之巢穴以勦滅之，策妄既滅則西藏料理易易耳，若目今應將西藏之事料理清楚將來亦可置策妄于不問，二者朕意尚未定。但從前進兵之時西藏有準噶爾之擾亂，況達賴喇嘛身在內地，所以又有西海之人送喇嘛之名同去取藏，是以辦理容易，今達賴喇嘛在彼，此釁又係西藏所起，西藏番情自非當日之景，而西海斷不肯向喇嘛指戈，若與策妄合力連手此時辦理較前似覺稍難，倘準噶爾乘隙先遣人至藏則將來辦理更難矣，此事關係重大，鄂爾泰在雲南與此地相近必深知邊地情形，爾等可密寄信去令其悉心詳加籌畫，將如何辦理之處密行陳奏，如現沠雲南兵馬進至鶴麗，與否起行之後中甸地方應沠兵多少數目駐劄接續處已命岳鍾琪知會，俟文到亦著鄂爾泰酌量派往，雲南內地番彝雜處亦屬緊要，各兵起行之後有應當補足之處著鄂爾泰一面酌補一面奏聞。其察木多沠兵接續之處已諭岳鍾琪斟酌奏聞料理矣，欽此。又奉硃批此事可詳細籌畫速速奏聞，欽此欽遵。臣查西藏噶隆有二人，一係阿布巴管理藏民，一係隆布奈管理藏兵，阿布巴則多機智，隆布奈則近柔奸，藏地惟此二人是聽，而阿布巴權勢尤重，大約阿布巴為主隆布奈為輔，達賴喇嘛拱手而已。從前藏地惟噶隆等管事，康濟鼐則擁兵駐劄後藏阿里地方，人頗驍悍，藏地恃為長城，

續因功績始勅封貝子，令其在藏協同噶隆辦事，今康濟鼐為噶隆擒害，料係阿布巴。臣于九月二十八等日據駐劄阿墩子遊擊顧純祖等稟稱，九月初五日據通事李仕學、土守備羅藏洛竹等口稱，查問得中甸五個喇嘛自藏裏回來，他們說藏裏有事了，六月十八日大營官噶隆設計把康濟鼐夫婦刺死，又殺他貼身的捏爾垻〔註608〕一個，次日噶隆發兵二千多徃後藏去堵截康濟鼐家，噶隆兄弟六宗又領一枝兵馬徃牙竹卡去，不知道是做甚麼。我們從藏裏回來走到氷垻〔註609〕地方遇見從四川進藏大人，共是六個，又遇見藏裏活佛差的一個人要徃四川報信，彼時大人們問了他事情，也差一個官同徃四川去了等語。隨經飛檄中甸一帶各官確探速報，并密差麗江喇嘛二人潛入藏地詳細打聽去訖，竊思此事雖尚無的信，然以臣臆度或康濟鼐在藏目無噶隆擅權專政，噶隆不平因而謀害，此情事所有。至于準噶爾離藏甚遠，昔為噶隆請師逐去，狼狽不堪，是與噶隆為仇，豈肯與之相合，即羅卜藏丹津徃來藏地番人畏之如虎，亦斷不肯養虎貽患，其策妄阿喇布坦不但不能容易到藏，噶隆料亦不肯招之進藏，去一康濟鼐反增數康濟鼐，以立敵策之下者，聞噶隆心計人，諒計不出此。臣料噶隆或將起釁事由求達賴喇嘛轉奏或自陳情請罪，以明其不得已，則但須聖諭下頒責以未曾請命之罪，示以削罰便可息事，倘一經調兵進至鶴麗，雖至密至速亦必聞知，轉恐以疑懼之心為防備之計，則勾通結連又事所必有，是兵在必用而用兵實較前尤難，緣前大兵進藏寔噶隆為之內應，故得以長驅直進不數月而悉平，今噶隆若有異志必先預防則進兵運糧俱費周折。且工布地方為進藏必由之路，噶隆係工布人，番民悉聽指使，又伊子為桑阿曲宗〔註610〕營官，而桑阿曲宗又與察木多逼近，噶隆即不敢明肆抗拒而陰令番人沿途阻撓，則以逸待勞亦進取非易。臣恭捧上諭詳繹熟思，聖慮所周已洞照無遺，竊以為撫為上剿次之羈縻為上駕馭次之，正宜乘此料理妥協俾各安心安土，自可永遠無事，即或有事但不敢犯順，俱應置之可也。其達賴喇嘛前移至西藏者原為安藏計，若噶隆照舊輸誠似不必更移，若噶隆潛謀不軌亦未便就

〔註608〕捏爾垻常寫作涅巴，藏語，管家之意，據《頗羅鼐傳》頁二六六載，康濟鼐
　　　　管家巴桑士達和秘書冬那瓦同時被殺。據《西藏通史松石寶串》頁七三六載，
　　　　康濟鼐管家巴桑色達爾及秘書頓納哇同時被殺，後書應即據前書而著，兩書
　　　　譯名不同而已，此處之捏爾垻即巴桑士達。
〔註609〕常作邊垻，又名達爾宗，《欽定理藩院則例》（道光）卷六十二作達爾宗，宗
　　　　址在今西藏邊垻縣邊垻鎮普玉村。
〔註610〕《欽定理藩院則例》（道光）卷六十二作桑昂曲宗，宗址在今西藏察隅縣古玉
　　　　鄉布玉村塔巴寺。

移，據臣愚見應俟藏事大定或特旨召見，令達賴喇嘛赴京再量移西寧，庶幾穩便。至于調兵三千臣業經預備，緣前為安南事曾明派兵一萬以儡其膽，今既遣員迎接勅諭，雖因儀節不備請少緩時日，兵已可無用，即于此一萬兵內暗派三千名，領兵各官亦經酌定。并派麗江土兵五百名，中甸番民二百名，即擦瓦崗〔註611〕、洛籠宗〔註612〕等處駐劄策應兵一千名，阿墩子以外起直至西藏安臺兵六百名俱經派撥，其一切軍器并帳房鑼鍋等項早經整齊無須製造。中甸奔子欄現有駐劄官兵八百名，即進兵之後亦無須增設，惟糧運駝腳臣現在籌畫，總俟部文一到一面發兵一面將請餉運糧一切事宜具題請旨。提督郝玉麟應統領官兵前進，總兵官張耀祖應駐劄擦瓦崗洛籠宗等處彈壓策應，臣當駐劄鶴慶劍川等處就近調度，伏惟我皇上仁威遠播，中外從風，狗子亦有佛性，噶隆亦何至生心，逆料此舉終不應有。臣才識短淺兼少歷練，愚昧之見知無當事機，伏乞聖主睿鑒訓示遵行，緣事關軍務，謹用火牌馳齎，合併聲明，臣爾泰謹奏。

雍正五年十月初八日

硃批：朕以卿必悉西藏諄噶爾原委，因咨商之，覽此奏卿向未留心也，朕笑而覽之，朕已將事情輕重緩急，參以目前機宜面與岳鍾琪備悉商酌妥協矣，卿可照部文悉心辦理可也，此事不必用提臣前往，已有旨部頒矣。

此番料理不可惜費，總以寬裕為主，滇省新定地方甚多，兼有安南之備，倘兵數不敷彈壓之用，所關甚巨，萬不可輕易將就，國家錢糧實甚充裕，俟撥派出兵文到可一面奏請招募補數，一面招募可也，若上蒼專賜頗羅鼐能勝此逆輩，則兵無所用也〔註613〕。

〔169〕散秩大臣副都統達鼐奏報青海諸王入覲後之言論摺（雍正五年十月十五日）[1]-2730

散秩大臣奴才達鼐謹具密奏，為欽遵上諭事。

先奴才奏聞賞印青海諸王一摺內奉有硃批，青海王等及眾人前來京城入覲後之情形較之入覲前如何，伊等有何言論，著如實具奏，不可少有掩飾，關係重要，朕知情有裨益，欽此欽遵。奴才欽惟因皇帝神聖，以慈愛之心引

〔註611〕藏人指怒江與瀾滄江間之地帶。
〔註612〕《欽定理藩院則例》（道光）卷六十二作洛隆宗，今西藏洛隆縣康沙鎮。
〔註613〕此段《雍正朝漢文硃批奏摺彙編》置於第十冊第三一○號，即本書第一五一號《陝西總督岳鍾琪等奏報委員前往巴塘等處駐防密探情形摺》（雍正五年八月十九日）之後，作岳鍾琪奏摺之硃批，誤，據《掌故叢編》頁二九五，此段應為此一奏摺之硃批，故移置於此。

導撫恤大眾，為使眾人之心得以安撫，使得安逸為生，費盡聖心，奴才達鼐
豈敢掩飾不陳明實情。前年戴青和碩齊察干丹津、額爾德尼額爾克托克托鼐
人京前伊等自以為有功，聲言求聖主大加恩賞，並索要屬下番子等語，奴才
略有耳聞，恐伊等卑賤貪婪之惡習膨脹，以戴青和碩齊察干丹津、額爾德尼
額爾克托克托鼐等此次係首次前去入觀聖主，叩謝天恩，嗣後前去之王台吉
等均皆效仿此等人，是以謹請聖主睿鑒等語具奏後，蒙聖主明鑒，以常禮相
待，伊等返回時又施恩雖各賞銀一千兩，因與伊等願望不符，未聞有何議論，
據傳聞隨伊等前去之人言稱是次所得恩賞不及前次之豐厚等語。再去歲年班
往叩之王色布騰札勒、貝勒蘇克旺札勒〔註614〕、貝子索諾木達希〔註615〕、
公阿喇布坦〔註616〕、扎薩克台吉濟克吉札布〔註617〕、丹鍾〔註618〕、根敦
〔註619〕等返回後讚不絕口，言此次赴京城前一路擔憂，想必現今之禮儀法規
更為詳盡，因我等不知恐有失禮而甚是惶恐，觀見聖主後恩賞我等，又為策妄
喇布坦〔註620〕之事降旨，眾王台吉等奉訓諭勿得擾害屬下人，亦不可過於姑
息，欽此。又設蒙古房令我等以蒙古習俗盡情談笑作樂，我等返回時又賞給貂
皮銀鼠皮銀兩，聖主降訓諭恩眷眾人，由此看得乃為弘揚佛教安逸眾生之至
意，我等逢此聖主感戴祈禱外並無它念等語。再戴青和碩齊察干丹津、額爾德
尼厄爾克托克托鼐等自京城返回以來遵紀守法，先前之逞強之習已蕩然無存，
會同各扎薩克等由下完結之賊盜之案亦不敢袒護辦理，已甚安分。其額爾德尼
厄爾克托克托鼐人實誠心底善良對下屬平和，前年將舊牧場遷至新指定之牧
場後因水土不服，牲畜略遭損失，屬下人挑撥額爾德尼厄爾克托克托鼐要回原
牧場，奴才獲悉後會見額爾德尼厄爾克托克托鼐時奴才據理開導後，由此遂停
止索要原牧場，僅向奴才言爾係我處辦事大臣，如何將我等區區誠意奏聞聖

〔註614〕《蒙古世系》表三十七作朋素克旺札勒，顧實汗圖魯拜琥第六子多爾濟曾孫，
　　　　父額爾克巴勒珠爾，祖策旺喇布坦。

〔註615〕《蒙古世系》表三十七作索諾木達什，顧實汗圖魯拜琥第九子桑噶爾札之孫，
　　　　其父塔薩博羅特。其兄為公端多布達什。

〔註616〕為準噶爾部遊牧青海者，為郡王察罕丹津之婿，《蒙古世系》表四十三作阿喇
　　　　布坦，父納木奇札木禪，祖卓哩克圖和碩齊，曾祖巴圖爾渾台吉。

〔註617〕《蒙古世系》表三十六作濟克濟札布，顧實汗圖魯拜琥第二子鄂木布曾孫，
　　　　父貝子羅布藏達爾札，降襲輔國公。

〔註618〕此貝子丹鍾為顧實汗後裔，《蒙古世系》表三十九作丹忠，顧實汗圖魯拜琥第
　　　　五子伊勒都齊曾孫，父根特爾，祖博碩克圖濟農。

〔註619〕《欽定西域同文志》卷十七頁二十作根敦，喀爾喀屬，授一等台吉，後革。

〔註620〕即策妄阿喇布坦。

主，爾應明白等語，再今除秪〔註621〕感念聖主外另無他念，為此謹具密奏。

雍正五年十月十五日

硃批：因為係眾人議論，豈有不念伊等舊例之道理乎，定因年久之習慣老者故去後如此議論而已，今爾等不可相信，亦不可懷疑，惟記在心裡，竭誠則已，逐漸或許明白。

〔170〕四川巡撫憲德奏報差員到打箭爐接領厄爾沁等進京摺（雍正五年十月十八日）[2]-[10]-613

四川巡撫臣憲德謹奏，為奏聞事。

雍正伍年拾月拾柒日准欽差西藏副都統馬臘、內閣學士僧格咨送清字公文，內稱達賴喇嘛差往進京奏事之厄爾沁〔註622〕多呢爾〔註623〕羅卜藏滾楚本身壹名跟役拾貳名，貝子阿爾布巴之厄爾沁班朱兒本身壹名跟役貳名，碟巴〔註624〕朱布加林巴本身壹名跟役陸名，將伊等俱交筆帖式查思海於捌月叁拾日自藏馳驛起程前去，到省之日照例料理起程等因。同日又准欽差管理打箭爐稅課京師扎薩克喇嘛趙楚爾臣藏布〔註625〕，理藩院郎中伊特格咨稱查自爐至省沿途每驛止馬陸匹，不敷厄爾沁等騎馱，難以轉送，所以厄爾沁等暫住西爐，相應移咨貴院希即委員來爐將厄爾沁等照依往例領赴成都各等因到臣。臣隨於本月拾捌日差員赴爐接領厄爾沁等，俟一到省臣即雇覓驛頭差送進京，合先奏聞。再解送西藏為厄魯特等賞需路費銀壹萬兩已派委千總馬龍帶領兵丁於拾月初陸日自成都護送起程訖，合併陳明，為此謹奏。

雍正伍年拾月拾捌日四川巡撫臣憲德。

〔171〕四川提督黃廷桂奏接准欽差知會護送達賴恭上物件進京摺（雍正五年十月十八日）[2]-[10]-614

提督四川等處地方總兵官署都督同知仍帶拖沙喇哈番臣黃廷桂謹奏，為

〔註621〕原文作低，今改為秪。

〔註622〕意為使者。

〔註623〕《欽定理藩部則例·西藏通制》作卓尼爾，藏傳佛教大喇嘛所設負責接待賓客，傳達命令之侍從，西藏噶廈設卓尼爾三名，六品。

〔註624〕即第巴。

〔註625〕《大清一統志》（嘉慶）卷五百四十七載，康熙五十六年遣喇嘛楚兒沁藏布蘭木占巴、理藩院主事勝住等繪畫西海西藏輿圖。《平定準噶爾方略》卷八頁十六作喇嘛楚兒沁藏布喇木占巴。此喇嘛與主事勝住於西藏地理考察及地圖測繪史上為重要之人物。

奏明事。

雍正伍年拾月拾柒日准到欽差前往西藏副都統臣馬臘、學士臣僧格清字
咨文，內開為知會事，今將達賴喇嘛差往奏事來使并貝子阿爾布巴來使等文
與我們差往前去奏摺筆帖式查斯海帶往，所有伊等帶去達賴喇嘛等進上物件
由打箭爐遞送至京，其沿途護送看守綠旗官兵煩貴提督照例派出等因移咨到
臣。臣除一面行文照例於沿途派撥官兵，俟筆帖式查斯海帶同達賴喇嘛等
來使恭齎進上物件由打箭爐起身之日護送看守，逐汛交接赴京外，所有准
到副都統臣馬臘等知會緣由理合恭摺交撫臣憲德由驛奏聞，伏乞皇上睿鑒，
謹奏。

雍正伍年拾月拾捌日

〔172〕西藏辦事大臣馬喇等奏報班禪額爾德尼謝賞奇物摺（雍正五年十月二十九日）[1]-2731

奴才馬喇、僧格謹奏，為奏聞事。

於九月二十二日將聖主賞班禪額爾德尼之物交付主事哈爾嘎圖送往，該
主事哈爾嘎圖於十月十三日返回告稱，哈爾嘎圖〔註626〕我於十月初二日抵
達，初四日會見班禪額爾德尼，班禪額爾德尼問候聖安，賞給達賴喇嘛受戒
致賀之賞物時班禪額爾德尼一一過目，讚不絕口，欣然收下。聲言達賴喇嘛
受戒乃我等喇嘛之例行之事，而聖主恩賞奇物我不勝歡忻，給聖主所回奏書
及貢物，將交付我派去請安之使臣奏上等語，為此僅具奏聞。

雍正五年十月二十九日

〔173〕西藏辦事大臣馬喇等奏請暫選人辦理噶隆事務摺（雍正五年十月二十九日）[1]-2732

奴才馬喇、僧格謹具密奏，為請旨事。

竊奴才等向達賴喇嘛提議，謹照旨意將隆布鼐、扎爾鼐原品免其噶隆，
此處僅餘噶隆阿爾布巴，今即有頗羅鼐一事，應選人補放與阿爾布巴會同辦
事之噶隆，上奏聖主後補放與事有益等語。達賴喇嘛言俟選得可造福眾生之
人再具奏補放，方可有利於大眾，與事亦大有裨益，今並無這等人，俟日後
尋得再奏請聖上補放。奴才欽惟今此地並無適合補放噶隆之人是實，惟此等

〔註626〕本文檔前文作哈爾嘎圖。

人內有達賴喇嘛、索諾木達爾扎父子感念聖主之恩，看得招地之蒙古、唐古特人俱皆念索諾木達爾扎好而格外敬重，阿爾布巴敬重並懼怕索諾木達爾扎。奴才愚見父必為子而分憂，今乃有事之際，既然僅阿爾布巴一人，今未得補放噶隆之人，若暫令索諾木達爾扎會同阿爾布巴一同辦理噶隆事務，與事大有裨益，俟得補放噶隆之人再停索諾木達爾扎辦理噶隆事務，謹請聖主睿鑒訓諭後欽遵辦理，為此謹具密奏請旨。

雍正五年十月二十九日

〔174〕西藏辦事大臣馬喇等奏報頗羅鼐派人送信前來摺（雍正五年十月二十九日）[1]-2733

奴才馬喇、僧格謹具密奏，為奏聞事。

於十月二十七日頗羅鼐派一漢人持一加印蒙古文書送至奴才處告稱，我原係陝西所屬莊浪地方之民人，我名鐵守依，先隨員外郎德勒格爾來藏屬地方，返回之時我因患疾而留下，病情見好後便跟隨頗羅鼐。頗羅鼐由日喀則出發與隆布鼐對戰時我留日喀則並未隨同前去，後頗羅鼐又回日喀則後我前去頗羅鼐處告知我將啟程返回原籍時，頗羅鼐言爾既然返回，將我呈上大臣之文好生送到等語，我遂帶回等語。

譯該文書看得，扎薩克台吉噶隆頗羅鼐為首，三盟阿里克兵丁之首領、統藏兵之首領行文天下大神東文殊師利聖主之大臣，蒙文殊師利大聖主之仁愛，贍部洲之眾安逸為生，聖主賞冊印降優詔，十三萬土伯特由康濟鼐為首協理事務，扎薩克台吉頗羅鼐我二人欽遵文殊師利大聖主之旨辦理事務〔註627〕，尋求宏揚黃教之計，關係土伯特大眾教化生計之事。為副聖主仁愛之至意，逐漸扶持，於衛、藏、阿里克、達克布思〔註628〕、恭布備兵，若準噶爾賊來侵為即時反擊，自阿里克至喀喇烏蘇於準噶爾入侵之五條大道均設兵駐防。康濟鼐、頗羅鼐我二人大小事務無不與達賴喇嘛、索諾木達爾扎、噶隆隆布鼐、阿爾布巴等商議，未曾擅自辦理，眾人均皆知情。達賴喇嘛、三噶隆已背叛大聖主，或許欲投奔羅卜藏丹津，或許不滿聖主之賜愛，無緣暗殺康濟鼐，又派兵四百人欲殺害扎薩克台吉頗羅鼐。未奉文殊師利大聖主之旨竟派兵殺人掠奪馬匹錢財，放火燒房踐踏糧田，為使扎什倫布班禪額爾德尼無廟封納

〔註627〕 此句話翻譯不確，意為十三萬土伯持由康濟鼐為首，扎薩克台吉頗羅鼐為協理事務，我二人欽遵文殊師利大聖主之旨辦理事務。
〔註628〕 常寫作達布，包括今西藏桑日縣以東加查縣、朗縣等地。

爾塘廟門，因禍及眾人，我為聖主而効力，為給康濟鼐復仇頗羅鼐我率屬下兵丁曾出戰四次，殺衛貢布青海之厄魯特人無數。雖殺眾多，撥達賴喇嘛教主所設商上金銀茶綢緞等物以獎賞殺人之兵丁，令騎商上馬匹及穿著披甲。康濟鼐之厄魯特給藏〔註629〕之戴琫諾瑪鼐，淩〔註630〕之兵丁分金銀而使背叛〔註631〕。藏阿里克地方之兵丁商定相距扎什倫布五舍地方舉事，達賴喇嘛之兵丁因難以靠近我，返回之時掠奪藏地百姓而離去。我得知康濟鼐被暗殺一事後迅速由西寧一路派使臣二人，由巴爾卡木一路派使臣二人往見聖主。蒙聖主明鑒，念十三萬土伯特事務關係重要而補為首席，既然聖主不願僅因暗殺康濟鼐，頗羅鼐我二人之事而引發戰事，請從速懲辦喇嘛、噶隆。而伊等對聖主不滿，為阿哥王誦經〔註632〕，與羅卜藏丹津勾結等情俟會面時再詳告，我藏阿里克等地方原本感念敬仰聖主，並無二心，今亦不例外，住招地之伊巴干呼畢勒罕喇嘛〔註633〕、噶隆等專權以來我等眾人生不如死，並非惜命，乃肺腑之言，此等情由謹請上奏聖主，於本月吉日由頗羅鼐、藏阿里克兵丁同呈等語。

問及送文前來之漢民鐵守依，頗羅鼐率領多少兵丁等語。告稱頗羅鼐被擊潰逃竄時小人留在日喀則，此間並未跟隨伊，據人言有兵三千人，不知是真是假等語。奴才等抵達招地後探聽康濟鼐一事，在招地康濟鼐屬下要員被殺者被殺，脫逃者均已逃往青海等語，因康濟鼐之要員於招地已無一人，未得確切之信，今頗羅鼐給奴才呈文前來，因頗羅鼐乃此夥人之仇人，故未令噶隆等知曉此文便密奏外。奴才傳來噶隆阿爾布巴等告稱，爾等若與頗羅鼐相互仇殺，達賴喇嘛商上兵民將遭受災難，與聖主仁愛土伯特國之至意相違背，爾等之事業已陳奏聖主，是非由聖主裁定，其間爾等率兵回各自地方，靜候聖旨，我等會行文頗羅鼐等語。阿爾布巴言既然大臣等給頗羅鼐行文，我亦派人制止隆布鼐等舉兵交戰，並行文令伊候旨等語。故此將給頗羅鼐之

〔註629〕 此句翻譯文意不通，意為給隸屬於康濟鼐之厄魯特令騎商上馬匹，穿戴商上盔甲，將達賴喇嘛商上金銀茶綢緞獎賞給作戰殺人之兵丁。

〔註630〕 此地又名羊卓林，應在羊卓雍措旁邊。

〔註631〕 此句文意不通，意為前藏給戴琫諾瑪鼐，淩之兵丁分金銀而使背叛頗羅鼐。諾瑪鼐據《頗羅鼐傳》頁二八七作後藏將軍奴瑪班支達台吉，此人娶妻康濟鼐之妹，然暗通前藏，被發覺後誘騙至桑珠則從城堡上扔下懸崖殺之。

〔註632〕 此處阿哥王似指胤禎（允禵），清世宗繼位後胤禎被囚，因七世達賴喇嘛與胤禎交接親密，所謂誦經似意為誦經祈福，故有此說。

〔註633〕 應即指七世達賴喇嘛。

行文，交付把總梁文富〔註634〕送往，俟返回另行具奏外，密奏今已派去等情，俟聖主明鑒訓諭後，欽遵辦理。

雍正五年十月二十九日

〔175〕西藏辦事大臣馬喇等奏報審問隆布鼐等人摺（雍正五年十月二十九日）[1]-2734

奴才馬喇、僧格謹具密奏，為奏聞事。

奴才我等先奏，因隆布鼐、扎爾鼐出征，殺康濟鼐一事未能審取口供外，僅奏阿爾布巴之口供等語具奏，今隆布鼐、扎爾鼐由軍營返回後奴才等問其殺康濟鼐之緣由時。據隆布鼐、扎爾鼐供，康濟鼐與頗羅鼐會商後，頗羅鼐於六月始赴後藏操練兵丁，約期將我等全部殺死，因事發緊急為保全性命我等會商後將康濟鼐殺死等語，其餘情形與阿爾布巴所供無異，為此謹具密奏。

雍正五年十月二十九日

〔176〕西藏辦事大臣馬喇等奏報達賴喇嘛等懇請聖主派兵摺（雍正五年十月二十九日）[1]-2735

奴才馬喇、僧格謹具密奏，為〔註635〕奏聞事。

竊據達賴喇嘛之父索諾木達爾扎〔註636〕、貝子阿爾布巴跪稱，蒙大聖主、聖祖殊眷，派大兵將達賴喇嘛送土伯特國坐床，又蒙聖主眷愛冊封第五輩達賴喇嘛後大眾甚受黃教之恩佑，上蒼亦格外眷佑，雨水調勻每年糧食豐收，未降病災，至今得以安逸為生，皆因大聖祖、聖主神威所致。又屢屢施重恩於奴才等，已難以枚舉，此等重恩實難仰報，惟至死為聖主、達賴喇嘛而盡力奮勉。我等愚意頗羅鼐一事並無妨礙，惟策妄阿喇布坦甚是奸詐，我唐古特人懼怕者眾多，謹請聖主由內派四五百兵前來該地設防，依仗天威如同駐有萬兵，我地方兵民有此依託可以安心，與聖主之地方亦大有裨益，因懼怕奏請聖主，請大臣等可否代為具奏等語。奴才等告知達賴喇嘛後，達賴喇嘛言我承蒙聖主之恩優渥不可勝言，承蒙聖主眷愛派大臣前來，已勝過派數千兵丁，又欲派兵來此駐防，我豈敢勞累聖主之兵丁，此乃聖主仁愛我等

〔註634〕第一二九號岳鍾琪漢文摺作永寧協屬大壩營把總梁萬福。
〔註635〕原文作辨，今改為「為」字。
〔註636〕原文作索諾木扎達爾扎，疑衍一扎字，今改為索諾木達爾扎。

之重恩等語，已告知大臣等，今素諾木達爾扎、阿爾布巴等請兵甚是，仰仗聖主兵威之名望，準噶爾等獲悉，因懼怕斷不來侵，與該地方亦大有裨益等語。奴才等原請兵之所奏僅與達賴喇嘛商議具奏，無人知情，奴才等看得該地方之唐古特兵不僅兵器不齊且人懦怯，倘若一旦有事實難成事，是以將索諾木達爾扎、阿爾布巴跪請聖主派兵一事謹具密奏。

雍正五年十月二十九日

〔177〕西藏辦事大臣馬喇等奏報頗羅鼐與隆布鼐交戰等情摺（雍正五年十月二十九日）[1]-2736

奴才馬喇、僧格謹具密奏，為奏聞事。

奴才等先經奏派往隆布鼐等兵營查看之領催齊里克特、把總梁萬富〔註637〕於九月十八日前來告稱，我等於八月二十九日抵達扎什倫布，會見達賴喇嘛之舅古尚〔註638〕，詢問軍情時言頗羅鼐被擊敗逃脫，隆布鼐等往追已十日，軍隊經過地方人皆躲避，難得烏拉，況且隨頗羅鼐前去之兵有逃回者，倘若相遇必奪爾等牲畜，爾等不可前行，爾等之原由由我擬文派人送往等語，嚴加制止，是以我等留扎什倫布等候。

隆布鼐等所回唐古特文呈上後，奴才等譯後看得，隆布鼐等於八月十一日與頗羅鼐交戰時頗羅鼐被擊潰而逃，我等於重要路口卡倫〔註639〕嚴加設防後，我等將率兵返回，我等親抵招地後，與頗羅鼐交戰四次，戰況另行詳告大臣等具奏等語。

隆布鼐、扎爾鼐率兵丁十月初四日抵達招地方，隆布鼐、扎爾鼐前來奴才處告稱，頗羅鼐率兵近三千人攻至離招三日路程之喀魯拉嶺地方設營牆，我等率兵六十人於七月二十四日抵達，頗羅鼐與我等交戰時我方殺頗羅鼐二十餘人生擒百餘人，頗羅鼐被擊潰逃往伯喇庫特地方，我等率兵追擊，於八月初一日抵達伯喇庫特地方，與頗羅鼐交戰時殺其三十餘人生擒七十餘人，初五日對

〔註637〕第一二九號岳鍾琪漢文摺作大壩營把總梁萬福。
〔註638〕《頗羅鼐傳》頁二五六載七世達賴喇嘛一大承伺名古頓阿惹巴。《欽定西域同文志》卷二十四頁十七載，袞都阿克喇木巴薩木丹佳木磋，官堪布，賜達爾汗號，按堪布為衛藏坐床喇嘛，舊屬達賴喇嘛揀用，今舉層膺達爾汗著之，餘不多及。《清代藏事輯要》頁一一一作達賴母舅袞都阿喇木巴，賜達爾汗號，賞緞六疋。據《七世達賴喇嘛傳》頁十四載七世達賴喇嘛之舅名阿格扎西。諸書所載應即一人。
〔註639〕原文作喀木，今改為卡倫。

戰時又殺數人生擒數人。阿里克地方之首領噶什巴〔註640〕，薩哈〔註641〕地方之首領盆蘇克德類〔註642〕卒兵一隊來援助頗羅鼐，於十一日與我等交戰時我等放炮，我蒙古兵在前進攻，我唐古特兵亦隨後進攻，一同對戰後頗羅鼐被擊潰，丟盔棄甲全部潰逃，此戰殺其百餘人生擒幾十餘人，我等將大部隊留守日喀則，選千名兵丁往追頗羅鼐，抵達拉孜城〔註643〕，看得頗羅鼐率近二百人撤退，又追至阿布林城〔註644〕，由此又追數日，據聞已過薩噶爾〔註645〕地方。因頗羅鼐馬畜尚好，而我軍馬畜羸瘦，未能繼續追趕而返回，我等先生擒之人內有阿里克地方之人十餘名，伊等言頗羅鼐欺騙我等，聲言準噶爾兵來侵率我等前來，因對達賴喇嘛不懷好意而遭如此惡運等語哀告。因伊等供出實情，我等給伊等備辦馬畜盤纏放回阿里克地方，我等先所收頗羅鼐之文兩份已由軍營呈送大臣等，今由頗羅鼐之軍營又得文書三件，請大臣等一閱等語。

將文譯後看得，頗羅鼐謹呈文諾顏戴青巴圖魯〔註646〕，照我二人駐防招地時所議來西藏，與藏之戴琫及親信會商時，伊等言將噶隆貝子，隆布鼐、扎爾鼐等根除後〔註647〕，達賴喇嘛將支援我等，倘若不支援亦不敢對我等有何威脅，今若不消滅阿爾布巴等我等之事難成，若欲辦此事則選七月內舉事最佳，西藏有我等親信戴琫等近一百五十人，與爾處可信賴之數名蒙古人相商，不令眾蒙古等知情為佳，亦不令招地、恭布地方人知情為佳，再吉凶已經占卜，將另行擬文一並貢品選吉日送往等語。

康濟鼐行文頗拉台吉〔註648〕，照先前我等商議，與西藏兩戴琫與我等親信是否業已商議，據悉漢地所派使臣抵達喀木，此等人抵達前成事最佳，與我處可信賴之蒙古等商議後伊等告稱，對噶隆等千刀萬剮亦無甚關係，若禍及達

〔註640〕即噶錫鼐，康濟鼐之兄。

〔註641〕《欽定理藩院則例》（道光）卷六十二作撒喀宗，今西藏薩嘎縣達吉嶺鄉。

〔註642〕《頗羅鼐傳》頁二七五載薩噶首領烏珍洛雲，疑即此人。

〔註643〕《欽定理藩院則例》（道光）卷六十二作拉孜宗，宗址在今西藏拉孜縣曲下鎮。

〔註644〕《欽定理藩院則例》（道光）卷六十二作昂忍宗，今西藏昂仁縣，此宗屬班禪管轄。

〔註645〕《欽定理藩院則例》（道光）卷六十二作撒喀宗，今西藏薩嘎縣達吉嶺鄉。

〔註646〕即康濟鼐，此名號由七世達賴喇嘛賜與康濟鼐者。

〔註647〕原文作噶隆、貝子隆布鼐、扎爾鼐等根除後，今改為噶隆貝子，隆布鼐、扎爾鼐等根除後。

〔註648〕即頗羅鼐。

賴喇嘛，想必抵達該地後將遭難，此情交拉木垂鍾〔註649〕，先與羅卜藏丹津
會商之事，經拉木垂鍾占卜為佳等語，我意為不可輕信拉木垂鍾占卜，其語並
不恰當，爾若能與西藏兩戴琫合作，我二人必能成事等語。

　　另一文內稱，頗拉台吉寄信妻子，戴青巴圖魯之蒙古內何以將我等商定之
事洩露於外人，據聞康濟鼐於拉薩遇害，若此信是實，我亦難逃惡運，準噶爾
給我之行文雖無大害，但既然有礙，此文從速燒毀。再包黑緞之一布文書亦從
速燒毀，嗣後情況如何另行寄信，家中事務從速辦妥，於二十二日頗羅鼐寄等
語。

　　於十月初十日住日喀則之弟巴〔註650〕來招地告稱，頗羅鼐率兵又欲來日
喀則地方等語，送來頗羅鼐送來之唐古特文書。經譯看得自伯特庫特〔註651〕
色爾松地方至招地，向好壞首領、得木齊及眾人宣告，我等親率藏地方阿里
地方之六千兵丁，約漢兵前往招地，於漫卡克杜克、普里、鼐隆、錠里、綽木
薩、希勒噶爾、格里希勒噶爾、松阿、尼沙爾、充堆、拉薩塔爾、色爾居、策
龍、僧則、察什、拉庫特、拉充、日喀則各宿一日，由此至招地留宿之所由我
抵達後另行定奪，是以每宿處備辦千人柴草駝馬之飼料，是次前去不同上次，
爾等不會受苦，為此於九月二十一日行文等語。伊等聞知此信隆布鼐率兵三
千於十月十一日由招地啟程等語來告我等，奴才等教誨隆布鼐，倘若拏獲頗
羅鼐斷不可殺死，務須生擒解回等語。

　　給班禪額爾德尼送賞物之主事哈爾嘎圖返回後告稱，我於十月初二日抵
達札什倫布，會見班禪額爾德尼之日照大臣等之教誨問班禪額爾德尼，頗羅
鼐、隆布鼐等互相殘殺時是否曾派人制止等語。班禪言伊等初次交戰時我派
多尼爾色木布尼〔註652〕前去制止，至扎什倫布對戰時我又勸伊等停戰，而
伊等並不聽從我言，我身為喇嘛，惟以好言勸其停戰而已，伊等不聽從我亦

〔註649〕清代西藏地方政府有四大神巫，拉木垂鍾即其一，西藏地方政府政事及活佛
　　　　之轉世多由此四神巫降神以決之，拉木寺位於達孜縣章多鄉拉木村。《衛藏通
　　　　志》卷六頁八載，噶瑪霞寺，即垂仲殿，大昭東半里許，寺內塑神像猙獰惡
　　　　煞，內居護法，乃喇嘛裝束，仍娶妻生子，世傳其術，即中華之巫類也，每
　　　　月初二十六日下神，頭戴金盔，上插雉羽，高約二三尺，穿甲，背插小旗五
　　　　面，週身以白哈達結束，足穿虎皮靴，手執弓刀，登坐法壇，凡人叩問吉凶，
　　　　託神言判斷禍福，出則人從，裝束鬼怪，執旗鳴鼓鈸導引之，寺內皆有吹忠，
　　　　亦有女人為之者，為番人敬信焉。
〔註650〕即第巴。
〔註651〕本文檔前文有伯喇庫特，應即翻譯之異寫。
〔註652〕《頗羅鼐傳》頁二九一載班禪額爾德尼遣侍從薩苦鼐從中講和，應即此人。

無可奈何等語。我抵達扎什倫布之日頗羅鼐已來文聲言即將來到等語，來文由日喀則地方弟巴攜往招地等語，哈爾嘎圖我留宿五日後並無前來之信，由該地之人探取信息，告稱頗羅鼐已派四人圍廟查看後急速離去等語。因無頗羅鼐前來之確切消息，我啟程前來時班禪額爾德尼之多尼爾送我，途中我與多尼爾言，因稱頗羅鼐即刻到來，我便留宿五日等候，今竟無音信，頗多鼐理應來會我，將其原由告知於我，我再轉告大臣等奏報聖主後由聖主裁斷是非，若相互用兵殘殺，使生靈塗炭，我前去後倘若頗羅鼐到此多尼爾爾將我所言告知於伊，並將其緣由擬文派人送招地，若其人不能前來，多尼爾等轉送亦可等語。多尼爾言，據悉頗羅鼐駐劄塘喀地方，不知是否可信，由此有八日路程，伊欲輕騎前來又甚恐懼，若率兵前來又需多日，想必因此未能前來，其間若頗羅鼐前來，我將此等緣由告知頗羅鼐等語。又間隆布鼐、扎爾鼐，爾等與頗羅鼐交戰時班禪額爾德尼派使臣制止時，爾等並不聽從仍交戰為何故等語。告稱我等由招地先派卡倫兵丁三百人時，班禪額爾德尼為制止交戰而送來一文，彼時我等仍在招地，因頗羅鼐率兵靠近招地後我等方纔率兵出發，遇頗羅鼐後我等尚在觀望駐防時頗羅鼐率兵出擊，我等遂對戰。交戰三次後班禪額爾德尼派其屬下多尼爾色木布尼言，爾等勿得交戰，對戰並非好事，我現將赴頗羅鼐處勸說休戰等語。我等聽從班禪額爾德尼之言等候觀望，而頗羅鼐並不聽從班禪額爾德尼之言又率兵來攻打我等，我等無奈與其交戰等語。又問阿爾布巴，頗羅鼐今在何處，有多少兵力，爾等是否耳聞等語。阿爾布巴言隆布鼐率兵前去迎戰，頗羅鼐今在何處無確實音信，我等與緊要之喀木尼口一路均增兵設卡嚴加防守，招地亦備有兵力等語。是以俟隆布鼐報來頗羅鼐在何處時另行具奏外，奴才等看得招地等處居民均安居如常，將隆布鼐等送來三唐古特文、日喀則之弟巴送來一唐古特文一併謹具密奏。

雍正五年十月二十九日

〔178〕散秩大臣兼副都統達鼐奏報頗羅鼐與隆布鼐等交戰等情摺（雍正五年十一月初八日）[1]-2739

散秩大臣副都統臣達鼐謹具密奏，為奏聞事。

於雍正五年十一月初六日由招地來投之伊希莫羅木告稱，我原為拉藏之人，後我等近六百戶厄魯特等由康濟鼐准我等俱定居於招地附近之達木等地方，於本年六月十九日我赴招地經商之希喇布川丹返回後向眾人言，我貝子

會同眾噶隆等殺死康濟鼐，並聲言要殺盡在招地之厄魯特人，聞此我著速逃回等語。次日夜康濟鼐之心腹塔爾混達希又逃出招地，向我眾人言招之眾噶隆等殺死我諾顏康濟鼐，康濟鼐身邊男女無一倖免均被殺死，又為殺淨我等已由各處派兵等語。眾議從速赴騰格里諾爾〔註653〕避難，於是當日即刻啟程赴騰格里諾爾，抵達騰格里諾爾後得知招地將派兵，我等會商今招地來兵，若我等仍留此地必遭伊等殺戮，我等投奔西寧大臣處等語。商定後於二十五日由騰格里諾爾啟程前來，因傳言招地所派兵丁靠近，紛紛驚亂而分散，由此我等十五戶人尋覓而來，抵達木魯烏蘇後因馬匹羸瘦不能行進，即將我家室均安置於木魯烏蘇沿邊之科綽外〔註654〕，精選好馬我六人尋至此地等語。問伊希莫羅木爾等尋至此地，其餘人分散至何處，頗羅鼐今在何處，京城前來之大臣等是否抵達招地，爾將所知所聞如實相告，不得隱瞞等語。告稱我其餘之人驚亂之時四處分散，想必不可前去那邊，或尋來此地，頗羅鼐今在何處不得而知。於六月十五日貝子康濟鼐派人向我湊取馬匹時，我等曾探聽過，該人告稱，據悉京城派來兩大臣攜帶聖主賞我貝子之印信及貝子去歲所遣使臣楚魯木塔爾巴〔註655〕，於本月末或來月初將抵達招地，先已派來一領催，為此特來向爾等湊取馬匹以派人相迎等語相告。其餘情形均與先來使臣所告無異，是以今來投之伊希莫羅木等既然聲稱有十五戶人，抵達木魯烏蘇後因馬匹羸瘦不能前來，扣去歲總督岳鍾琪經奏每月撥給我西寧辦事人員之錢糧米草料後，由奴才我本人、章京筆帖式領催書辦每年應食陝西兩省資助之三千兩盤纏銀內通融辦理盤纏等物，派人攜同伊希莫羅木等二人令將此十五戶人移來此地等語，於十一月初八日派出，俟移來後暫行安置於青海邊境扎薩克之牧場過冬。馬喇、僧格等將居住招地之厄魯特人均皆移來青海之時此等人如何安置等情另行請旨具奏外，其間招地之厄魯特人相續來投仁慈之聖主，應如何安置伊等謹請上指教，為此謹具密奏。

　　雍正五年十一月初八日

〔註653〕　《大清一統志》（嘉慶）卷五百四十七載名騰格里池，蒙古語騰格里諾爾，騰
　　　　　格里蒙語天之意，水色如天青也，諾爾即湖之意，今西藏納木錯。
〔註654〕　第一六七號文檔作科綽衛。
〔註655〕　《頗羅鼐傳》頁二六三載康濟鼐遣往京城之使者名答巴惹降瑪瓦和崔尺達
　　　　　巴，《西藏通史松石寶串》頁七三五載此二使者名饒絳巴和楚臣塔爾巴，後
　　　　　書應據前書所撰，譯名不同而已，此處此人應即《頗羅鼐傳》所載之崔尺達
　　　　　巴。

〔179〕雲南總督鄂爾泰奏遵旨籌畫進兵西藏事宜摺（雍正五年十一月十一日）[2]-[11]-13

雲南總督臣鄂爾泰謹奏，為欽奉上諭事。

竊西藏噶隆一事，臣於十月初二日奉旨，隨於初八日繕摺覆奏，續於初十日准岳鍾琪咨，十五日准兵部咨，同前事，內開，欽奉上諭，前因達鼐報稱康濟鼐被擒之信，恐策妄阿喇布坦有窺伺西藏之意，是以降旨，令陝西各路及四川、雲南各派兵馬預備，以候調遣。今達賴喇嘛陳奏甚悉，康濟鼐被害情由，乃係西藏噶隆等彼此不睦，自相殘害之小事，不須用兵，著將各路兵馬停止，不必預備，欽此欽遵。隨密行各營將兵馬停止。及十六日臣齎摺家奴回滇，敬領鈔錄清字上諭達賴喇嘛一摺，並喇嘛原奏一摺復荷蒙硃諭，前一聞康濟鼐被害之信，西藏事總未妥協，欲借此問罪征討甚屬有辭，又慮倘與策妄聯手，措處更難，因有前諭備兵詢問與卿之旨，未意及西藏人急畏挾達賴喇嘛之逃躲也，我兵若進，抗拒與否且不必言，大概西藏為首數人皆是一氣，畏罪之心皆係一體，大兵一進，彼若挾喇嘛往諄噶兒，徒取空藏，取守難施，喇嘛一入策妄之手，則甚煩難矣，念及此，趁其不備攻取之策萬不可行矣，所以又有止兵不須備之旨，既難趁機用兵，只得且暫安西藏，再圖他策也。而達賴喇嘛相繼又有奏到，其辭甚恭順，所以立意且不用討罪矣，將喇嘛之奏，朕之諭旨錄來你看，自然又得主意，一併詳悉籌畫，具奏以聞。臣跪諷硃諭，敬繹聖旨，既示以深仁，更曉以大義，使稍知情理者皆不忍背負，即略識成敗者亦不肯勾連，至於慮其有事，須防未然，料其無事，不欲先發，如環無端，莫不周匝。臣爾泰熟讀詳思，覺稍有開悟，奉此以籌邊，並控制苗彝，更何有償事，諒噶隆阿爾布巴、隆布奈等接奉諭旨，自必感激歡幸，出於望外，即策妄阿喇布坦、羅卜藏丹津等聞知，亦必心折首肯。不獨臣智慮短淺，並無經練，不能更贊一辭，即親歷藏地，備悉情形，如貝勒臣顏忻〔註656〕、陝督臣岳鍾琪等恐難另置一議也。但達賴喇嘛年少，諸事不能自立，聞喇嘛之父頗作威福，素與康濟鼐不睦，與阿爾布巴、隆布奈等和好，如果眾噶隆共憤，謀殺康濟鼐，則事非隱密，康濟鼐豈肯束手待斃，達賴喇嘛茲稱眾噶隆夥殺康濟鼐，意在法不責眾，欲寬阿爾布巴之罪，竊料此舉達賴喇嘛之父或主使之，雖蒙聖恩詳切開示，以安其心，終恐伊等畏罪之心未能遽釋。此際番人鼓惑，邊將恐嚇，或反激成事端，俱不可不預算。至於攻取之策萬不可行，聖謨弘遠，動握要機，據臣愚見，即

〔註656〕即延信。

—212—

安藏之後，再圖他策，亦斷不應計及攻取，姑無論攻取之難實倍前此，縱使長驅進藏並無抗拒，噶隆等惟向諄噶兒逃躲，我師既難更深入藏地，復不可以久居，大軍一撤，旋來盤踞，彼逸我勞，終難以善後。臣恭誦安南摺件硃批，苟無害於生民，毫無損於國體，只可善全，亦當隱忍等諭，反求深體，一切浮念頓除，仰窺天心，諸惟平等，固知西藏有事，亦直以無事處之，仍無所事事也。副都統臣馬喇等親詢情狀，自有確見，臣與提臣郝玉麟，亦各密差進藏探聽，俟有見聞仍即馳奏，先此覆陳，伏乞聖主睿鑒訓示施行，臣爾泰謹奏。

　　雍正五年十一月十一日

　　硃批：西藏又出一可趂之機矣，所以言凡天下事不可預料，只可隨時相機辦理耳。西藏、諄噶兒之事，比不得安南、鄂洛素海外諸國，四十八旗〔註657〕、西海〔註658〕、哈兒喀〔註659〕等眾蒙古人心係焉，雖在數千里之外而實為肘掖之患，諄噶兒事一日不靖，西藏事一日不妥，西藏料理不能妥協，眾蒙古心懷疑二，此二處實為國家隱憂，社稷生民憂戚係焉，所以聖祖明見事之始末利害，立意滅取諄噶兒、安定西藏者，聖知灼見，不得已必應舉者也。前西藏事一出，朕即欲述先志，乃初次之諭也，及後慮及挾喇嘛奔往諄噶兒，恐不萬全，故有暫安諄噶兒、唐古忒之心，以圖他日機宜，有二次止兵之諭。不料後藏娑羅鼐者為康濟鼐復仇，一面整兵討阿布巴〔註660〕，一面密遣人奏聞請兵問逆，目下兩人相拒矣，若如此，則挾喇嘛之去路已阻，而師出有名，乃上蒼所賜之機宜也，所以又有三次復備兵之旨。策妄阿拉布坦已故，其子噶爾丹策淩〔註661〕使人來奏聞，來意雖恭順，而辭氣甚傲慢無禮，大概定諭噶爾丹策淩之旨，錄來卿看。朕意已定，前者令岳鍾琪來詳悉面商，借此上天所賜機會明歲定藏，唐古忒既勢分為二，人情不劃一，而諄噶兒又現使人在此，未有一面構釁助西藏之理，亦趕不及，西藏事料易清楚矣。今擬向噶兒丹策淩索取羅卜藏丹盡，料必不與，己酉年〔註662〕命兩路整大兵勒取，相機聲罪致討，必滅此而後朝食，則我國家內外可望永遠安靜矣。此一大事，已備細籌畫，惟怡親王、岳鍾琪、張廷玉等數人知焉，其他廷臣皆未覺也，卿可密之。一切兵

〔註657〕即內扎薩克蒙古地區。
〔註658〕即青海。
〔註659〕即喀爾喀蒙古地區。
〔註660〕原文如此，應即阿爾布巴。
〔註661〕《蒙古世系》表四十三作噶爾丹策淩，繼其父策妄阿喇布坦為準噶爾汗。
〔註662〕藏曆第十二饒迴土雞年己酉，雍正七年。

馬糧餉屯守進取之策已籌畫萬全，總仰賴上蒼照鑒、聖祖慈佑，此舉雖不敢言操必勝，大概可保萬全無虞，其中必舉之情，萬不可因循之勢，不勝書論，料卿自能體會也。總言，此一部落所關甚巨，若言不能取，因循時日，再令伊從容將伊後邊一帶敵國哈斯哈克〔註663〕、圖兒虎爾〔註664〕諸國漸次收服，再添羽翼，若一向我，恐眾蒙古情形未必能如今日矣，急當早圖者。若言彼何能為，取之甚易，又何故姑容，養此大患也，若言師出無名，告天對人者不可勝數，況聖祖未了之志，朕元二年撤兵之意，令彼疑畏，必不敢動，待休養士卒、訓練精銳、錢糧充裕時，務此大舉也。今幸上天慈恩，海內粗安，朕元年戶部只存一千七百餘萬錢糧，今五年冬至五千萬矣，皆上蒼賜佑，聖祖垂恩所致，定意動千萬錢糧料理此事，務令士將飽騰，歡欣踴躍，有機進取，否則平安旋凱，方舉此事也，預諭卿知，卿或有裹朕不逮處，明白奏聞，再當斟酌。前數次更改者，皆相機勢詳悉斟酌合宜而為者，如此事非朕毫無定見，朝更暮改者也，卿自知之，偶書贅於諭後。

〔180〕散秩大臣兼副都統達鼐奏請萬安摺（雍正五年十一月十六日）[1]-2740

散秩大臣奴才達鼐謹跪請聖主萬安。

雍正五年十一月十六日

硃批：朕安，新年大禧，萬事如意。

〔181〕散秩大臣兼副都統達鼐奏報安置頗羅鼐之來人等情形摺（雍正五年十一月十七日）[1]-2743

散秩大臣副都統臣達鼐謹具密奏，為欽遵上諭事。

竊臣先所派往奏聞〔註665〕頗羅鼐使臣等情形之藍翎齎捧聖主硃批，於十一月初一日前來後，臣等謹捧展讀，奉旨，諭達鼐，爾之所奏所辦甚好，著趕降藏之敕諭及其所派使臣，返回西寧俟旨，俟抵達後即將頗羅鼐奏書情形明白曉諭伊等，今西藏地方已有此等之事，俟彼處事務定奪後，難料另行降旨，著爾等暫在此等候等語。相告後各項盤纏等項著予從寬辦理，其頗羅鼐所派之人呼爾敦侍衛等不得與伊等相見，另處安置，此等人之所用所食務

〔註663〕即哈薩克。
〔註664〕即土爾扈特蒙古。
〔註665〕原文作問，今改為聞。

須從優，特沛恩膏，其內之回子等若不願留西寧等候，有情願回原籍者務必重賞遣回，俟使臣等抵達後不得收敕諭，仍由伊等收好，特諭，欽此欽遵。臣遂即派出領催楊伍勒趕去，該領催楊伍勒於索羅穆之托蘇諾爾〔註666〕地方趕至，攜同達賴喇嘛之使臣於十一月十六日抵達西寧，臣欽遵上諭，將頗羅鼐奏書情形明白相告，又與使臣等言今西藏地方既然有此等情況，俟彼處事務有結局後另行降旨亦難以預料，爾等暫在此等候等語。另行尋房安置後，未收敕諭，仍留其宿所供奉外，亦行文地方官員等從寬辦理伊等各項盤纏等項。再來報康濟鼐音信之呼爾敦侍衛等抵達西寧後，臣未另處安置，未見何人，即安頓於我衙署內，今遵旨其所用所食等項均供給豐足，以示聖恩，為此謹具密奏。

雍正五年十一月十七日

硃批：諭達鼐，爾之所奏所辦甚好，著趕降藏之敕諭及其所派使臣，返回西寧俟旨，俟抵達後即將頗羅鼐奏書情形明白曉諭伊等，今西藏地方既然形勢如此，俟彼處事務定奪後另行降旨亦難以預料，著爾等暫在此等候等語。告知後各項盤纏等項務必供給豐足，其頗羅鼐所派之人呼爾敦侍衛等不得與伊等會面，另處安頓，此等人之所用所食之項亦務必豐足供給，以示聖恩，其內之回子等，著不願留西寧等候而情願回原籍者務必重賞遣回，俟使臣等抵達時無需收敕諭，由伊等收好即可，特諭。

〔182〕山西巡撫石麟奏報動用耗羨銀兩飭屬購買騾駄以備班運糧餉進藏摺（雍正五年十一月二十一日）[2]-[11]-57

山西巡撫臣覺羅石麟謹奏，為奏聞事。

雍正伍年拾壹月初玖日接和碩怡親王書信內開，雍正伍年拾壹月初叁日奉上諭，目今西藏之事差大臣前往辦理，其跟隨兵丁所用糧餉需騾駄運，令山西河南各採辦叁千隻，著該督撫動支正項錢糧採買，按價給發，俾其足用，不得絲毫派在地方，累及小民，亦不許地方官員人等有捐助之事，或存公銀兩有可動用者著動支應用，在該督撫酌量可密寄信與伊等知之，欽此寄信到臣。查此案駄騾定限明年二月交齊，臣於接准部咨之日即查明產騾之屬，按其地方之大小分派騾隻之多寡，飛飭各屬星速購買，其應用價值臣查司庫現貯耗羨銀兩原係存備公用之項，臣隨檄令布政使於耗羨內動支，委員分發各

〔註666〕今青海省瑪多縣之冬給措納湖。

屬揀擇膘壯照數購齊以便依限鮮交。并出示曉諭毋許絲毫派在地方累及小民，如有借端派累不時查參，謹將動用耗羨銀兩飛飭購買緣由繕摺奏聞，為此謹奏。

雍正伍年拾壹月貳拾壹日

硃批：倘仍如先前少科派，有累百姓，乃汝負朕也，不但此，少有所聞，你領罪不起，著實飭訪屬員謹慎為之。

〔183〕川陝總督岳鍾琪奏報參將顏清如所稟西藏頗羅鼐與阿爾布巴交戰情形摺（雍正五年十一月二十一日）[2]-[11]-58

陝西總督臣岳鍾琪謹奏，為奏聞事。

竊臣於雍正五年十一月初八日陛辭回陝，十七日至山西太原府榆次縣地方接據跟隨欽差進藏之叅將顏清如稟報西藏事由，稟稱職隨欽差於八月初一日抵藏，正值阿爾布巴與頗羅台吉〔註667〕兩家交兵讐殺，隨選差明正司彝字房之家人扎什等二人改扮藏番前赴後藏探得，有阿爾布巴頗羅鼐二家之兵於龍慶、仍布宗〔註668〕二處駐劄，八月初九日有阿爾布巴領兵頭目哈甲里〔註669〕碟巴七定爾樹奈三人領兵與頗羅鼐領兵頭目郎巴奈打了一仗，將仍布宗寨子取了，哈甲里等三人即領兵屯駐龍慶仍布宗地方，郎巴奈復領兵前來仍將仍布宗寨子奪回，將碟巴七定爾樹奈二人殺死，並將伊等所領之兵殺傷大半，餘兵盡逃回中則阿爾布巴兄弟大營。於十一日頗羅鼐復領兵至中則又打一仗，二家未見勝負，惟將阿爾布巴兄弟著傷一鎗。又探得康濟鼐有兄弟名戈奇〔註670〕，住在阿里章妥地方，現在勾合阿里一帶之兵將抵後藏。今欽差大人於八月二十日專差把總梁萬福及撥什庫二人前往後藏隆布鼐營盤，查其二家兵勢作何舉動，俟差員回日另稟等情到臣。臣查頗羅鼐與阿爾布巴彼此相持，本年八月初九日兩兵交戰，頗羅鼐雖失去仍布宗寨子，旋即奪回，又將阿爾布巴領兵頭目碟巴七定爾樹奈二人殺死，并殺傷阿爾布巴之兵大半，十一日又於中則地方鎗傷阿爾布巴之弟，雖目前勝負未分，而阿爾布巴之鋒已少挫矣。今復有康濟鼐之弟戈奇糾合阿里兵丁將抵後藏，臣度其傾向頗羅鼐之兵勢尚可支持，其前馬臘差來筆帖式查似海所奏頗羅鼐敗走之說或止風

〔註667〕即頗羅鼐。
〔註668〕《欽定理藩院則例》（道光）卷六十二作仁本宗，今西藏仁布縣。
〔註669〕常寫作拉甲里，為吐蕃贊普之後裔，自成部落，王宮遺址在今西藏曲松縣。
〔註670〕戈奇為噶錫之異譯，即噶錫鼐。

聞失去仍布宗寨子而言，其後奪回寨子以及殺死阿爾布巴領兵頭目等事尚未探知耳，今據糸將顏清如稟報前來理合繕摺恭奏，伏乞睿鑒，為此謹奏以聞。

雍正五年十一月二十一日具。

硃批：覽此光景撐持住矣，再看顏清如所言光景亦未有阻撓頗羅鼐之景，朕少為釋懷，若即如此支持，至來年婆羅鼐〔註671〕戰勝阿爾〔註672〕布巴為尤妙，向來正陽門關帝籤甚靈驗，當日傳言聖祖經行正陽門日更覺奇應云云，前初十日祭天壇為西藏諄噶兒事竭誠命侍衛代祈二籤，隨便寄來與卿看看，朕其感喜。

〔184〕雲南提督郝玉麟奏謝恩賜荔枝等物摺（雍正五年十一月二十一日）[2]-[11]-66

提督雲南等處地方總兵官署都督僉事紀錄一次臣郝玉麟謹奏，為叩謝天恩事。

雍正伍年拾壹月初肆日據臣差齎奏奔子欄劃分地界一事千總鄒大志、家人劉芳貴回抵大理府，仰蒙聖恩賜臣新鮮荔枝壹簍，臣隨出郊跪迎至署，恭設香案望闕九叩謝恩祗領訖。又初拾壹月拾肆日據臣差齎摺奏聞安南情形之把總馬世忠家人趙永年齎捧皇上賜臣大緞貳聯并哈密瓜克食等物，臣跪迎至署，望闕叩頭恭謝天恩外。伏念臣質類砥砆，材同樗櫟，荷蒙我皇上深恩畀以巖疆重任，仰承聖諭指示，上費天心，頻沐恩榮，珍品頒來內府，壹月之間疊荷聖恩萬里之外，屢蒙帝澤，遭逢不世，實報稱之為難，慚感交深，矢捐糜於罔極，臣語不宣心，益殷勉勵，理合繕摺奏聞，伏乞皇上睿鑒施行，謹具奏聞。

雍正伍年拾壹月貳拾壹

硃批：覽。

〔185〕雲南提督郝玉麟奏報官兵恭謝豁免前往察木多時借支未還銀兩摺（雍正五年十一月二十一日）[2]-[11]-67

提督雲南等處地方總兵官署都督僉事紀錄一次臣郝玉麟謹奏，為欽奉上諭事。

〔註671〕即頗羅鼐。
〔註672〕二字硃筆塗掉。

　　雍正伍年拾壹月拾叁日准督臣鄂爾泰咨開，雍正伍年拾壹月初陸日准兵部咨，職方清吏司案呈，內閣抄出雍正伍年玖月拾肆日戶部奉上諭，據鄂爾泰摺奏，雍正貳年雲南提督郝玉麟帶兵由中甸前進察木多時各兵曾借餉銀伍萬柒千貳百肆拾餘兩，雍正肆年撤兵之時原議分作叁年扣還，今已扣除本年夏秋貳季銀柒千壹百壹拾兩，其餘尚有肆萬叁千兩，若照叁年扣還之議，兵丁畧覺艱難，請寬作陸年扣完等語。當日兵丁前往察木多時未免起身匆忙，馬馱之屬畧覺多費，朕心軫念，原欲將借支餉銀全行豁免以示恩恤，因一時未暇降旨，今覽鄂爾泰所奏著將應扣銀肆萬叁千兩悉行豁免，其已除之柒千餘兩任照數賞給兵丁，使伊等食用寬裕以副朕愛養兵丁之至意，欽此。相應行文雲南總督欽遵可也，為此合咨前去，欽遵查照施行等因到本部院，准此擬合就行，為此牌仰該司官吏查照牌內准部咨奉上諭事理，即將此項借支未扣銀兩悉行豁免，其已扣之銀仍照數賞給各兵丁取領報查，并即移行各標鎮協營一體欽遵曉諭，仍將未扣者係某某營某某兵每名豁免銀若干，已扣應賞給者係某某營某某兵，每名該賞給銀若干，分晰查明造冊呈送察奪，除行雲布政司外相應咨會等因到臣。臣隨即傳集本標五營將備千把等官及馬步兵丁齊赴演武廳，臣恭設香案宣讀聖諭，眾官兵俯伏敬聽畢嵩呼萬歲，歡聲動地，望闕九叩恭謝天恩訖。臣即移行前經出兵之鶴慶永北劍川三鎮協及臣標中軍叅將劉宗魁速即核造已扣未完清冊，呈送查核，並咨行通省各標鎮協營一體欽遵曉諭。於本月拾伍日蒙兵部劄付行同前事，又據臣標出口馬步兵丁王國泰等聯名具呈，為皇恩屢沛犬馬難酹，籲懇題達叩謝天恩事，呈稱蟻等食糧營伍，生逢盛事坐享太平，雍正元年逆賊羅卜藏丹盡肆行猖獗，蟻等跟隨本提督出口前往察木多聽後調遣，家中仍給糧餉，父母妻子皆得飽暖，還日起行塞外督撫大人仰體聖慈賞給銀兩皮衣，領支口糧鹽菜，口外歸順番民雍正貳叁兩年上納金子馬匹等物俱係朝廷正供錢糧，蒙萬歲爺盡行賞賚，均霑雨露，蟻等身在行間，分應竭力報効，迺無時無刻不上廑天心，屢加軫恤，捐糜頂踵已屬萬難圖報，所有軍前借支錢糧理應扣除之項荷蒙恩旨憫念寒卒，懸欠者悉行豁免，已扣者盡行賞給，數至伍萬柒千餘兩，皇恩浩蕩有加無已，蟻等惟有生生世世矢効犬馬，竭此血誠仰報聖主耳，感激下情無由上達，伏乞據情題達，叩謝天恩銜感不朽等情。據此欽惟我皇上大德弘敷，至仁廣被，頻年賑賑，閭閻蒙樂利之休，屢沛恩膏士卒沐保懷之典，豢養在於平時，効力應宜塞外，迺蒙九重廑念軫恤，優加及茲，萬里頒恩，矜全備至，未完者悉行豁免，月餉足贍其家，已扣者照數賞給支領，更

充其用，皇恩浩蕩數至伍萬柒千餘金，聖澤汪洋惠普貳千有零之眾，淪肌浹髓報效殊難，刻骨鏤心，情詞實切。臣仰蒙皇上簡任封疆，職膺軍旅，兩年邊塞屢沐君恩，毫無圖報，惟有勉虧將備整肅營位，嚴束兵丁，勤加操練，仰答聖主隆恩於萬一耳。所有臣標出口兵丁叩謝天恩呈詞除備移督臣會題外，臣目覩兵丁感激情形理合先行繕摺奏聞，伏乞皇上睿鑒施行，謹具奏聞。

雍正伍年拾壹月貳拾壹日

硃批：覽。

〔186〕川陝總督岳鍾琪奏謝陛見聖訓暨賞賜補服花翎等物摺（雍正五年十二月初六日）[2]-[11]-145

陝西總督臣岳鍾琪謹奏，為奏謝天恩事。

竊臣奉旨入覲，於雍正五年十月二十五日瞻仰天顏，恭聆聖訓，蒙皇上教誨諄切，不啻家人父子，更蒙皇仁優渥，特賜臣四團龍補服，實人臣罕受之殊恩，又賜臣兩眼孔雀翎，以宗室上公之飾為外臣溢分之榮，并賜臣御用弓箭黃鞓帶撒袋黃瓣素珠黃瓣荷包及房屋銀兩衣食器皿緞帛貂皮等項，臣當即面闕叩頭跪領。伏念臣質本庸愚，謬膺重寄，數年以來受恩深重，方愧寸籌莫展，未能仰答高厚，乃於拜颺之下恩賚有加，頒賜稠疊，沐天家之異數更逾格外，是臣之飲食起居以及寒煖噢咻無不上廑宸衷，而皇上愛恤臣身提携鞠育至周極備，實為自古所未有，臣何人斯，叨恩若是，清夜自思不禁感泣涕零，雖肝腦塗地亦無以上報皇仁於萬一也。臣銘心鏤骨，舉家感戴，惟有夙夜匪懈，勉竭駑駘以期不負聖主知遇之隆而已，理合繕摺恭謝天恩，伏乞睿鑒，為此謹奏。

雍正五年十二月二十六日具。

硃批：卿之感謝之誠自不在言表，朕知卿感激之衷亦不從此言奏而會也，卿以朕恩為過厚，而朕之心只覺不及，各盡其心，上天必鑑，朕惟以手加額，實為慶幸卿，卿身亦如是也。

〔187〕西藏辦事大臣馬喇等奏報達賴喇嘛派使勸頗羅鼐等休戰摺（雍正五年十二月初七日）[1]-2766

奴才馬喇、僧格謹具密奏，為奏聞事。

我等曾奏稱，奴才等與阿爾布巴對話後，以爾等相互殘殺必導致聖主之屬地混亂，民人受難，與聖主仁愛土伯特國之至意不符，爾等即已各陳緣由，

則各自率兵靜候聖旨等語擬文，派出把總梁萬富送交頗羅鼐及隆布鼐等。相繼有班禪額爾德尼派多尼爾色固尼〔註673〕送文內稱，今又發生戰亂，欲制止此等人，請大臣等亦制止噶隆等及頗羅鼐等，曉以聖主必將扶持達賴喇嘛之佛教之緣由。薩察班禪〔註674〕亦已派使制上等語。臣等與班禪額爾德尼言，為眾生而勸說休戰乃一件好事，我處适纔擬文業已派把總梁萬富往送，多尼爾爾從速返回好生勸其休戰等語，給班禪額爾德尼行文前去。又與阿爾布巴言，爾亦將班禪派使之原因行文曉諭隆布鼐等語後，其曰班禪額爾德尼派多尼爾勸我雙方休戰，我等並無不聽從之意，我將行文曉諭隆布鼐應與頗羅鼐休戰，以候聖旨，惟頗羅鼐並不遵從聖主之定律，背叛聖主所封達賴喇嘛，侵佔達賴喇嘛屬地，掠奪達賴喇嘛之貢物等情，班禪額爾德尼均已洞鑒，懇乞班禪勸說頗羅鼐各自退兵，以候聖旨，若聖旨傳我我將前去認罪，若傳與頗羅鼐一同前去，我則同去向聖主詳陳緣由，爾等前去告知頗羅鼐等語。曉諭多尼爾後遣回，今頗羅鼐率兵抵達離招四日路程之地方，攻取江孜城，隆布鼐率兵往迎抵抗，未能來此，業已停戰，使臣等勸說期間雖未交戰，但頗羅鼐又暗從小道派兵來攻招地，招地派去隆布鼐軍營之兵丁取道羊八井〔註675〕前行時，遇頗羅鼐暗攻招地兵丁，交戰後打退等語，由軍營名濟龍者報信前來等語。

由索諾木達爾展〔註676〕攜同阿爾布巴、濟龍來告我等。奴才等詢問濟龍，言我名濟龍，康濟鼐任弟巴後，我為康濟鼐屬下之多尼爾，今我任衷課爾〔註677〕銜，令我與喀喇烏蘇兵丁會合行動後，我於羊八井等候喀喇烏蘇兵丁時得知班禪額爾德尼派使臣多尼爾、大臣等派把總勸阻頗羅鼐，均為聖主、達賴喇嘛之良民，爾等相互停止對戰以候聖旨等語。我兵緩緩行進時頗羅鼐暗中派拉龍則巴〔註678〕、巴章巴〔註679〕、郎布瓦〔註680〕、定班郎固爾瓦等四

〔註673〕《頗羅鼐傳》頁二九一載班禪額爾德尼遣侍從薩苦鼐從中講和，應即此人。
〔註674〕原註，薩察蒙語同時之意。輯者註，此處原註錯誤，薩察，清代檔案多作薩迦，薩察為薩迦之異譯，非蒙語，指薩迦派喇嘛，據《頗羅鼐傳》薩迦喇嘛曾多次與第五世班禪額爾德尼調停衛藏間之內戰。薩迦喇嘛據《薩迦世系史續編》頁二六九為阿旺貢嘎索朗仁青扎西札巴堅贊貝桑波，其命卓尼索朗桑珠前去調停戰爭。
〔註675〕《欽定理藩院則例》（道光）卷六十二作羊八井宗，今西藏當雄縣羊八井鎮。
〔註676〕原文如此，即索諾木達爾扎。
〔註677〕即仲科爾。
〔註678〕《頗羅鼐傳》頁三一一載一人名為拉隆則巴，應即此人。
〔註679〕待考。
〔註680〕待考。

人為首，率千餘步兵百餘騎兵，戰俘聶母〔註681〕地方之人，取下弟巴插於其官房頂部令旗，插上自己令旗，並免該地方之弟巴，任命其屬下為弟巴。將該地給達賴喇嘛製作炒麵之青稞頗羅鼐兵丁除食用攜帶外，將剩餘俱放火燒之，並掠走百姓牲畜錢財女子頭飾等物，放火燒毀民房。又將貢噶爾〔註682〕兩城房屋亦放火燒毀，此情我親眼目睹，又據聞亦摧毀沙喇木廟等語，由此其兵丁來此，擾亂舒地方，放火燒毀彼處城市及二三十間房屋。再由曬〔註683〕路頗羅鼐暗中派出阿喇布坦〔註684〕、御拉鼐之子、里木琫伯里恐巴、日喀則之鼎扎木巴〔註685〕等四人為首，率騎兵七百步兵近千人攻至雅克德地方，取下達賴喇嘛插於官房上之令旗，插上其令旗，掠奪眾百姓。再雅克德、聶母、舒三地方應交納用於每年元月召集近萬名喇嘛等於招地誦經十五日所需之炒麵青稞亦被頗羅鼐所派兵丁食用後，將剩餘部分均皆放火燒之。我處派去兵丁到離招兩日路程之地方與頗羅鼐兵丁相遇，迎戰阻止，否則頗羅鼐兵丁直取招地，將害及達賴喇嘛，獲頗羅鼐宣告之唐古特文呈上等語交於我等。

譯該文後看得，宣告雅克德兵營直至招沿途大小民眾，遵從頗拉台吉之命，率兵三千人於十一月初二日啟程，途次經六宿抵達，將攻取布達拉、招地，是以兵丁之馬牲六千每宿供給草料，八百帳篷應燒之木炭，兵丁所食盤纏牛羊炒麵茶、奶、油等物均預備足，未年〔註686〕月日等語。

阿爾布巴告稱，沙拉、布賚繃、噶勒丹〔註687〕三大廟之喇嘛等每日誦經時，由達賴喇嘛商上撥給奶、油，此項供給之奶、油，由者、納克藏〔註688〕地方每年供給五千餘包，本年達賴喇嘛派遣雅蘇勒、希爾達青、鄂木布等往取時被頗羅鼐兵丁抓獲，油、奶皆被掠走等語。再我一弟巴拉格雅爾〔註689〕

〔註681〕《欽定理藩院則例》（道光）卷六十二作聶母宗，今西藏尼木縣。
〔註682〕《欽定理藩院則例》（道光）卷六十二作貢噶爾宗，今西藏貢嘎縣。
〔註683〕後漢文摺作隆。
〔註684〕《欽定西域同文志》卷二十四頁九載，諾顏和碩切拉布丹，坡拉鼐索特納木多布皆之弟，轉音為諾顏和碩齊阿喇布坦。
〔註685〕後漢文摺作阿喇布坦、余拉鼐之子里木瀏白、里孔巴、日噶子地方之丁查木巴四人。
〔註686〕藏曆第十二饒迴火羊年丁未，雍正五年。
〔註687〕指格魯派色拉寺、哲蚌寺、甘丹寺三大寺，《大清一統志》（嘉慶）卷五百四十七頁二十八載三寺名分別為色喇廟、布雷峰廟、噶爾丹廟。
〔註688〕《欽定理藩院則例》（道光）卷六十二作納倉宗，今西藏申扎縣一帶地區，清代檔案文獻常作納克產。
〔註689〕後漢文摺作拉甲立，今常寫作拉甲里，為吐蕃贊普之後裔，自成部落，王宮

派人來告稱，頗羅鼐各處宣告，給康濟鼐之印信將傳予我，西藏將全由我統轄，由內地將派兵等語，我往軍營送盤纏之人聞此返回後來告，是以派我等前來探聽此事之真偽等語，我告知前來之人，此俱係謊言，聖祖及聖主封達賴喇嘛為佛教領袖，頗羅鼐乃背叛達賴喇嘛之人何能如此，乃無稽之談，誠然屬實，我等除跪於聖主所派兵丁前認罪外，何言以對等語，相告後遣回。於雅克德地方我軍與頗羅鼐兵丁交戰時拏獲札克巴〔註690〕等七人，當給予盤纏遣回時彼等告稱，我等皆係達賴喇嘛屬下小民，因頗羅鼐命我等眾人隨其前往，若不隨從當即處死，故我等無奈犯下兩世罪孽跟隨，今雖派我等取水，但情願留此為生，若令我等返回頗羅鼐必殺我等等語。傳此七人詢問供認屬實，謹將現所得音信及頗羅鼐所宣告之唐古特文書一併謹具奏聞，候把總梁萬富返回時雙方軍情如何，頗羅鼐等有何答覆等情詳問後再奏聖主。

雍正五年十二月初七日

〔188〕駐藏大臣馬臘等奏報普魯鼐與隆布鼐爭釁情形摺（雍正五年十二月初七日〔註691〕）[1]-5336

奴才馬臘、僧額〔註692〕謹密奏，為奏聞事。

奴才等從前奏稱，奴才等向普魯鼐〔註693〕、隆布鼐等稱，爾等相殺，騷擾皇上地方，苦累百姓，不能仰副聖主愛養土伯特國之至意，既將爾等情由具奏，當各按兵靜候諭旨，等因作書，差把總梁萬福移送去後。隨據班禪額爾德尼差多尼爾塞古尼〔註694〕移送文稱，今又構成兵釁，意欲攔阻伊等，乞大人等敷陳皇上，維持達賴喇嘛道教情由，向噶隆等及普魯鼐等曉諭令其停兵，薩察班禪亦遣使前往攔阻等語。奴才等回稱，班禪額爾德尼為眾生之故欲行攔阻甚是美事，我等適亦作書差把總梁萬福移送前去，多尼爾當急速回去善為攔阻等語。作書寄與班禪額爾德尼，令阿爾布巴將班禪差來情由亦作書曉諭隆布鼐。據伊稱曾回覆過多尼爾，班禪額爾德尼差多尼爾前來勸阻我

遺址在今西藏曲松縣。
〔註690〕 第一八八號文檔作查克巴。
〔註691〕 時間由輯者補出，此摺後註明為漢文摺，經辨識與上摺內容相同，故置於此，可與滿文譯漢摺互校。
〔註692〕 《清代職官年表》內閣學士年表作內閣學士僧格。與馬臘同為首任駐藏大臣，巴林氏，蒙古鑲紅旗人，內閣學士，雍正五年至十一年駐藏辦事。
〔註693〕 即頗羅鼐。
〔註694〕 《頗羅鼐傳》頁二九一載班禪額爾德尼遣侍從薩苦鼐從中講和，應即此人。

等兩家息兵，我等並無不遵之處，我即作書曉諭隆布鼐令其息兵候旨，但普魯鼐〔註695〕不遵皇上法度，違背聖主敕封達賴喇嘛，將達賴喇嘛所有地方盡行佔據，所進達賴喇嘛貢物盡行奪取，班禪額爾德尼俱已鑒察，懇乞班禪曉諭普魯鼐令今各息兵候旨，若蒙皇上令我去我即前往請罪，若令與普魯鼐同去我即同往聖主御前將情由明白陳奏，乞爾前去曉諭普魯鼐等語。

　　據索諾穆達爾扎〔註696〕、阿爾布巴稱，今普魯鼐領兵前來，離昭四日路程地方，已取蔣子城〔註697〕，隆布鼐領兵前去迎敵，是以不能前進，駐兵在彼，遣使勸說之際，雖未交戰，而普魯鼐又暗中遣兵由蹊徑前來取昭，自昭差往隆布鼐營中兵丁由羊巴津〔註698〕路徐行前進，遇普魯鼐所遣襲昭之兵，拒敵戰退，係營中回來名濟龍者報知等語，並帶濟龍前來。

　　奴才等隨問濟龍，據稱我名喚濟龍，自康濟鼐承繼第巴之後我為康濟鼐之多尼爾，今我在中課爾〔註699〕之列，因令我會喀拉烏蘇之兵同行，我在羊巴津地方駐候喀拉烏蘇之兵，聞班禪額爾德尼之使多尼爾並大人等所差之把總勸阻普魯鼐，此皆皇上及達賴喇嘛之良民爾等不可相殺，應當恭候諭旨之語，我等領兵徐行前進。普魯鼐私遣喇龍則巴〔註700〕、巴章巴、郎布瓦〔註701〕、丁班郎古爾瓦〔註702〕等四人率領步兵千餘名馬兵百餘名，將涅木〔註703〕地方人民盡行戰取，將第巴等屋上所立旗幟拔去，立伊旗幟，將彼處第巴革退，補放伊屬之人，其彼處所產好青稞備作達賴喇嘛所食炒麵者被普魯鼐之兵食者食而取者取，所餘者皆投之於火，民間所有之牲畜資財及婦人首飾等物盡行擄掠，民間屋宇盡行燒毀。又將湔噶爾〔註704〕二城之屋宇亦行燒毀，係我目睹，又聞得將沙拉木廟〔註705〕亦行拆毀，伊兵從此前進，攻取舒地方，將彼處城垣及屋宇二三十所俱行燒毀。再於隆地方一路普魯鼐私遣阿喇布坦、余

〔註695〕即頗羅鼐。
〔註696〕即索諾木達爾扎，七世達賴喇嘛之父。
〔註697〕《欽定理藩院則例》（道光）卷六十二作江孜，今西藏江孜縣。
〔註698〕即羊八井宗。
〔註699〕即仲科爾。
〔註700〕原文作喇龍、則巴，作兩人，今改為一人。《頗羅鼐傳》頁三一一載一人名為拉隆則巴，應即此人。
〔註701〕原文作巴章巴郎布瓦，今分作兩人，巴章巴、郎布瓦。
〔註702〕第一八七號文檔作定班郎固爾瓦，待考。
〔註703〕《欽定理藩院則例》（道光）卷六十二作聶母宗，今西藏尼木縣。
〔註704〕《欽定理藩院則例》（道光）卷六十二作貢噶爾宗，今西藏貢嘎縣。
〔註705〕即色拉寺。

拉鼐之子里木淵白、里孔巴、日噶子〔註706〕地方之丁查木巴等四人率領馬兵七百名步兵千名攻雅克德地方，將達賴喇嘛官房之上所立旗幟拔去，立伊旗幟，將眾民盡行擄掠。又雅克德、木〔註707〕、舒三處所交預備正月在昭齊集萬眾喇嘛誦十五日經供應之炒麵、青稞亦被普魯鼐所遣之兵食者食，而餘者俱投火燒毀。此處所發之兵在離昭兩日路程地方遇普魯鼐兵，一戰拒住，不然普魯鼐之兵將直抵昭而為害於達賴喇嘛矣等語，並將所得昔魯鼐處所傳之唐古忒字一紙呈上。

　　隨將書譯看，內稱，曉諭自雅克德軍中起至昭沿路大小人等，奉坡喇太吉〔註708〕之命，領兵三千於十一月初二日〔註709〕起程，途中六站取布達拉並昭地方兵丁馬匹六千，每程預備草束八百，房帳燒柴及兵丁所食乾糧牛羊炒麵茶葉油乳等物足用，未年〔註710〕月日等語。

　　據阿爾布巴稱，塞拉、白賴淵、噶爾旦三處大廟〔註711〕喇嘛每日誦經俱於達賴喇嘛庫中支給油乳，此項支給油乳係者地方、那克臧〔註712〕地方二處每年供五千餘包，今年達賴喇嘛差雅蘇爾西衛、大青鄂木布〔註713〕等前往支取，為普魯鼐之兵拏獲，將油乳一併奪去。再我等第巴拉甲立〔註714〕差人來云，普魯鼐各處傳諭，給康濟鼐之印信給我，兩藏地方俱令我管轄，內地且欲發兵之語，我等差往軍中送糧之人聞知回來稟告，為此差我探聽此事虛實等語。我向來人云此俱是虛詐之言，聖祖皇帝及皇上敕封達賴喇嘛為教主，普魯鼐乃違背達賴喇嘛之人，何至如是，此斷無之事，果然是實，我等跪迎天兵請罪而已，夫復何言，如此告知遣去。在雅克德地方我兵與普魯鼐戰時所獲查克巴等七人，欲給與乾糧遣回，伊等云我等俱係達賴喇嘛微末小民，因普魯鼐令我等所有民人盡行隨往，倘有不隨即欲殺戮，我等不得已而行兩世作業之事隨

〔註706〕《欽定理藩院則例》（道光）卷六十二作昔孜，今西藏日喀則市。
〔註707〕前摺譯作轟母，《欽定理藩院則例》（道光）卷六十二作轟母宗，今西藏尼木縣。
〔註708〕即頗羅鼐。
〔註709〕雍正五年十一月初二日，應為藏曆。
〔註710〕藏曆第十二饒迴火羊年丁未，雍正五年。
〔註711〕即色拉寺、哲蚌寺、甘丹寺格魯派三大寺。
〔註712〕清代檔案文獻常作納克產。《欽定理藩院則例》（道光）卷六十二作納倉宗，今西藏申扎縣一帶地區。
〔註713〕第一八七號文檔作雅蘇勒、希爾達青、鄂木布。
〔註714〕常寫作拉甲里，為吐蕃贊普之後裔，自成部落，王宮遺址在今西藏曲松縣。此處翻譯不確，拉甲立為地名，非人名，意為拉甲立之第巴。

往，今即令我等汲水，亦情願在此，若遣我等回去普魯鼎即殺我等等語。喚問七人，俱稱是實，為此將所報信息，并普魯鼎處傳諭之唐古忒字一紙，謹密具奏聞，俟把總梁萬福到日將兩處兵勢并普魯鼎等云何之處，詢問明白再行具奏皇上。（原件係漢文）

〔189〕刑部左侍郎黃炳奏請恩准前往西藏効力辦事摺（雍正五年十二月十三日）[2]-[11]-166

刑部侍郎臣黃炳謹奏，為微臣願効馳驅，少報涓埃特抒下悃仰祈恩准事。

竊臣前奉差四川聞西藏有康濟鼐被擒一事，因督臣岳鍾琪等已經具奏，臣又奉命有滇南之差，是以未經奏請，及至到滇之日所事原委雖知大概，而用兵之事已奉文停止，且西藏地方臣未經親歷，彼處情形既未能深知何敢遽以冒昧上瀆天聽，今聞用兵之信已確，當此之際正大小臣工可以少効綿力之時也，竊思人臣受職分任原宜竭盡忠誠上報君恩，勿虛糜廩祿勿貽職曠官，即使實能如此亦不過職分之所當為，未嘗于格外有所圖報也。臣自筮仕以來竊祿多年，寸長未効，而受恩深重，圖報無由，臣每清夜自思未嘗不深自悚懼，寢食難安，然猶臣一己之私情也。臣父國材以衰朽殘軀乃蒙皇上特加擢用委以尚書重任，復兼都統事務，臣兄黃焜又蒙聖主特達之知委以副都統之任，旋授湖北藩司，臣弟黃煒黃烱一係現任知州一係副佐領，是莅官莫如臣家之多，而出力報効者臣家獨無，所以臣撫心自問如坐針氈，每欲奮志自効以圖仰報于朝廷者原為深切，茲西藏既有用兵之事自必需人料理，今臣年富力強且稟質強健正可驅策奔走之時，若可以少効馳驅，而猶貪戀安榮坐享逸樂非特臣心不忍，而亦無顏立于人世，況臣差事已竣現在滇省候旨，而滇省離西藏又近，倘有差遣之處仰懇皇上弘開天地之恩俯准微臣前往西藏効力辦事，庶臣微忱可以少安，即臣父國材平日所以教臣効力之心亦可稍遂矣，故特披歷愚悃，虔誠奏請，望闕叩首，仰懇皇上天恩允准下情，或令臣即從滇省起程或令臣馳驛進京面請聖訓再赴西藏統聽皇上批示遵行，至臣為人之迂愚魯鈍久在聖明洞鑒之中，一點血誠惟知上報君恩，仰祈皇上恩准俯允，臣翹首闕庭不勝激切待命之至，為此謹奏。

雍正五年十二月十三日

硃批：大笑話，為文不成武自然亦不就，何必作如此分外，總遵前旨來京可也。

〔190〕雲南總督鄂爾泰謝硃諭訓誨暨遵旨籌畫進兵西藏事宜摺（雍正五年十二月十三日）[2]-[11]-169

雲南總督臣鄂爾泰謹奏，為恭謝聖訓欽遵辦理事。

雍正五年十二月初二日臣齎摺家奴回滇，內奉清漢字硃諭一道，前聞藏內阿爾布巴等殺了康濟鼐，即欲發兵問罪，將達賴喇嘛移駐，故前有備兵之旨，既又思之倘阿爾布巴等聞信驚懼，並不抵敵，即帶達賴喇嘛逃入諄噶爾地方，則反難處，故爾忍忿，暫安撫阿爾布巴等，再行徐圖，是以繼有停止備兵之旨，目今阿爾布巴不能殺害婆羅鼐，故婆羅鼐得奏此疏。但看阿爾布巴、隆布鼐光景，非等閒可圖，必致相拒，前此不發兵之計，既屬愧端，亦非久遠之策，伊等既已內亂，師出有名，且有婆羅鼐扼其逃往諄噶爾之後門，此正天賜之良便也，現召岳鍾琪來京詳議此事，伊亦深以朕意為是，今已定於來年四五月間發兵定藏矣，大約雲南兵數需三四千，部內自有知會，總兵官內慎選一員，糧餉預為料理停妥，移駐達賴喇嘛處著實秘密，即派出領兵之總兵官亦不可使知之。再此番料理，不可惜費，總以寬裕為主，滇省近日新定地方甚多，兼有安南之備，倘兵數不敷彈壓之用，所關甚鉅，萬不可輕易將就，國家錢糧實甚充裕，俟撥派出兵文到，可一面奏請招募補數，一面招募可也，若上蒼垂賜，婆羅鼐能勝此逆輩，則兵無所用矣，欽此。至本月初八日齎回臣前摺，荷蒙硃批，朕以卿必悉西藏、諄噶兒原委，因咨商之，覽此奏卿向未留心也，朕笑而覽之，朕已將事情輕重緩急，參以目前機宜，面與岳鍾琪備悉商酌妥協矣，卿可照部文悉心辦理可也，此事不必用提臣前往，已有旨部頒矣，欽此。竊藏地情形臣以前並無見聞，及蒙聖恩蒞任滇省，凡接見進藏人員，自提鎮諸臣，下及末弁，莫不備細詢問，各就言論存記參考。然識見殊別，人各異詞，諄噶爾原委至今實未深悉，茲捧誦硃諭，細看婆羅鼐等三摺，臣少有領受，敬讀向未留心笑而覽之之諭，臣不勝忻忭，伏念邊方控制，惟視機宜，如事無可圖自應緩待，但機有可乘務須神速（硃批：近日婆羅鼐已與阿兒卜巴相拒之勢定矣，阿爾卜巴竟請兵，真大奇，機會上天之所賜也，若如此，大省心力矣）今婆羅鼐及各愛滿頭目等，既同心合力欲為康濟鼐復仇，無論能與不能，皆足以分其勢，奪其氣，乘此大軍各路齊進，阿爾布巴等前不能禦，後無所逃，定藏經遠，實在此一舉，我聖主審機觀變，時措惟宜，謂臣愚亦或能窺測，臣斯不自量，候部文到日即當會商撫提二臣，一面酌派官兵，一面請撥協餉。查現在各營一應軍裝器械皆已齊備，毋須修整，

祇糧運一事尤關緊要，從前辦理多未妥協，臣當悉心籌畫，少為變通，務期濟事（硃批：好）。至於兵行之後，兵數自應招補，俟事定再減，料理不可惜費，總以寬裕為主（硃批：是）。臣當商知撫臣，凜遵聖訓，總兵官一員，臣原擬派張耀祖，近據郝玉麟札稱，張耀祖自稱年老，不堪任事（硃批：實在年老，況力亦出得，是足矣）。如果不能任事，臣擬派開化鎮總兵官南天祥管領前往（硃批：好），合併聲明。為此繕摺，伏乞聖主睿鑒訓示施行，臣爾泰謹奏。

　　雍正五年十二月十三日

　　硃批：覽。

〔191〕雲南總督鄂爾泰奏謝恩賞驛馬克食等物摺（雍正五年十二月十三日）[2]-[11]-173

　　雲南總督臣鄂爾泰謹奏，為恭謝聖恩事。

　　雍正五年十二月初二日臣齎摺家奴保玉蒙恩賞給驛馬齎捧頒賜臣親嘗克食一盒，御筵菓餌并鹿尾鹿舌共三匣哈密瓜四個抵滇，至本月初八日臣標千摠段福等復蒙恩賞給驛馬齎回御賜臣阿布哈羊三隻廣橙一簍文旦一簍抵滇，臣隨各郊迎至署，恭設香案聖闕叩首謝恩祇領訖，敬啟摺扣，跪諷硃批，覽卿奏謝，知道了，字字出于至誠，句句朕皆動容覽閱，諸王大臣因朕五十大壽懇請備宴，朕勉從之，此日微雪，一堂和氣，喜溢宮院，念卿在遠省未得入座，特留數種親嘗食物寄來，卿食此如同君臣對面會宴也，特諭，欽此。臣伏讀之下感痛失聲，妻子聞知亦皆泣下，念受恩至此無可名言，天地神明實鑒實察，鄂爾泰有生之年或敢一時一念忘我慈父，定當永墮輪迴並不得與恒河沙數矣（硃批：朕若負如此公忠大臣，乃朕服盡，亦應如此，願但我君臣無可言說，惟期始終共勉此耳）。又接臣弟爾奇家信內稱，十一月初一日上御西煖閣，諭諸臣曰朕于羣臣無不關切，每當陛辭時諸臣亦有戀戀者，然朕心實未嘗留繫，惟鄂爾泰前在朕前不過數日，朕每念之不置，偶閱伊奏摺輒為淚下，豈亦君臣夙世緣分耶，昨朕萬壽節諸臣進觴，朕于班中不見鄂爾泰輒為不懌，特留筵上菓餅四盤令奏摺家人齎去以示朕意，欽此，語畢天顏悽然（硃批：果然伊乃一過於迂誠之人，居心實不錯，識見特欠通，小器耳，非大材也），爾奇于班中不禁淚下如雨，幾致失聲，聖恩若此更復何言等語。臣捧誦數四涕流終日，以臣之愚實無以當此夙世緣分，敬受今生，今生作者更起奮勉公忠誠純之訓，凜體終身，不敢或作不善，因以致大慈悲大光明亦慾施矜憐而

不能，則幸免墮落，臣願畢矣（硃批：是），此外不復能著一語。至臣弟爾奇矢志無他，然每多偏執（硃批：非偏執，摠不通），據稱爾奇近以奏對謬悞自分嚴譴，蒙聖恩矜全旋加寬宥訓誨，諄諄逾于父子，并諭看汝近來行事恐有大奸，見朕意不可搖動故別為巧計，使汝自蹈罪戾或并欲借此以陷汝兄，汝兄鄂爾泰為朕委任豈無人嫉妒無人播弄（硃批：朕之體羣臣蓋皆如此，而竟有如頑石而不知覺者，豈不可迕可笑），但伊謹慎故不墮其計中耳，欽此。爾奇跪聆之下淚血交迸，誓期竭盡愚誠仰酬君父，無為萬里懸念等語。伏念臣兄弟受恩實無可名言，感極而慚懼極而懼，嫉妒人所或有，謹慎力可自持，惟當交相勸勉反躬責己，如行之不逮于人乎，何尤慈父之前略無忌諱（硃批：大槪弟兄子孫只可聽天由命，舜有弟象，堯生丹朱，阿其那、寒思黑乃聖祖之子朕之親弟也，如何論得，至於鄂爾奇雖非汝光耀門庭之弟，亦斷非辱及先人之子孫，可為之放心，亦不必過為期望，朕看得透，幸而服善或增長些識見亦未可定，看他造化，朕自然琢磨他，此論不必通知），不禁言之瑣屑也，為此繕摺差臣標把摠趙天錫家奴雅思哈齎奏恭謝聖恩，并繳硃諭二道硃批原摺十扣，伏乞聖主睿鑒，臣爾泰無任感切瞻依之至，謹奏。

雍正五年十二月十三日

附謄清硃批三條

卿如此公忠朕亦必不肯負，我君臣無可言說，惟期始終共勉此耳。

朕之體羣臣蓋皆如此，乃竟有如頑石而不知覺者，豈不可訝可笑。

大槪弟兄子孫只可聽天由命，舜有弟象，堯生丹朱，阿其那、塞思黑乃聖祖之子朕之親弟也，如何論得，至於鄂爾奇雖非汝光耀門庭之弟，亦斷非辱及先人之子孫，可為之放心，亦不必過為期望，朕看得透，幸而服善或增長些識見亦未可定，看他造化，朕自然琢磨他。

〔192〕西藏辦事大臣馬喇等奏報派人勸頗羅鼐等休戰摺（雍正五年十二月十九日）[1]-2779

奴才馬喇、僧格謹具密奏，為奏聞事。

奴才我等先已奏，已派把總梁萬富持文送交頗羅鼐言，爾等相互殘殺，地方大亂百姓遭殃，亦與聖主眷愛土伯特國之至意不符，爾等之緣由已奏報聖主，是非將由聖主裁定，其間爾等率兵靜候聖主降旨，我等亦行文隆布鼐等等語。今把總梁萬富於十二月初九返回後告稱，我於十一月初九日抵達隆

布鼐營地，班禪額爾德尼之使臣、薩察班禪〔註715〕之使臣同時抵達，與隆布鼐言爾等之緣由大臣等業已具奏，請休戰等候聖旨等語，隆布鼐言頗羅鼐將聖主給達賴喇嘛之十三萬土伯特佔為己有，攻至達賴喇嘛附近江孜地方扼守，頗羅鼐少不撤退我軍如何退回，我若退回伊必將隨後入藏擾亂達賴喇嘛，何人擔當等語。於十日我與班禪額爾德尼、薩察班禪之使臣同去江孜會見頗羅鼐，將大臣等之文書交付後與頗羅鼐言，爾等緣由皆已具奏，請休戰等候聖旨等語，頗羅鼐展讀文書後言大臣等既然令我等候聖旨，我便駐劄江孜候旨，我倘若放棄江孜而去必遭隆布鼐殺害等語。我返回時頗羅鼐給我加印文書兩份，告稱此乃回答大臣等所問之文書，請帶回令大臣等過目等語。班禪額爾德尼、薩察班禪之兩名商卓特巴〔註716〕亦擬文一份交付我帶給大臣等等語。

是以將兩名商卓特巴來文譯後看得，本年因衛藏相互用兵，人畜受害嚴重，因班禪額爾德尼、薩察班禪不忍心，為給雙方行文特派我兩名商卓特巴，想必與大臣等所派把總能制止此事，不料雙方均皆不聽，或許大臣等前去勸說可以制止，大臣等不去我等即便勸說亦無用，再與雙方所談情形把總均皆知情等語。

將頗羅鼐來文譯後看得，大臣等令我等靜候聖旨，衛派兵三次將藏屬地眾人之佛及所有物品洗劫一空，我無奈用兵意欲為康濟鼐報仇，奪回被劫物品，我隨從大臣等之教導，而隆布鼐、貢布衛不聽從大臣等勸說，班禪額爾德尼、薩察班禪之兩商卓特巴、把總等勸說後雖兵民俱不情願，但大臣等及兩喇嘛之言不得不聽從，康濟鼐乃聖主所用之人，此等人背叛殺害康濟鼐，又派兵欲害我，土伯特百姓乃聖主之屬民，因此等人叛亂百姓甚是遭殃，若大臣等為我等立主我等即可休戰，我之此情請上奏聖主，我藏阿里克地方之眾人除信仰大聖主外另無他心，於二十八日扎薩克台吉頗羅鼐呈上等語。

另一文內言，扎薩克台吉頗羅鼐獲悉貢布衛之人俱皆背叛聖主，因聖主施恩賞康濟鼐印信〔註717〕，因貢布衛之人不滿合謀暗殺康濟鼐，又派兵殺我，毀滅扎什倫布，劫掠納爾堂廟〔註718〕之物品，並封其門。再所到之處破壞所

<hr>

〔註715〕即薩迦喇嘛，據《頗羅鼐傳》薩迦喇嘛曾多次與第五世班禪額爾德尼調停衛藏間之內戰。據《薩迦世系史續編》頁二六九為阿旺貢嘎索朗仁青扎西札巴堅贊貝桑波，其命卓尼索朗桑珠前去調停戰爭。

〔註716〕大喇嘛管理庫藏及財政收支機構之主管曰商卓特巴。

〔註717〕原文作所信，今改正為印信。

〔註718〕現常寫作納塘寺，位於西藏日喀則縣，為西藏歷史久遠之古寺，其《甘珠爾》經甚為有名。

有廟及佛，燒毀並丟棄《甘珠爾經》，捆經之繩皆被用去當捧馬繩，扎什倫布
之日喀嶺、札空兩地方廟內之先世班禪坐床之坐褥均被改為鞍褥。羅卜藏丹津
所派達賴喇嘛之兄車類〔註719〕、雅布〔註720〕、阿樂布巴〔註721〕抵達隆布鼐
處後，被提督〔註722〕、康濟鼐二人拏獲〔註723〕，若非如此，必回羅卜藏丹津
之處〔註724〕，達賴喇嘛告知納木佳札蒼〔註725〕，為阿哥王誦經，色喇、伯喇
琫〔註726〕之喇嘛均皆知情，問其便知。本年後藏之各廟民人等所有物品均被
洗劫一空，廟及住房又被放火燒毀。再欲將後藏之所有官員騙至招殺害，大臣
之文書、把總、班禪額爾德尼、薩察班禪之文書、兩商卓特巴勸我休戰候旨，
我聽從大臣等及兩喇嘛之言，停戰等候降旨之時隆布鼐不聽從大臣等及喇嘛
之言，調招地之所有兵力欲與我一戰，我感戴聖主之恩誦經祈禱，欲為康濟鼐
復仇，達賴喇嘛傳諭後藏第巴首領們令擒我解送，此情詢問扎什倫布之喇嘛等
即可知情。前藏派兵欲滅後藏，衛貢布之兵丁於羅卜藏丹津之蒙古兵丁返回後
達賴喇嘛親自宴請伊等，賞給哈達及兵器，喇嘛之好歹大臣等知情否。再十三
萬土伯特承蒙聖主之恩得以安逸為生，因伊等背叛，人民遭難，已民不聊生，
先殺康濟鼐時阿爾布巴謊稱奉旨殺死，而後因難以上奏聖主，便以康濟鼐勾結
準噶爾，與羅卜藏丹津結為同夥等語謊奏聖主，實為擺脫罪責謊奏，誰是誰非
聖主自會明鑒，既然如此將我所有文書，請大臣等均上奏聖主，後藏阿里克眾
人自如至終除感念聖主外另無他念，恭請聖主、大臣等施重恩於我等等語。

是以奴才等問把總梁萬富，隆布鼐之兵丁情形如何，頗羅鼐兵力如何，均
為何處之兵，情形如何等語。告稱我返回時隆布鼐之兵丁均剳營於野外，有騎
兵步兵五千餘人，頗羅鼐之兵丁因駐剳於江孜城之房屋內不知其數，均為達賴
喇嘛屬下後藏阿里克地方之兵丁。與頗羅鼐會面之日頗羅鼐身邊有五六十人，
均為阿里克後藏之人，其中僅認得原隨康濟鼐之三四名蒙古人，其餘均不認識
等語。再頗羅鼐三路派兵之事爾可否耳聞等語詢問時，把總梁萬富告稱我在該

〔註719〕第六十九號岳鍾琪漢文摺作陳類。
〔註720〕即七世達賴喇嘛之父索諾木達爾扎。
〔註721〕即阿爾布巴。
〔註722〕指四川提督周瑛。
〔註723〕此句文意不通，意為羅卜藏丹津所派達賴喇嘛之兄車類至雅布（指七世達賴喇
　　　　嘛之父索諾木達爾扎）、阿爾布巴、隆布鼐處後，被四川提督周瑛、康濟鼐拏獲。
〔註724〕原文作廟，今改為處。
〔註725〕今常譯作朗傑扎倉，為布達拉宮內扎倉。
〔註726〕即哲蚌寺。

地方時未曾聽說，我返回時隆布鼐告知於我，我纔知情等語。相繼由隆布鼐軍營派第木巴雅木皮勒來告之信息，由索諾木達爾扎、阿爾布巴等前來告奴才等，把總於三十日返回，三十日後頗羅鼐率兵乘夜來戰亦難預料，遂由兵丁內選二千兵丁預備，於十二月初四日天亮之前頗羅鼐率其所有兵力偷襲我軍營之時我軍迎戰至天明後，頗羅鼐兵丁被打敗，除為首之噶希瓦〔註727〕、策龍鼐、諾翁三人被殺外又殺其百餘人，頗羅鼐率兵逃竄，追至江孜城，頗羅鼐人內。再頗羅鼐軍營內瘟疫流行，死亡人數眾多等語，獻上噶希瓦之首級，若再來報信，將陸續具奏外，為此謹具奏聞

雍正五年十二月十九日

〔193〕西藏辦事大臣馬喇等奏報康濟鼐屬下蒙古人情形摺（雍正五年十二月十九日）[1]-2780

奴才馬喇、僧格謹具密奏，為奏聞事。

於十二月初七日接准四川陝西總督公岳鍾琪照該部來文給奴才來文，內稱於雍正五年九月初六日議政王大臣等奉上諭，康濟鼐屬下之厄魯特等既然原係青海之人，降旨達賴喇嘛將此等人交付馬喇、僧格遷往青海，等語降敕諭，此事行文岳鍾琪由四川布政司科〔註728〕銀內撥一萬兩酌情選派官兵送往藏地，交付副都統馬喇、內閣學士僧格，賞給遷移之厄魯特作為盤纏，欽此欽遵前來。故此奴才等傳貝子阿爾布巴等前來詳加曉諭降旨，查問康濟鼐屬下蒙古數目時阿爾布巴等告稱，聖主眷愛達賴喇嘛，為我等將康濟鼐屬下厄魯特等遷往青海，此乃根除我等之隱患，惟感戴聖主之恩外以何仰報，康濟鼐屬下厄魯特等有舊部新部及青海逃來之三種人，此內又有並非為蒙古竟著蒙古服飾，謊稱為蒙古投奔康濟鼐，遂可接納給食錢糧，無需當差而僥倖來投者眾多，康濟鼐由達賴喇嘛商上銀兩內給此等人撥銀，故有此三種人。再殺康濟鼐後我噶隆等給康濟鼐屬下蒙古行文內稱，康濟鼐大逆不道爾等皆知情，是以殺康濟鼐及屬人，爾等若念達賴喇嘛則應安居等語，該蒙古等告稱康濟鼐管轄我等是實，康濟鼐與頗羅鼐合謀以來凡事咸亂，想必頗羅鼐必令我諾顏遭受惡運，我等現除信奉達賴喇嘛外另無它念，我等生計全仗達賴喇酵商上供給，現請將我等交付一仁慈之諾顏管轄，我等情願交付雅布〔註729〕統管，可安逸為

〔註727〕即噶錫鼐。
〔註728〕原文如此，「科」似乎為「庫」之誤。
〔註729〕指七世達賴喇嘛之父索諾木達爾扎。

生等語。我噶隆等告知雅布後交付時雅布言，此等人皆為聖主之屬民，聖主之旨諭想是七八月內送抵，其間我率此等人暫行供養等語。接納以來，全憑其自力供養此等蒙古等，較前優厚，不曾動用商上之物。再羅卜藏丹津叛亂時如同羅卜藏丹津一樣辦事之要員默爾根諾顏〔註730〕到此地後雅布我聲稱，此等像羅卜藏丹津之人不可輕意放過，便告知州提督〔註731〕解至內地，康濟鼐設法求助於年羹堯要回，康濟鼐視其為知已，凡事與其商議。又將拉藏汗同族之羅卜藏固木布阿喇布坦之女盆蘇克阿喇布坦嫁其為妻，寵愛至極，默爾根諾顏與康濟鼐大逆不道外並不信奉聖主，是以與康濟鼐一併殺死，默爾根諾顏係一病態之人，竟管轄眾蒙古人，僥倖被殺，使眾蒙古人擺脫事端，今頗羅鼐統轄之軍皆為後藏之民人，其內尚有康濟鼐先於後藏補放之第巴首領數名，並無蒙古人，頗羅鼐用箭頭送發文書動員達木、喀喇烏蘇等地之蒙古希喇郭勒等響應，則希喇郭勒竟未服從。康濟鼐派往京城之使臣楚魯木塔爾巴、任多尼爾之濟龍向我等出首，頗羅鼐給我諾顏帶來惡運被殺，出首後為復仇出征，此等人眾多，今既然有頗羅鼐一事，暫緩俟頗羅鼐之事了結後，我等詳加查核後再告知大臣等，由達賴喇嘛商上供養之蒙古數目，大約擬文內稱，現有數目為康濟鼐所佔由達賴喇嘛商上供養之拉藏汗屬下蒙古二百一十五人，妻室家口三百人，達賴喇嘛商上蒙古唐古特三百一十五人，妻室家口五百人，又阿里克之噶爾圖〔註732〕首領噶勒丹策妄〔註733〕屬下蒙古、商上蒙古一百七十人，妻室家口二百三十人，羅卜藏丹津背叛時羅卜藏丹津之默爾根諾顏及其他台吉之脫逃而來之蒙古一百，妻室家口一百六十人，以上男子共為八百人，妻室家口共為一千一百九十人等語。奴才等傳貝子阿爾布巴等前來後詳加曉諭後，令其查明人數交給我等時看其情形，皆因聖主眷愛達賴喇嘛，根除伊等隱患而歡悅感戴聖主之恩，惟此等蒙古等在此食官俸又不當差，已習慣於安逸生活，不願遷移亦難預料，或等頗羅鼐一事告結後再詳核分別查報，既然如此，俟聖主降達賴喇嘛之諭旨送抵之時奴才

〔註730〕即第九十四號文檔之莫爾根諾延公布渣布。

〔註731〕原文即作州提督，為提督周瑛之誤。

〔註732〕《西藏志》作噶爾渡，《西藏志》頁五十二載，由三桑至崗得寨入阿里噶爾渡地方，頗羅鼐長子朱爾嗎特策登駐防之處。今西藏普蘭縣仁貢鄉嘎爾東村《西藏自治區地圖冊》。

〔註733〕《松巴佛教史》頁五五三表十固始汗第六子多爾濟達賴洪台吉諸子世系表載固始汗第六子有一子名噶爾丹策旺，即此人於五世達賴喇嘛時期征服拉達克，將拉達克納甘丹頗章治下，此處應為追敘此地蒙古人皆為噶爾丹策旺屬下。

等詳加籌畫，必保萬無一失等情，奏聞聖主施行外，今該地方人心安定，感戴聖主之恩之情形謹具密奏。

雍正五年十二月十九日

〔194〕西藏辦事大臣馬喇等奏報阿爾布巴近況摺（雍正五年十二月十九日）[1]-2781

奴才馬喇、僧格謹具密奏，為奏聞事。

頗羅鼐率兵再次前來後該地方之人傳說噶隆貝子將家產暗中轉移至貢布等語，奴才我等看得阿爾布巴驚慌失措是實，故此總督給奴才之文送抵後奴才等將伊等召來，以查人口為借口詳加曉諭聖主之降旨後，阿爾布巴喜形於色，方纔安下心來，為此謹具密奏。

雍正五年十二月十九日

〔195〕川陝總督岳鍾琪奏請抽調陝甘撫標兵丁駐箚骨兒伴鎮理麻地方摺（雍正五年十二月二十二日）[2]-[11]-213

陝西總督臣岳鍾琪謹奏，為請旨事。

竊照料理西藏預備兵馬一切事機俱蒙我皇上睿謨獨運，指示周詳，臣凜遵聖諭於回署之日接准部咨遵，即將陝西甘肅四川三省馬步兵丁照數派撥，其軍裝一應事宜業經分檄預行備辦在案。伏查西寧口外骨兒伴鎮理麻〔註734〕地方乃通西藏經行之要路，必須派撥官兵前往駐箚以資彈壓，經臣面奏請以管理青海彝情之副都統臣達鼐帶領官兵一千名前往彼處駐箚，不惟可以為西藏之聲援，即大兵經由一應糧餉塘站亦得藉其策應以保無虞。惟是陝甘提鎮各營兵丁除派撥八千名之外其餘兵丁俱有汛防要地之責，未便再為抽調，查陝甘兩省撫臣標下兵丁原無緊要隘口亦無險汛分防，臣請即於兩省撫標兵丁之內挑選馬二步八兵各五百名共合兵一千名併派撥熟諳軍務之遊守千把總等員跟隨副都統臣達鼐，於青草發生之時先期前往駐箚。其軍裝照出師之兵一例整備，惟駄載馬匹查出師兵丁每兵二名給駄馬三匹，但此項駐箚兵丁非出師之兵可比，應照駐防兵丁之例每兵一名給駄馬一匹足以駄載軍裝，倘蒙俞允臣即將遴選營弁兵丁名目另行造冊具題報部，是否允協伏乞睿鑒，為此先行繕摺謹奏請旨。

雍正五年十二月二十二日具。

───────────

〔註734〕索羅木為三岔口之意，固爾班索羅木即為黃河源入扎陵湖之源頭地區。

硃批：甚好妥協之極，即如此料理，官員兵丁雖不比進藏人員，亦酌量賞給，應如何賞與之處卿一面賜給一面奏聞。

〔196〕川陝總督岳鍾琪奏陳川陝兩省進藏兵丁宜免帶盔甲摺（雍正五年十二月二十二日）[2]-[11]-214

陝西總督臣岳鍾琪謹奏，為敬陳末議仰祈睿鑒事。

竊惟兵丁設有盔甲原以備衝鋒禦敵之用，即平時操演訓練亦藉以整肅軍容，固不可少，但臣前次進藏見川陝兩省綠旗兵丁有將所帶盔甲因駄馬疲乏俱沿途委棄，是以臣進征青海桌子山等處出兵俱未攜帶盔甲，覺臨陣突擊更為輕便。臣愚以為今次川陝兩省出師進藏兵丁所有盔甲亦請免其備帶，但未請明旨臣不敢擅專，為此具摺恭請聖訓，倘蒙俞允不惟收輕裝便利之效，而長途跋涉亦可省徃來駄載之繁，於軍務甚有裨益，為此敬陳末議，伏乞睿鑒，謹奏。

雍正五年十二月二十二日具。

硃批：此奏到來朕斟酌數天未能主意，今覽馬臘等之奏與時勢甚為允協，可以不必攜帶也，兩次所奏籌畫機宜留中朕再加詳細斟酌。內言勅諭噶兒丹策凌言覺嚴切，朕又留，小檢點，內中亦無甚過嚴之諭，朕意此諭屬要，俟朕再與諸議政王大臣斟酌，料伊亦未必因此旨諭突然全戰，無備而敢興戎也。況西藏又大有順遂之機，來人四三月盡間再令徃，至肅可令再少羈遲數日，亦得五六月至哈密。北路駝馬牛羊今歲丹進多爾濟王〔註735〕來朝，見他竟將六萬餘駝數十萬馬牛羊一力擔荷，為朕採買，一些力不費矣，而且價值甚平，真大奇之機會，省朕多少心力而兼妥當，朕甚欣幸，已諭他鄂爾多斯諸部落不必令人採買以備卿西路之構覓矣，特諭卿聞而喜也。

〔197〕雍正帝頒給準噶爾台吉噶爾丹策零敕書（雍正五年十二月）[1]-2883

奉天承運皇帝敕諭準噶爾台吉噶爾丹策零知悉。

奏爾父病故事朕知之甚為嘆惜，朕所歎惜者未能將諸事原委爾父在時理定停妥，故朕嘆惜，台吉爾今已知爾父負朕恩之過，特遣使者來，朕甚嘉之。言以爾父已卒故請派人往西地熬茶等語，目前在西藏地方噶隆阿爾布巴等已殺康濟鼐，頗羅鼐等為康濟鼐報仇，今已起兵相拒，如何辦理西藏事務朕尚未

〔註735〕《蒙古世系》表二十九作丹津多爾濟，父西第什哩。

定奪，故爾所請遣人熬茶與否之處暫不必降旨。爾奏書內言於西地熬茶興廣黃教，俾眾生安居樂業之處，伏乞明鑒等語。於朕即位元年爾父恭順奏請宥其庶罪，朕想是誠心故令確定地界，永至子孫和好相處等因回遣使臣二次，朕之誠意爾父理應感激欣然遵行，不知何意反而猜疑，未能遵行朕旨。

　　再羅卜藏丹津者乃青海和碩特中扎希巴圖魯〔註 736〕之子，無故於其骨肉中興師相戰，朕雖遣臣降旨制止，但羅卜藏丹津反負朕聖祖皇父寵恩，背朕恩來犯內疆，為守邊偏師擊敗，沒體面而逃，羅卜藏丹津者乃逃去之逋客，爾父應即拏獲解來，這纔為和好之道矣，仍匿留爾處，由此觀之可顯知前奏諸言不實，以前一是未明知羅卜藏丹津去爾處，二是羅卜藏丹津甚為昏虐，不忠不孝絲毫不是可信可惜之人，台吉爾父在時以爾父有些年紀了經過事之人，可用之養之，亦能管束，絕不為其所欺，並無懷疑之處，故朕未追索。羅卜藏丹津亦青海有體面之大人，今爾年少，爾等皆彼此不辨勝衰，羅卜藏丹津為不念恩惠，行妄氣勝之人，絕不在爾下平靜安分生活，必挑唆爾等，將變爾準噶爾一應好事皆為壞事，於爾身無大益，是故台吉爾欲誠心和好著將羅卜藏丹津送來，朕念其父扎希巴圖魯原効力之功，絕不誅之，仍予恩養。今台吉爾若遵朕旨送羅卜藏丹津來，照前諭爾父一切旨意虔誠遵行，始得知爾為黃教眾生之誠意，著台吉爾將利害是非輕重之處應詳察定意，先回遣使臣往台吉爾父所二次，但無濟於事徒勞往返，是故此次將敕書與爾使者特雷〔註 737〕持往，猶如遣使臣，為此特諭，以降敕禮賞各色緞二十疋。

〔198〕奏進唐古特文書摺（雍正五年〔註 738〕）[1]-2898

　　臣等遵旨將原未譯之唐古特文八項，交付內閣翻譯後看得，於雍正五年頗羅鼐先因阿爾布巴、隆布鼐等合夥殺死康濟鼐，由後藏親率兵丁欲為康濟鼐復仇進攻招地方，為此奏書一份，又為此事藏地方各頭目兵民奏書一份，阿里地方頭目兵民奏書一份，頗羅鼐又給眾大臣之呈文一份，頗羅鼐率兵攻招途次備辦馬料柴草之檄文底稿一份，又頗羅鼐、康濟鼐等先前相互來往文書三份，此等文書由西寧散秩大臣達鼐等接受轉奏時均翻譯寫入奏摺內具奏，後將扎拉阿〔註 739〕等派往西藏審辦阿爾布巴等殺康濟鼐一案具奏後，其應正

〔註 736〕《蒙古世系》表三十七作達什巴圖爾，顧實汗圖魯拜琥幼子，即第十子。
〔註 737〕《清代藏事輯要》頁一一二作特壘。
〔註 738〕此處為雍正五年，根據內容，可知此摺應為雍正六年以後之奏摺。
〔註 739〕《清代職官年表》部院大臣年表作都察院左都御查郎阿。

法及治罪之人俱已辦結，旨令封頗羅鼐為貝子，總理藏務。

〔199〕陝西西寧總兵周開捷奏接奉兵部劄付預備兵馬進藏緣由摺（雍正六年正月初四日）[2]-[11]-253

鎮守陝西西寧等處地方駐劄西寧府城副將管總兵官事加一級在任守制臣周開捷謹奏，為欽奉上諭事。

雍正伍年拾壹月貳拾捌日臣接蒙兵部劄付內開，雍正伍年拾壹月初柒日議政王大臣面奉上諭，跟隨前往章京，著查郎阿〔註740〕將伊所知之人揀選二員帶去，餘依議，欽此。相應行文直隸河南山西陝西四川雲南督撫提鎮，並西安將軍及駐劄西寧散秩大臣達鼐、戶部可也。為此合劄該鎮欽遵施行，計粘單一紙等因劄行到臣，欽此欽遵。現在整頓兵馬，備辦軍裝，俟欽差左都御史臣查郎阿到西寧時臣會同起身出口進藏外。欽惟我皇上天地為心，仁慈育物，撫視中外，恩同一體，今西藏頗羅鼐與阿爾布巴彼此帶兵相持，唐古特人民未免遭其苦累，是以上廑聖懷，欽命大臣遣調兵馬前往料理安頓，皇恩大矣，帝德難名，官弁兵丁素沐隆恩豢養，無不仰體聖心，踴躍爭先，派調恐後，更荷格外天恩，賞賜帑金置辦行裝，仰皇恩之至極，霈帝澤之汪淪，但聞歡呼震地，益加奮勇者也。臣自分庸愚，材識短淺，僅可供奔走之役，實難膺軍旅之寄，謬荷聖恩，畀以重任，聞命自天，悚栗無地，臣惟有殫心竭力，勉盡駑駘，以期上報國恩於萬一耳。所有接奉兵部劄付預備兵馬緣由，理合繕摺謹奏，伏祈皇鑒施行。

雍正陸年正月初肆日

硃批：覽，一切事聽岳鍾琪指示而行，不可自恃自專。

〔200〕散秩大臣兼副都統達鼐奏報康濟鼐被殺頗羅鼐走逃阿里克摺（雍正六年正月初八日）[1]-2926

散秩大臣副都統達鼐謹奏，為奏聞事。

本年正月初五日青海郡王盆蘇克旺扎爾〔註741〕派其差往西藏熬茶之名叫多布珠爾之人來至臣處，經問招地消息，據多布珠爾告稱，我等一行五人於去年六月二十五日自牧場起程，八月十六日抵達招地，達賴喇嘛、班禪額

〔註740〕《清代職官年表》部院大臣年表作都察院左都御查郎阿。
〔註741〕《蒙古世系》表三十七作朋素克旺札勒，顧實汗圖魯拜琥第六子多爾濟曾孫，父額爾克巴勒珠爾，祖策旺喇布坦。

爾德尼皆平安無事。據聞達賴喇嘛商上之物為康濟鼐所壟斷，賑濟招地貧民之商上財物全部揮霍，為此眾噶隆等合謀殺了康濟鼐，又以頗羅鼐與康濟鼐交好，遣兵誅殺，頗羅鼐逃往阿里克屬地等語。後頗羅鼐差人至江孜對其頭人曰我從阿里克地方領兵前來，十月初八日到達江孜城，須向本地人籌備三千兵糧及六千匹馬草等語，並張示與眾，招地人聞信隆布奈及扎魯鼐二子亦率兵三千向江孜迎頭堵截，十月十一日我等親睹其兵起程矣。我等於本月二十日自招地起程返回，十一月初三日到達哈喇烏蘇，因聞頗羅鼐已從阿里克分兩路出發，故駐哈喇烏蘇之達賴喇嘛商上所屬四百餘兵起程開赴騰格里諾爾。又問多布珠爾可否見到我赴藏大臣，招地人輿論如何，爾等返回途中是否遇見了他人，將爾所知咸俱道來。據多布珠爾告稱，京城之臣前往色拉廟〔註742〕朝拜時曾自遠處看見過，我等欲上前問大臣好，雖陳明我等係來熬茶之情，招地人仍阻止未准我等拜見。再因康濟鼐被殺之故招地人甚為恐懼，我等返回時恰遇大雪封山〔註743〕，天寒地凍，又是順大路而行，未見他人等語。除將來報消息之多布珠爾等送回牧場外，謹此奏聞。

　　雍正六年正月初八日

〔201〕雲南總督鄂爾泰奏報料理進藏官兵事宜並請敕部撥餉協濟摺（雍正六年正月初八日）[2]-[11]-296

　　雲南總督臣鄂爾泰謹奏，為報明料理進藏官兵事宜并請敕部撥餉協濟事。

　　竊照藏內波羅鼐〔註744〕帶兵來報殺死康濟鼐之讎，阿爾布巴等亦帶兵戰鬥相持，欽奉諭旨特派大臣前去安頓料理，雲南綠旗兵丁交臣酌量選派總兵官一員副將一員，此內或總兵或副將著留一員在叉木多駐劄，著一員領兵進藏，欽此欽遵。臣於雍正五年十二月二十一日接到兵部咨文即細查從前行過舊案，併咨商撫提二臣，茲准提臣郝玉麟赴省會同臣與撫臣朱綱併傳同司道等面相商酌，派定官兵，併將部咨內未經議及各項事宜逐一料理，相應分晰臚列為我皇上陳之。

　　一、部文開將雲南省綠旗兵派三千名，馬兵六百名步兵二千四百名，其四川雲南兩省共派兵七千名，此內揀選六千名進藏，令一千名駐防察木多，管轄此兵令周瑛於雲南所派總兵副將內酌量留一員管轄。此三省所派綠旗兵

丁二千名兵，派副將一員，一千名兵或叅將或遊擊派一員，其守備千把等官令督撫提鎮等配合派出等語。今謹遵照部文滇省派開化鎮總兵一員南天祥，劍川協副將一員李宗膺，武定營叅將一員魏驤國，遊擊二員臣標遊擊朱廷柱，提標遊擊洪揚，守備三員，順雲營守備魏傑，開化鎮守備楊顯珍，永北鎮守備鄭文煥。併於派兵各標鎮協內酌撥千總八員把總八員，以上各官照從前進藏事例，總兵一員跟役二十四名，副將一員跟役十六名，叅將一員跟役十名，遊擊二員跟役各八名，守備三員跟役各六名，千總把總每員跟役三名，馬二步八兵丁三千名，以上官兵跟役三千一百五十六員名。

一、部文開總兵官一員賞銀三千兩，副將一員賞銀一千兩，叅將一員賞銀五百兩，遊擊一員賞銀四百兩，守備一員賞銀三百兩，千總一員賞銀二百兩，把總一員賞銀一百六十兩，馬兵每名賞銀二十兩，步兵每名賞銀十六兩等語。今遵照部文總兵官一員賞銀三千兩，副將一員賞銀一千兩，叅將一員賞銀五百兩，遊擊二員每員賞銀四百兩，守備三員每員賞銀三百兩，千總八員每員賞銀二百兩，把總八員每員賞銀一百六十兩，兵丁三千名內馬兵六百名每名賞銀二十兩，步兵二千四百名每名賞銀十六兩，共該賞銀五萬九千四百八十兩。

一、部文開往藏官兵起程前往時令裹帶兩個月食物，其六個月食物每月折給銀四兩，再運送四個月口糧，此輓運米石需用之騾已經奉旨令陝西省買騾三千河南省買騾三千山西省買騾三千，毋庸另議。雲南四川兵丁已令裹帶兩個月食物，其折給六個月食物銀兩令各省折給，其接濟運送四個月口糧令巡撫憲德總督岳鍾琪無論米麵量其易得不致遲悞運至接濟等語。今查運往四個月口糧既經部議令川省運至接濟，是雲南官兵四個月口糧應遵照部文毋庸雲南再運。至裹帶兩個月口糧應於雲南起程時裹帶前往，今議官兵跟役三千一百五十六員名應支口糧，於鶴慶劍川二倉裹帶十日，中甸裹帶十日，阿墩子裹帶四十日。又每月折給銀四兩六個月折給銀二十四兩，共該折給銀七萬五千七百四十四兩，應令總理糧餉官於劍庫發給，隨營支放之員帶鮮，隨軍取領放給。但部文內未議有鹽菜一項，查從前大兵進藏已有成例給與官兵鹽菜，今次進藏事同一例，應照例議給，總兵一員日支鹽菜銀五錢，副將一員日支鹽菜銀二錢四分，叅將一員遊擊二員日支鹽菜銀一錢四分，守備三員千總八員日各支銀八分，把總八員日各支銀四分，兵丁三千名日各支銀三分，官兵共三千二十四員名日共應支鹽菜銀九十二兩三錢六分，合一年計算共該鹽菜銀三萬三千二百四十九兩六錢，今議於劍川庫支帶兩個月銀五千五百四十一兩六錢，隨軍運散十個月

銀二萬七千七百八兩。

一、部文開三省派出官員乘騎馬匹外，馬兵連本身乘騎馬匹每二名合給馬五匹，步兵每二名合給馬三匹，撫標兵五百名並不進藏，只於中途安站，應每名各給馱馬一匹，此撥給馬匹陝西雲南省額設馬匹儘可足用，應照數撥給。其撥給空缺每匹各給銀八兩，動用正項錢糧買補等語。今查撥給馱馬空缺每匹各給銀八兩係川省買補營馬之例，滇省買補營馬歷來定額每匹二十一兩八錢，即從前進藏兵丁馱載亦摘調營馬撥給，每匹發銀一十五兩買補奏銷准覆在案，今次徃藏兵丁摘給馱馬若照川省每匹八兩買補實屬不敷，似應照滇例每匹給買補銀一十五兩。進藏兵丁三千名其需馱馬四千五百匹共該銀六萬七千五百兩，并請一面摘調一面發銀買補，庶營馬無短缺之虞。其摘調馱載營馬照例每匹每日沿途給與餵養草料銀三分，觧送劍川交明總理之員發給兵丁馱載前進。

一、部文開因安頓料理西藏事務派大臣帶兵前徃，申報事件徃來齎送咨文不可不安設驛站，相應自京城起以至西寧沿邊安設腰站，此所安驛站令直隸山西陝西總督巡撫等委派各標千把管理站務馳送來徃咨報事件，自西寧以至木魯烏素令西海人等一同綠旗兵坐臺，自木魯烏素起以至藏內令玉書囊書地方人等同陝西派出八千兵內兼派坐臺之處，令總督岳鍾琪散秩大人達鼐商量辦理等語。今查安設臺站自察木多至藏坐臺之處應於川滇共派兵七千名內俟會兵時聽川滇領兵官酌量公同安設，至雲南省城至阿喜口〔註745〕從前事例添設驛站，自安寧起至塔城止共二十一站，遞送緊急公文，今自安寧至劍川十六站應照舊安設，麗江屬之石皷、茨科、巨甸、塔城四站從前進藏之時係經由此路行走，今可以不由此路，徑由劍川遞至九河站，由九河站遞至阿喜江口，令阿喜坐臺兵丁接遞，則由安寧至九河只應照舊安設一十七站，每站馬六匹馬夫三名共馬一百零二匹馬夫五十一名，應支工食料草仍照本省現在驛站之例支給，年共需銀三千六百三十五兩零，查前裁站馬匹已經題明令管站各官自行領回，今次照舊安設，驛馬仍令各官捐設，毋庸請動錢糧。自阿喜至察木多一路應照提臣出征察木多事例安設四十二臺，併安遊擊千把管理，今委永順鎮遊擊一員李世祿總理臺站，酌派管臺千總二員把總三員，每臺兵丁十名內馬一步九，兵共四百二十名，又遊擊跟役八名千把總跟役各三名共官兵跟役四百四十九員名。至官兵跟役應支口糧仍照前次安臺事例半本半折支給，此項坐臺官兵起程時於劍川中甸阿墩子各倉酌量安設之遠近裹帶口糧，俟到臺之日照半本半折

〔註745〕即阿喜渡口，在今雲南省玉龍縣龍蟠鄉興文村。

支給，其本色口糧令支放官陸續輓運接濟。折給六個月銀兩每員名每月四兩，六個月共折銀二十四兩，坐臺官兵跟役四百四十九員名共銀一萬七百七十六兩，令交管臺之千總支領到臺收貯按月搭放兵丁。又從前安臺官兵例有鹽菜銀兩，遊擊一員日支鹽菜銀一錢四分，千總二員日各支鹽菜銀八分，把總三員日各支鹽菜銀四分，兵丁四百二十名每名日支鹽菜銀三分，官兵日共支銀一十三兩二分，一年計算共應給鹽菜銀四千六百八十七兩二錢，請照例支給安臺各兵。既經部議每名各給駄馬一匹，臺兵四百二十名共應給駄馬四百二十匹，應請照此番進藏兵丁事例於各營馬內抽調，每匹給銀一十五兩買補，共銀六千三百兩。又臺站官兵雖與進藏兵丁有間，但効力口外亦應量行賞給以資行裝，今查照賞給進藏官兵之例減半賞給，遊擊賞銀二百兩千總二員各賞銀一百兩把總三員各賞銀八十兩，馬兵每名賞銀十兩步兵每名賞銀八兩，共該賞銀四千八十四兩，如此各官兵均得有所資藉，自必奮勇報効共戴皇恩於無暨矣。

一、查提臣帶兵往察，除撥官兵安臺外，每臺安設烏喇夫二名，每月給工食銀一兩五錢，幫安臺站遞送公文，又備應烏喇馬匹遇有緊急軍務乘騎，每馬每站給腳銀一錢五分，今次派撥官兵安臺應仍照前例每臺僱備烏喇夫馬在臺伺候應付，每臺先發銀二十兩，自阿喜至察木多安設四十二臺共給銀八百四十兩，交管臺千把收貯支給造冊報銷，如有不敷仍於各支放官處請領。

一、從前進藏兵丁一千五百名駄炮馬八十匹，係摘營馬撥給，今次進藏每兵一千名帶炮十位共三十位，每位向用駄馬四匹共馬一百二十匹，照摘營馬給駄前進，其摘缺之馬每匹發價十五兩買補共該銀一千八百兩。

一、中甸以外進藏經過一帶地方俱係窮荒，不通漢語，必得土人為嚮導通事，庶便前往，而所過之地亦可彼此交易，故從前提臣駐劄察木多除領兵之外帶有麗江土守備二員土把總二員通事十名土兵二百名，并派中甸外委守備一員把總一員番兵五十名，此土官兵等鹽菜口糧折給與綠旗官兵一例支給，今次往藏官兵亦應照例派麗江土守備一員土千把各一員跟役各二名鄉兵二百名，內通事十名，中甸委土守備一員土千把各一員跟役各二名番兵五十名以為嚮導通事。但土弁兵等一切盔甲鑼鍋帳房安家什物等項俱需置辦，且効力出口伊等更多勤勞，應請與進藏綠旗官兵一體賞給，土守備二員各賞銀三百兩，土千總二員各賞銀二百兩，土把總二員各賞銀一百六十兩，共該銀一千三百二十兩，通事土兵番兵共二百五十名每名賞銀十六兩，共該銀四千兩。以上土官兵共該賞銀五千三百二十兩，以作該弁兵等製備行裝各項。其應給兩個月裏帶口

糧於麗江倉支十日，中甸倉支十日，阿墩子倉支四十日。又每名折給六個月口糧銀二十四兩，官兵跟役二百六十八員名共該折給銀六千四百三十二兩，又土守備二員日各支鹽菜銀八分千總二員日各支銀八分把總二員日各支銀四分，通事兵丁二百五十名每名日支鹽菜銀三分，官兵日共該銀七兩九錢，以一年計算該鹽菜銀二千八百四十四兩。又每土兵五名照舊例折給馱馬二匹該馬一百匹，亦於各營摘調，每匹給買補銀一十五兩共銀一千五百兩，以上應派土官兵等共該銀一萬六千九十六兩。

一、查前項土官兵共二百六十八員名，係綠旗官兵三千餘員名之外派為嚮導通事，其所需四個月口糧川撫臣無從籌及，應以一年計算，除折給六個月并起程時沿途裹帶兩個月外，尚該運送四個月口糧，應滇省預備，令管理收支官查照彼地米麵量其易得採買接濟，如或大兵雲集一時難于採買辦足，即於預備運貯察木多米內運送接濟。

一、進藏官兵應先期赴劍川中甸一路駐劄等候川信會同進兵，此等候之期亦應支給口糧，且安臺護糧解餉官兵口糧均需支放，除鶴慶劍川存倉米石儘足供支外，其中甸阿墩子察木多等處均需運糧預備，現已行令將鶴慶府倉米五千石劍川州倉米三千石運至中甸，內轉運阿墩子四千石，再於中甸徑運察木多米一千石，于阿墩子轉運察木多米一千石以資接濟。又從前滇省支剩交胡圖克兔米一千三百餘石，今察木多既議駐劄官兵，此項米石自應支給，但存貯日久恐有霉爛未敢指定全數，應俟官兵到察驗看可用數目派定駐察滇兵口糧。

一、運米腳價計算，運至察木多每石約需銀十五六兩，是運米支給與折給價值不相懸殊，察鶴劍運米至中甸每一石向例需腳價一兩九錢，今節省五錢，運米八千石應給腳價銀一萬一千二百兩，飭令鶴慶府劍川州領銀速運。又自中甸至阿墩子向例春冬每米一石腳價銀一兩八錢，今運米四千石共該腳價銀七千二百兩。又前出征案內自中甸徑運察木多米一千石每石腳價十四五六兩不等，今核定每石腳價十四兩，運米一千石該腳價銀一萬四千兩。今中甸官雇運，自阿墩子轉運察木多米一千石從前每石腳價十二兩至十四兩不等，今核定每石給腳價銀十二兩，共該運腳銀一萬二千兩，飭令管理阿墩子官雇運，共米八千石該腳價銀四萬四百兩。

一、官兵進藏一切折給口糧鹽菜銀兩均需隨軍押解支放，非強幹諳練之員不能調劑，今委議敘副使道開化府知府丁棟成隨軍進藏管理支放，料理一切軍需事務，并委楚雄縣知縣李文炯隨軍押餉，協理支放。又駐劄察木多兵一千名

雖未定盡派滇兵，然於雲南派徃總兵副將內酌留一員管轄，亦應派文職一員在察木多管理收支駐察官兵糧餉，今派阿迷州知州毛振翱前徃料理。查進藏文員並無騎馱馬匹支領鹽菜額例，所有備辦行裝什物馱馬以及盤費犒勞等項從前皆係各官捐幫，併於俸工捐補，今各官養廉已有成規，無力捐幫，而俸工又奉文停捐，此項進藏文員自應酌量賞給，知府銀二千兩知州知縣二員各一千二百兩，以便置備行裝馬匹等項。出口盤費仍照從前之例每月各給銀五十兩，約計一年每員該銀六百兩，三員賞給盤費共銀六千二百兩，於滇省歸公備用銀內發給。又從前進藏文員例給跟役口糧，知府跟役十名知州知縣各跟役七名共官役二十七員名，應照官兵一例折給裹帶，除於劍川中甸阿墩子三倉支領裹帶兩個月外，折給六個月，每員名月折銀四兩共折銀六百四十八兩，照例作正開銷。

一、查從前護餉官兵遊擊一員守備一員千總二員把總四員兵丁三百名給與盤費等銀均入捐項，今無俸工抵補，亦應同進藏官兵一例動正項錢糧賞給置備。已議委知縣一員押運隨大兵進藏，其護餉官兵毋庸多派，議委臣標援剿右協遊擊一員汪仁，并酌派千總一員把總二員，兵丁馬二步八共二百名，應請照奉旨賞給進藏官兵置備富足之例一視同仁，遊擊一員賞銀四百兩，千總一員賞銀二百兩，把總各賞銀一百六十兩，馬兵四十名每名賞銀二十兩，步兵一百六十名每名賞銀十六兩，官兵共賞銀四千二百八十兩。其官兵跟役鹽菜口糧等項亦應照進藏官兵一體支給，遊擊一員跟役八名，千總一員把總二員各跟役三名，兵丁二百名，共官兵跟役二百二十一員名，所需口糧除於劍川裹帶十日，中甸裹帶十日，阿墩子裹帶四十日，又每員名每月折給銀四兩，六個月該銀二十四兩，官兵二百二十一員名該折給銀五千三百四兩，回日於有米處實支。又遊擊一員日支鹽菜銀一錢四分，千總一員日支鹽菜銀八分，把總二員日各支鹽菜銀四分，兵丁二百名每名日支鹽菜銀三分，官兵日共該銀六兩三錢，以一年計筭共該銀二千二百六十八兩。至軍需馱馬一項照從前進藏事例遊擊一員給馱馬六匹，千總一員把總二員各給馱馬三匹，兵丁二百名每二名給馱馬三匹共馬三百匹，通共馬三百一十五匹，每匹應給買補銀十五兩，共銀四千七百二十五兩，以上共銀一萬六千五百七十七兩。

一、從前進藏押餉及支放各官僱募通事十名，今議知府知州知縣每員僱募通事二名，護餉進藏武職僱募通事二名，共八名，內留察木多二名進藏六名，照鮮餉進藏兵丁例二名給馬三匹該馬十二匹，每匹十五兩該銀一百八十兩，每名日給鹽菜銀三分八名日該銀二錢四分，以一年計筭該銀八十六兩四錢。每名

日給口糧米八合三勺，照例裹帶兩個月，折給六個月銀二十四兩，八名共該銀一百九十二兩，又每名照漢兵例賞銀十六兩八名共該銀一百二十八兩，以上共銀五百九十六兩四錢。

一、每駄馬一匹例給鞍架銀五錢，察木多案內已作正報銷，今共駄馬五千四百六十七匹共該鞍架銀二千七百三十三兩五錢。

一、滇省進藏路途遙遠水草艱難，從前進藏兵丁騎駄馬匹原最易倒斃，因無動正項買補之例故不得不於軍前借支買補以資騎駄，至提臣駐劄察木多案內騎馬間有倒斃准其買補，而駄馬報倒並不准動正項買補。伏思進藏各兵騎駄馬匹均難缺少，若一經倒斃而不准其動項買補，則兵丁難免徒步背負之苦，今借支已奉文停止，又無別項可以接濟，應請無論騎駄馬匹一有倒斃即具報軍前該管官弁，驗明移知經管支放官於隨軍預備銀兩動給買補，作正報銷，均照抽調營馬之例每匹給銀十五兩隨倒隨買，庶無遲悞。其倒斃買補日期應令領兵總兵副將查實加結通報，併行軍前支放官按月彙冊報銷，倘各兵任意冒濫，以無報有以少報多，領兵官查出從重治罪，如領兵官扶同作獘一經發覺一併嚴加究治。

一、騎駄馬匹在內地餵養每日例給草料銀三分，出口無支給草料之例，但出口馬匹行走自應不支草料，今次兵丁先到劍川中甸一路駐劄，等候川信起程，則馬匹必須餵養膃肥以備前進，查劍川係內地，每馬每日支給銀三分，自中甸前往一帶俱係口外地方，草料騰貴，應請加倍支銀六分，俟官兵到察木多駐劄之時應令收支官查照川陝給與餵養之例畫一遵行。

一、查從前進藏及駐劄察木多兩案領兵都統提督并押運糧餉經管支放官備給賞號烟茶布疋等物，動用銀兩俱係以俸工捐補，今俸工奉文停捐，而此次領兵徃藏及駐劄察木多總兵副將，併收放府州押運藏地錢糧官沿途需用賞號乃必不可少之費，亦應於歸公備用銀內酌派備辦應用。

一、雲南兵三千名徃藏，查迤西各鎮協營官兵起程所有應給錢糧，離省甚屬窵遠，驟難及時接濟，惟劍川乃適中之所，進藏官兵必由之路，應遴委大員駐劄總理兵馬糧餉事務，今議委永昌道賈擴基前徃劍川總理，併令附近之鶴慶府劍川州協同辦理收放。再中甸地處邊徼，番彝初服，今大兵進藏必須諳練文員一員收放軍需，應仍令原任劍川州丁憂知州楊正輔在彼管辦錢糧，併令外委守備千把巴烏那揭等查照從前酌定腳價僱募猓猓夫馬輓運軍糧。又阿墩子乃川滇交界之地，實屬進藏咽喉，收放錢糧僱運軍糈非練達文員不能濟事，查大

理府通判顧朝俊久駐其地，熟悉彝情，應仍委前往辦理，但顧朝俊已經陞任江西南昌府同知，相應懇祈聖恩准將顧朝俊留滇，俟本省同知缺酌量題補，此所委文員應給盤費，買擴基楊正輔顧朝俊各給銀一千二百兩，統於備公銀內酌量給發，顧朝俊應跟役七名通事二名，楊正輔應跟役七名倉夫六名所需口糧工食仍照例作正報銷。

一、阿喜渡口奔子欄渡口溜筒江共三處應修艙船隻雇備水手，溜筒繩索酥油及人役口糧鹽菜工食等項仍照往例作正開銷。

一、漢土官兵通事賞給銀兩，折給口糧鹽菜買補馱載馬匹并運糧腳價等項共需銀三十四萬八千九百有奇，且軍需浩繁，路途窵遠，設有緊急需用一時驟難接濟，今議發解察木多預備軍需銀五萬兩，發解進藏預備軍需銀一十萬兩。查自餉庫解銀到察木多每馬一匹馱銀一千兩，計需腳價一十五兩四錢，自劍庫運銀到藏每馬一匹馱銀一千兩馱馬一匹計需銀四十五兩。今次運察五萬兩隨軍運散銀一十二萬餘兩，又預備隨軍進藏銀一十萬兩，計共需腳價一萬七百餘兩。再劍庫為適中之地，一切糧餉接濟俱在於此，不可不預請運貯備用，今議劍庫預備銀十萬兩，通共應需銀六十萬八千九百餘兩。今查司庫估餉冊內應存庫銀六十四萬餘兩，因正署四司續收續放實存司庫銀四十七萬九千有零，即儘數撥發尚不敷用，況雲南邊省，若不預備數十萬兩，誠恐一時急需接濟無及，應請勅部行文附近之湖南湖北二省預撥銀五十萬兩，立限解滇備用，庶有裨益。

一、滇南遠處天末，界連外域，四面皆猓彝苗蠻，且新撫地方甚多，在在需兵彈壓，今次派出進藏兵三千名，臣當謹遵諭旨暫行招募添補三千名以供操防，俟大兵凱旋之日陸續開除仍符原額。

以上事關調撥官兵等項事宜及請撥餉銀要務，例應具本請旨，因值封印不敢違例擅開，又未便遲滯，合先摺奏，為此會同雲南撫臣朱綱提督臣郝玉麟合詞奏聞，伏乞聖主睿鑒，將摺諭令部臣先行酌議施行，臣等於開篆後另行具疏題明併揭送部院科道存案，合併聲明，臣謹奏。

雍正六年正月初八日

硃批：已交該部矣，岳鍾琪糧隨軍同行之議甚妥協，亦另有旨矣。

〔202〕雲南巡撫朱綱奏報與督臣等會商籌撥軍餉事宜摺（雍正六年正月初八日）[2]-[11]-300

雲南巡撫臣朱綱謹奏。

竊照奉撥滇兵進藏部文係於雍正五年十二月二十一日接到，正值封印之時，臣思軍務督臣專政，而運送糧餉乃臣之責任，斷不敢少有稽遲，隨與督臣逐款商酌，提臣郝玉麟亦於雍正六年正月初一日到省，臣於初四日同提臣偕至督臣署中，並帶署藩司劉業長等會同籌畫。督臣鄂爾泰分別緩急斟酌輕重主稿定議，臣與提臣郝玉麟亦皆所見相同，隨經督臣鄂爾泰聯名會奏恭請皇上睿裁，至開印之後臣仍應循例由臣衙門主稿與督臣會題請撥協餉以接濟軍需，現在藩司各衙門俱已遵照辦理不致有悞，合併奏明仰慰聖懷，至臣才識短淺伏乞皇上密示機宜庶臣得知所遵循，實為萬幸，臣謹奏。

雍正六年正月初八日臣朱綱。

硃批：所議甚周詳妥協，另有交部之旨。

〔203〕川陝總督岳鍾琪奏謝恩賜鹿尾等物摺（雍正六年正月十七日）[2]-[11]-337

陝西總督臣岳鍾琪謹奏，為恭謝天恩事。

雍正五年十二月三十日奉到欽賜臣鹿尾廣橙福橘，臣當即望闕叩頭謝恩祗領訖。伏念臣質本庸愚，仰承天寵洪恩疊沛，感激難名，茲又蒙我皇上天恩復加賞賚嘉饍肥美，分天廚錦帶之羹，果實甘香，來上苑琳瑯之色，飲和飽德，懷戴靡寧，鏤骨銘心感恩何極，臣惟有勉竭駑駘，益加砥礪，以仰報皇上高厚於萬一耳，臣謹繕摺恭謝天恩，伏乞睿鑒，為此謹奏。

雍正六年正月十七日具。

硃批：些許物亦皆各省大臣進獻者，當與內外諸卿共之，況卿更與諸大臣中朕不忍忘者，隨便寄念，何必過謝。

〔204〕川陝總督岳鍾琪奏報鑾儀使周瑛到陝養病與起程赴川日期摺（雍正六年正月十七日）[2]-[11]-339

陝西總督臣岳鍾琪謹奏，為奏聞事。

臣查備兵進藏一案奉旨帶領四川綠旗兵丁著派散秩大臣品級之鑾儀使周瑛，欽此。隨據周瑛於雍正五年十二月二十七日奉命到陝，因頭項適患瘡疾兼有肚腹洩瀉之病，難以前進，臣隨留住西安令其服藥調治，今瘡疾已經痊愈，即於雍正六年正月十一日自西安起程赴四川訖，所有周瑛到陝養病與起程赴川日期理合繕摺奏聞，伏乞皇上睿鑒，為此謹奏。

雍正六年正月十七日具。

硃批：覽，周瑛原不深知，近日多見數次，乃一詳慎小小人也，可用之材。

〔205〕川陝總督岳鍾琪奏報提臣馮允仲抵達西安日期及暫留緣由摺（雍正六年正月十七日）[2]-[11]-340

陝西總督臣岳鍾琪謹奏，為奏聞事。

竊臣於雍正五年九月內接准部咨，奉旨陝西西大通總兵員缺甚屬緊要，著湖廣提督馮允中署理，欽此，臣遵即轉行在案。今據提臣馮允中於雍正五年十二月十五日已抵西安，臣因各標營裁撥大通鎮標馬步兵丁，時值隆冬，天氣寒冷，難以搬移家口，須俟春和方可起程，則提臣亦可不必先往，是以將馮允中暫留西安，今當天氣漸暖臣一面檄催各標營將派定馬步兵丁速赴大通鎮收標駐劄，其提臣馮允中俟開印之後自西安起程前赴大通鎮署理，理合繕摺奏聞，伏乞皇上睿鑒，為此謹奏。

雍正六年正月十七日具。

硃批：是，卿原擬明歲若有行動，宋可進亦在其內，但陝省地方緊要，各提鎮中如宋可進信得及者少，朕意留他地方彈壓為是，卿可再斟酌。再岳含琦亦在開單內，可以不必，其他朕皆調近便地方以備調遣矣。再內中有雲貴二三員朕未用，雲南初定地方甚多，必需數員可用之人以備之，如有不敷用處卿可再想，若他省中有可用之人，隨得隨奏，朕發旨以便預備之。

〔206〕川陝總督岳鍾琪奏請委員採買西路兵丁所需駝隻牛羊摺（雍正六年正月十七日）[2]-[11]-341

陝西總督臣岳鍾琪謹奏，為回奏請旨事。

雍正六年正月十五日臣奉到硃批諭旨，北路駱駝馬牛羊今歲丹津多爾濟王〔註746〕來朝，見他竟將六萬餘駝數十萬馬牛羊一力擔荷，為朕採買，一些力不費矣，而且價值甚平，真大奇之機會，省朕多少心力而兼妥當，朕甚欣幸，已諭他鄂爾多斯諸部落不必令人採買以備卿西路之需覓矣，特諭卿聞而喜也，欽此。臣跪讀聖諭可勝歡忭，仰見皇仁廣被，薄海內外無不鼓舞輸誠。臣查採買牛羊駝隻甚費經營，今丹津多爾濟王一力擔荷，不惟上慰宸衷，抑且價平易辦，誠為大奇機會，師行協吉已兆於此矣。但臣查西路兵丁二萬二千名，車夫三千名併各官跟役一千名，共需馱馬三萬五千匹，馱運口糧共需

〔註746〕《蒙古世系》表二十九作丹津多爾濟，父西第什哩。

駱駝三萬九千隻，折給口糧共需牛三萬九千隻，羊二十三萬四千隻。前臣在京時又面奉諭旨，令進剿兵丁隨帶餘丁以供役使，今臣酌議每馬兵四名准帶餘丁一名，每步兵五名准帶餘丁一名，除沿途駐防兵丁二千名無庸隨帶餘丁外，統計馬兵一萬二千名步兵八千名共該帶餘丁四千六百名，其餘丁口糧應照兵丁一體給發，計算馱載米麵又需用駱駝六千九百隻，每名餘丁亦照進剿兵丁之例十日給羊一隻，計算三個月口糧共羊四萬一千四百隻，每羊六隻折牛一隻，計算三個月口糧共牛六千九百隻。其餘丁馱馬亦准每二名合給馱馬一匹，共馬二千三百四，統算進剿兵丁以及所帶餘丁共該馱馬三萬七千三百匹，駱駝四萬五千九百隻，牛四萬五千九百隻，羊二十七萬五千四百隻。臣查所需駝馬俱可於通省滿漢兵丁營馬內挑選摘給，如有不敷即於本省地方購買，自可足數。至於駱駝牛羊荷蒙皇上特頒諭旨令鄂爾多斯諸部落不必令人採買，以備臣西路之購覓，仰見睿慮周詳，無微不燭。但臣思委員採買必須熟悉情形之人方能辦理，今查陝省文武官員於北口外地方熟悉者甚少，倘辦理稍有未協於軍務錢糧均屬無益，臣再四思維，惟有仰懇聖恩特簡廉能熟諳之員將西路兵丁所需駱駝牛羊一併於鄂爾多斯及北口外等處照數採買齊備，於今歲秋間解赴甘肅收養，則事無遲悞而於軍機大有裨益矣，理合繕摺恭奏，伏乞睿鑒，為此謹奏請旨。

雍正六年正月十七日具。

硃批：朕原意西路之駝馬牛羊皆賴卿採辦，卿既如此奏，陝省委員採買人不敷用係實，若亦交與丹盡多爾濟王採買，兩路分送，事不機密，若另委京員採買實難得人，再四思維朕將可用謹慎蒙古滿洲大臣京堂內派二人，司官內揀選十數人發來，卿可再與本省文武屬員中選擇可以任事者派出共同料理，與事有濟，派來官員皆令卿調派，卿可量其人委派料理可也，朕亦即降旨，俟人到卿酌量辦理。

〔207〕散秩大臣兼副都統達鼐奏轉喀爾喀貝勒受賞謝恩摺（雍正六年正月二十日）[1]-3005

散秩大臣兼副都統臣達鼐謹奏，為奏聞事。

臣欽遵上諭，將甘肅巡撫齊至之賞給喀爾喀貝勒車木楚克納木扎爾〔註747〕

〔註747〕《蒙古世系》表二十九作車木楚克納木扎勒，達延汗巴圖蒙克後裔，父德濟布，祖多爾濟，土謝圖汗部。

等人一千兩銀子賞給伊等，並將皇上之旨傳諭之。而後車木楚克納木扎爾等跪言，我等去年離開牧場，沿途邊牧馬畜邊緩緩而行，趕在寒冷到達了西寧，蒙皇上明鑒，天已寒冬途路艱難，命我等於西寧地方過冬，茲又體恤我等乾糧不足賞銀千兩，仰荷如是重恩，我等除虔誠祈禱外何以為報，祈請將我等扎薩克率喇嘛台吉官員叩恩之情轉奏等語，言後叩頭謝恩，為此謹具奏聞。

雍正六年正月二十日

〔208〕散秩大臣兼副都統達鼐奏謝御賜福字及綢緞食物摺（雍正六年正月二十日）[1]-3006

散秩大臣兼副都統臣達鼐謹奏，為奏聞恭謝天恩事。

竊奴才差往齎送恭賀新年奏請聖主萬安一摺之人齎捧皇上手書福字，奏事匣子四個、龍緞寧綢皮、煺毛羊、橙子等果子於本年正月十五日乘驛至營，奴才跪奉祗領，當即望闕叩恩。嗣後仰賴御賜福字，凡欽命交付之事務求完成也，御賜食物分與隨奴才辦事之侍衛官員，俾得均沾恩惠。再賜給總兵官周凱捷〔註748〕之福字已交其本人外，為此叩謝天恩，謹具奏聞。

另奉硃批，著書爾之八字，周凱捷之八字奏來，欽此欽遵，具奏。

奴才達鼐我辛未年〔註749〕十月二十三日亥時生，三十八歲。

總兵官周凱捷，甲子年〔註750〕正月十二日子時生，四十五歲。

雍正六年正月二十日

〔209〕川陝總督岳鍾琪奏報動用軍需銀兩增買進藏輓運糧餉馱騾情形摺（雍正六年正月二十二日）[2]-[11]-379

陝西總督臣岳鍾琪謹奏，為奏聞事。

臣查安藏滿漢官兵所需米糧口糧應用騾頭輓運，於雍正五年十一月初三日欽奉諭旨，此次西藏輓運糧餉需馱騾著陝西河南山西三省各購買三千匹預備，於明年正月為始陸續解至西安交與總督岳鍾琪，聽其使用，務於二月內照數解足，欽此。業經兵部行文各該督撫臣欽遵採買在案，伏查輓運軍糧每騾一頭酌中馱載止可運送一百二十觔，庶能驅策長途不致疲乏，今通計陝甘兩省出師將備千把共一百二十九員，跟役四百四十六名，併綠旗馬步兵丁八千名，以

〔註748〕《甘肅通志》卷二十九頁十九作鎮守西寧臨鞏總兵官周開捷。
〔註749〕藏曆第十二饒迴金羊年辛未，康熙三十年。
〔註750〕藏曆第十一饒迴木鼠年甲子，康熙二十三年。

上將弁兵役共計八千五百七十五員名，支兩個月米兩個月麵共四個月，每人日支米八合三勺，每一日該米七十一石一斗七升二合五勺，共六十日應支米四千二百七十石三斗五升，每騾一頭該馱米九斗，約計一百二十勴，共需騾四千七百四十五頭。再每人日支炒麵一勴，每一日該炒麵八千五百七十五勴，共六十日應支炒麵五十一萬四千五百勴。每騾一頭馱麵一百二十勴，共需騾四千一百八十七頭，共運四個月米麵通計需騾九千零三十二頭，前臣約署議奏需騾九千頭，今照此計算馱運內不數騾三十二頭。又自奉旨著三省採買之後，復奉諭旨於西安駐防滿洲兵丁內派出跟隨左都御史臣查郎阿帶領進藏，經議政議派滿兵四百名，應派官九員管領，外加官兵跟役四百五十四名，統計滿洲官兵以及跟役共八百六十三員名，其應支口糧依照綠旗官兵之例米麵對支，每日該米七石一斗六升二合九勺，炒麵八百六十三勴，計六十日該米四百二十九石七斗七升四合，六十日該炒麵五萬一千七百八十勴，照前每馱一百二十勴合算共需騾九百零九頭，連前缺額騾三十二頭共不敷騾九百四十一頭。再查豫省陸續解到騾頭臣親加點驗，內有因中途患病疲瘦，以及口齒老嫩不勝馱運者當即驗明駁回，其晉省騾頭尚未解到，誠恐將來亦有駁回者，此項駁回騾頭若俟豫晉兩省另買補觧恐致遲悮，臣再四思維暫於軍需項內酌動銀兩委員於陝屬購買好騾一千二百頭，甘屬買好騾八百頭，共買騾二千頭，除補不敷額騾九百四十一頭外其餘剩騾一千零五十九頭留以預備代補豫晉兩省駁回疲病之數。再查陝省購買騾頭每騾一頭前酌發價值銀十二兩，今買騾既多為期亦迡，十二兩之價實有不足，臣於每騾又增價二兩，遵旨以十兩報銷之外，不敷銀四兩在於公費銀內支發。再代補豫晉兩省疲病騾頭統於收足之日將補過騾頭數目臣移咨督臣田文鏡撫臣石麟，令其將實在解收騾頭造冊報銷，駁回疲病騾頭變價還項，臣亦將陝甘二屬多買騾頭數目緣由另行具題報銷，今先將動用軍需增買騾頭情由理合繕摺奏聞，伏乞睿鑒，為此謹奏。

雍正六年正月二十三日具。

硃批：妥協之至，朕嘉悅覽之。

〔210〕川陝總督岳鍾琪奏謝硃批祝賀新春大禧摺（雍正六年二月初一日）[2]-[11]-441

陝西總督臣岳鍾琪謹奏，為恭謝天恩事。

雍正六年正月十五日奉到硃批諭旨，新春大禧，一切平安吉祥如意也，欽此，臣隨望闕叩頭謝恩訖。且臣於元旦之日仰瞻旭日光華，條風和暢，履端伊

始歲兆豐盈，慶五福以咸臨，利萬年而承澤，臣欣逢太平之世，恭霑雨露之恩，際此升恆仰承福蔭，茲蒙皇上洪慈嘔植溫語栽培，跪誦恩綸居家榮被，臣銘心刻骨感戴難名，惟有勉竭駑駘以仰報高厚於萬一耳，理合繕摺恭謝天恩，伏乞皇上睿鑒，為此謹奏。

雍正六年二月初一日具。

硃批：覽，卿奏謝知道了。

〔211〕川陝總督岳鍾琪奏請隨營輓運進藏官兵應需口糧摺（雍正六年二月初一日）[2]-[11]-442

陝西總督臣岳鍾琪謹奏，為敬陳利兵節費之末議恭請聖訓遵行事。

竊查川陝滿漢官兵前往西藏料理事宜，其應支本色口糧仰蒙睿慮周詳，於河南山西陝西三省動給庫銀購買騾頭隨軍輓運，業經欽遵在案。臣思糧運遠出必需人夫捧送，而人夫之口糧僱價以及兵行遲速糧餉之支給果否及時皆當逐一計議，庶不致糜費錢糧而於軍行有益。今臣合計陝省出師滿漢兵丁八千四百名，併各官弁跟隨人役統需四個月本色口糧，共應用駄騾九千九百四十一頭，約計兵役一名之口糧即需一騾駄運，以一夫捧騾二頭計僱夫四千九百七十名，長途運送除僱價之外又勢必給與口糧，所給口糧又需駄運，駄運之項復用夫騾，輾轉遞加，費益繁重。且運送軍糧向係文職率夫管押，一遇官兵速進糧餉落後不前，兵與糧離，關係甚重。臣再三籌畫惟有隨軍帶運之法頗為妥便，查兵丁四個月口糧半米半麵約重一百二十觔，用騾一頭適敷駄運，若將此糧駄即交與該兵本人捧帶，亦無不可，第安營住宿以及早晚揭鞴裝卸如竟責之兵丁未免過勞，今酌以每騾十頭給夫一名，儘可管領揭鞴，是捧騾之夫已減十分之八，而僱價口糧之冗費亦可減省，且於兵糧更無遲悞。再官兵既眾，原非一營可以統駐，應分十營聯絡屯劄，臣將糧餉事務遴委道府各一員總理之外，再委州縣十員雜職十員即按十營兵丁數目，每營計官兵若干名需糧若干駄，將糧駄照數分派，令管糧之州縣雜職各一員即隨營行駐，照管支給，兵可衛糧糧可濟兵，既無撥兵護運之繁又免糧運不繼之慮，且分營支給井然不紊，而遇晚駐宿，糧運居中官兵環外，於軍行益加嚴密矣。但官兵遠出原因進征，若令捧領糧駄不無因此藉口，惟查各兵俱有駄馬，或遇對敵之時有戰有守並非人人迎敵，戰者前進守者劄營以待，則此糧駄與駄馬守營官兵均可照應，況又有夫役文員管領，與兵實無所累。前臣於康熙五十九年統領四川綠旗官兵進征西藏時因叉木多所運之糧不足滿漢官兵之用，是

以川省綠旗兵丁每名折給銀四兩以為兩個月口糧之需,臣即差員分給購買隨軍帶運,所以糧足兵強,遲速無悞。今請仍照從前臣帶運之法辦理似屬有益,至於騾夫口糧臣請另買犏牛馱運,再買羊隻搭配支給,其犏牛所運口糧於支完之日即將此牛照折羊之例算給各騾夫日支口食,在牛隻不致空驅,於口糧自無缺乏。至馱運騾頭雖經臣親驗挑收,加意餵養,自必臕壯,但恐塞外途遙,水草不一,馱運騾頭難免間有病乏,設或馱運不前欲將本騾所馱糧石勻載他騾,則此減彼增轉益加重,愈滋疲困之累,臣查官兵現有裏帶兩個月口糧之馱馬,每馬馱載不過七八十觔,況此口糧又係逐日支食,十日半月之後馬馱漸輕,若馱運騾頭設有病乏即將所馱之糧石分給各兵,是一騾所馱之糧散與眾兵馱馬帶運,更無偏重遺悞之虞,如兵丁馱馬行走日久亦有病乏,未免滋累。臣查進藏程途緩行約需三月有餘,兵丁裏帶之行糧兩月即可支完,此後即以騾馱之糧照例散給眾兵,一月口糧仍令其自行裏帶,倘兵丁馱馬或有病乏,其卸糧餘騾可以代用。總之兵糧合而為一,互相照應通融,庶軍務糧運均有裨益矣。但臣知識短淺是否有合機宜理合繕摺奏請,如果臣言可採,伏乞皇上特降諭旨勅行左都御史查郎阿西寧鎮臣周開捷鑾儀使臣周瑛,將所領陝川雲南滿漢官兵四個月本色口糧一例隨營帶領馱運,庶無益之冗費可省而於官兵行走實為利便矣,為此謹奏請旨。

雍正六年二月初一日具。

硃批:是當之極,已諭行矣,所奏進剿諄噶兒機宜朕嘉悅之,摺留中朕再加詳酌,若有所得亦諭卿來。

〔212〕鑾儀使周瑛奏謝恩命領兵進藏並賞賜銀物摺(雍正六年二月初六日)[2]-[11]-497

散秩大臣品級鑾儀使左都督世襲拜他喇布勒哈番帶餘功三次紀錄一次加一級仍降三級留任臣周瑛謹奏,為恭謝天恩事。

竊臣邊鄙庸愚至微至陋自弁員叨沐皇仁簡畀封疆重任,毫無報效,負罪恒多,蒙我聖主不加譴斥,特授鑾儀使,又命隨散秩大臣行走,疊沛殊恩,榮膺已極,今蒙命臣領兵進藏,賞給帑銀肆千兩,臣感激思奮,惟期竭盡駑駘,少圖萬一之報。又為臣子鴻鼎討差,荷蒙召見,特賜藍翎,更叨恩諭如天,臣心感仰無地。臣於恭請聖訓之日復荷聖恩,同諸王大臣一體賜膳,並頒賜多珍,臣跪領之下愈深感仰。但不識臣父祖何修,使臣得叨聖恩如斯之渥,臣惟凜遵天語,獎勵官兵,奠安西藏,以仰體我皇上澤遍遐荒,惠愛元元之至意。除將微臣抵川日期

繕摺另奏外，所有微臣感激下忱謹繕摺恭謝天恩，伏乞皇上睿鑒施行。

雍正陸年貳月初陸日

硃批：覽，奏謝知道了。

〔213〕鑾儀使周瑛奏報自京抵川日期摺（雍正六年二月初六日）[2]-[11]-498

散秩大臣品級鑾儀使左都督世襲拜他喇布勒哈番帶餘功三次紀錄一次加一級仍降三級留任臣周瑛謹奏，為恭報微臣抵川日期事。

竊臣欽奉恩旨領兵進藏，於雍正伍年拾貳月初壹日恭請訓旨，跪聆聖諭，於初叁日自京起程，於貳拾柒日至陝西西安府，與督臣岳鍾琪會商軍務，於雍正陸年貳月初肆日始抵四川成都府。其川省官兵軍裝馬匹糧運諸事先經督臣咨會撫臣憲德提臣黃廷桂預為料理，臣今現在行文三省領兵官弁，約會於青草發萌之時訂期統領起行出口。但臣叨沐皇仁至優至渥，一切機宜惟凜遵聖訓，鼓勵官兵，柔懷番部，務期寧謐西域以報我皇上如天之恩於萬一也。除俟帶兵起程之日另疏奏聞外，所有微臣抵川日期謹繕摺耑差家人張成齎奏上聞，伏乞皇上睿鑒施行。

雍正陸年貳月拾陸日

硃批：起程之日亦與岳鍾琪商酌而定。

〔214〕鑾儀使周瑛奏報延期抵川緣由並請賞賜官兵平安丸藥摺（雍正六年二月初六日）[2]-[11]-499

散秩大臣品級鑾儀使左都督世襲拜他喇布勒哈番帶餘功三次紀錄一次加一級仍降三級留任臣周瑛謹奏，為奏明事。

竊臣欽遵聖訓於雍正伍年拾貳月初叁日自京起程，拾叁日至山西平定州地方，於腦頭後忽起一瘡顆，因沿途醫藥下便，又為煤烟所觸，漸成蜂窠之狀，腫痛難禁，至平陽府地方日加沉重，始倩轎於貳拾柒日抬至西安府，督臣岳鍾琪撫臣西林見臣瘡毒甚重，督臣在陝就御醫劉裕鐸胗視用藥（硃批：岳鍾琪曾奏聞過），並延外科調理瘡口，至雍正陸年正月初玖日始淨去膿毒，漸次生肌。臣因軍務重大，即於拾壹日自西安起程，督臣仍著外科隨行敷治，於貳拾貳日至四川廣元縣地方始獲肌滿，平復如舊，是以就延多日，於貳月初肆日始抵四川成都府（硃批：深慰朕懷，日期尚速，何不多調理些時，再來川省也），理合據實奏明。竊臣更有請者臣前次領兵駐藏時荷蒙恩賜平安

丸藥，官兵人等遇有寒暑之侵服之靡不神效（硃批：平安丸原好，甚效，應付用者），今臣領兵出口更祈皇上聖慈賞賜數千顆俾臣分給各領兵官弁備濟軍旅，實為有益，臣荷聖恩深重瑣瑣冒陳，伏乞皇上睿鑒施行。

　　雍正陸年貳月初陸日

　　硃批：覽。

〔215〕雲南總督鄂爾泰奏覆遵旨辦妥調兵進取西藏事宜摺（雍正六年二月初十日）[2]-[11]-545

　　雲南總督臣鄂爾泰謹奏，為遵奉訓諭事。

　　雍正五年十二月二十一日接准兵部派兵咨文，臣隨將各項事宜逐一料理，分晰臚列，於雍正六年正月初八日摺奏在案。茲於正月十九日齎到臣十一月摺，荷蒙硃批，西藏又出一可趁之機矣，所以言凡天下事不可預料，只可隨時相機辦理耳，西藏、諢噶兒之事比不得安南、鄂洛素海外諸國，四十八旗、西海、哈爾喀等眾蒙古人心係焉，雖在數千里之外而實為肘掖之患，諢噶兒事一日不靖，西藏事一日不妥，西藏料理不能妥協，眾蒙古心懷疑二，此二處實為國家隱憂，社稷生民憂戚係焉，所以聖祖明見事之始末利害，立意滅取諢噶兒，安定西藏者，聖知灼見，不得已必應舉者也。前西藏事一出，朕即欲述先志，乃初次之諭也，及後慮及挾喇嘛奔往諢噶兒，恐不萬全，故有暫安諢噶兒、唐古忒之心，以圖他日機宜，有二次止兵之諭。不料後藏婆羅鼐者為康濟鼐復仇，一面整兵討阿布巴，一面密遣人奏聞請兵問逆，目下兩人相拒矣，若如此，則挾喇嘛之生路已阻，而師出有名，乃上蒼所賜之機宜也，所以又有三次復備兵之旨。策妄阿喇布坦已故，其子噶爾丹策淩使人來奏聞，來意雖恭順，而辭氣甚傲慢無禮，大概定諭噶爾丹策淩之旨，錄來卿看，朕意已定。前者令岳鍾琪來詳細面商，借此上天所賜機會明歲定藏，唐古忒既勢分為二，人情不劃一，諢噶兒又現使人在此，未有一面構釁助西藏之理，亦趕不及，西藏事料易清楚矣。今擬向噶爾丹策淩索取羅卜藏丹盡，料必不與，己酉年〔註751〕命兩路整大兵勒取，相機聲罪致討，必滅此而後朝食，則我國家內外可望永遠安靜矣，此一大事，已備細籌畫，惟怡親王、岳鍾琪、張廷玉等數人知焉，其他廷臣皆未覺也，卿可密之。一切兵馬糧餉屯守進取之策，已籌畫萬全，總仰賴上蒼照鑒，聖祖慈佑，此舉雖不敢言操必勝，大概可保萬全無虞，其中必舉之情，萬

〔註751〕藏曆第十二饒迥土雞年己酉，雍正七年。

不可因循之勢，不勝書論，料卿自能體會也。總之此一部落所關甚鉅，若言不能取，因循時日，再令伊從容將伊後邊一帶敵國哈斯哈克、圖兒虎爾諸國漸次收服，再添羽翼，若一向我，恐眾蒙古情形未必能如今日矣，急當早圖者。若言彼何能為，取之甚易，又何故姑容，養此大患也，若言師出無名，告天對人者不可勝數，況聖祖未了之志，朕元二年撤兵之意，令彼疑畏，必不敢動，待休養士卒，訓練精銳，錢糧充裕時務此大舉也。今幸上天慈恩，海內粗安，朕元年戶部只存一千七百餘萬錢糧，今五年冬至五千萬矣，皆上蒼賜佑，聖祖垂恩所致，定意動千萬錢糧料理此事，務令士將飽騰，歡欣踴躍，有機進取，否則平安旋凱，方舉此事也，預諭卿知。卿或有襄朕不逮處，明白奏聞，再當斟酌，前數次更改者，皆相機勢詳悉斟酌合宜而為者，如此事，非朕毫無定見，朝定暮改者也，卿自知之，偶書贅於諭後，欽此。又奉錄頒敕諭噶爾丹策淩一摺，欽此。臣跪讀之下，茅塞頓開，不勝踴躍，竊臣前所慮者，謂或機無可乘，自應時復少待，既恐前後藏之或一心，又虞諄噶兒之多異志，彼據一挾喇嘛之勢，以鼓惑眾番彝之愚，則事多掣肘，功難驟效，不若靜以觀其變，安以覘其危，然後一舉而定，此臣之所以瀆陳也。今婆羅鼐既操戈，策妄阿喇布坦又已身故，挾喇嘛之生路已阻，構釁助西藏之理又絕，唐古忒既勢分為二，羅卜藏丹盡復責之策淩，是誠上蒼賜佑之機，亦實聖祖未了之志，我皇上至誠達孝，籌劃萬全，為社稷生民休戚之計，圖國家內外永遠安靜之謀，明若列眉，洞如觀火，臣即愚昧，亦能料西藏事之易於清楚。迨西藏事既已清楚，則羅卜藏丹盡事又可以逆料，蓋因機識機，機在速密，臣敬讀聖諭必滅此而後朝食一語，心動神悚，無任激切。所有派調官兵，撥運糧餉各件，已悉照前摺辦理，並檄令各營俱限於三月二十五日赴劍川會齊，前進中甸，俟部文或川省文一到，即速進又木多會兵，料大兵到藏，不日即可成功，一切機勢，睿算無遺。臣再三細繹，實不能更贊一詞，但定藏功成，尤務須詳慎，一勞永逸之圖，端在此舉，在聖主遠略，原欲進藏以安唐古忒等，並各蒙古諸部落，非僅為阿爾布巴、羅卜藏丹盡計，倘總統諸臣不能仰體，但就事辦事，並不籌及將來，竊恐稍有粉飾，必致仍貽患害，況前西藏之役因料理未妥，故復煩此舉，又不敢不過慮。至於達賴喇嘛必應移駐，喇嘛之父亦應並移，此外藩之眼目，實諸事之樞紐，聖明洞燭，業已備極周詳，固無庸臣置議也。謹繕摺覆陳，伏乞聖主睿鑒訓示施行，臣爾泰謹奏。

　　雍正六年二月初十日

硃批：覽卿之奏矣，但雖如此立意，必待有機可動而舉，機者天意也，朕凡事問天，仰賴聖祖默佑指示，方敢行也，如近日婆羅鼐奏到之數字，發來卿看，西藏之兵可不用乎，此便上蒼使然者，朕諸凡不敢為天下先一句，一生得力，惟聽天命，奉天時耳，斷不敢自立主見也。

〔216〕散秩大臣兼副都統達鼐奏報勘察青海安息二路並於此安哨摺（雍正六年二月十一日）[1]-3074

散秩大臣副都統臣達鼐謹奏，為奏聞事

去年八月臣曾派二等侍衛博爾綽、藍翎席地等前往伊孫察罕祁老圖、巴爾呼圖等地勘察應否安哨，尋找線索。據博爾綽等返回稟告，我等查遍了伊孫察罕祁老圖、色爾縢席爾噶布拉克、厄魯河、新河等地，伊孫嶺另側有行路舊痕，無新踪跡，此伊孫察罕祁老圖、巴爾呼圖地方有通往青海、安息〔註752〕之二條路，若在兩者之間安哨則兩路可望，西安兵巡察時曾立木為記等語。查得茲大軍進藏時理應固疆增設哨所，唯此等地方無新踪跡，且靠近安息，距現設之德布特爾〔註753〕卡倫不甚遠，加之臣又將領兵前往索羅木等地駐防以壯聲勢，如果新增哨卡勢必耗費錢糧，故宜由德布特爾卡倫官兵酌情分撥瞭望通往青海之路，此情除咨照安息總兵官潘之善〔註754〕外，為此謹具奏聞。

雍正六年二月十一日

硃批：是。

〔217〕散秩大臣兼副都統達鼐奏報噶隆隆布鼐將頗羅鼐趕往阿里克摺（雍正六年二月二十日）[1]-3086

散秩大臣兼副都統臣達鼐謹奏，為奏聞事。

本年二月十八日青海扎薩克鎮國公拉察布〔註755〕派兵〔註756〕赴西藏熬

〔註752〕安息為安西之誤，安西即今甘肅省瓜州縣。
〔註753〕《欽定西域同文志》卷十四頁二十五載，得布特爾，蒙古語謂水草肥美之地，今青海省格爾木市烏圖美仁鄉一帶。
〔註754〕《甘肅通志》卷二十九頁十九作鎮守安西總兵官潘之善。安息為安西之誤，安西即今甘肅省瓜州縣。
〔註755〕《蒙古世系》表三十九作喇察布，顧實汗圖魯拜琥第五子伊勒都齊曾孫，其父墨爾根諾顏，祖博碩克濟農。
〔註756〕此處翻譯不確，此次阿爾布巴之亂，青海蒙古未派兵入藏，應為派人。

茶之名叫巴爾岱者來至臣處，經問巴爾岱招地消息，據其告稱，我等六人於去年六月自我牧場起程，九月十三日到達招地，向達賴喇嘛呈獻伯勒克等物，博士〔註757〕上一日自藏地起程前往扎什倫布寺，中途遇見噶隆隆布鼐率千人向招地而來，遂問其緣，據伊等告稱我等去討伐頗羅鼐，於江孜城外與頗羅鼐遭遇，兵刃之下頗羅鼐向阿里克方向敗逃而去，我等遂班師返回矣等語。我等於十一月初一日到達扎什倫布寺，向班禪額爾德尼進獻了伯勒克等物，在彼逗留期間聽當地人言頗羅鼐被噶隆隆布鼐打敗前往阿里克地方，頗羅鼐將再整兵馬返回復仇等語。我等自扎什倫布寺起程，十五日到達江孜城，遇見頗羅鼐屬下一名叫盆蘇克特列〔註758〕之人，遂問其情，據伊言曰康濟鼐乃聖主冊封之貝子，誠屬作亂唯皇上方能問斬，噶隆等合謀擅自殺之，又出兵征伐我等，此仇我頗羅鼐台吉至死將報，其先令我領上百人來取江孜城，隨後頗羅鼐即親率兵馬前來等語。我等十八日抵達納卡爾查〔註759〕時又遇噶隆領兵五百餘向江孜城而去，隆布鼐問我等，據聞頗羅鼐又派上百人前往江孜城，爾等見否，我等答曰已見頗羅鼐上百人抵達江孜城，隆布鼐遂領兵前奔，我等往這邊動身，二十三日回到招地。而後向噶隆阿爾布巴稟告我等事已辦完欲意返回，阿爾布巴言曰爾等暫在此處等等，將我等留下，十二月初二日我等房主第巴達馬林告訴我等，我兄蘇爾肯第巴與貢乃第巴曾領兵五百前往卡魯拉庫圖勒〔註760〕駐哨，適據該卡倫返回之十餘人來告，頗羅鼐領兵突至卡倫，將兩第巴抓走，我等兵丁被殺的殺抓的抓，只我等十餘人得以逃脫，想來我兄豈能活命等語，言之傷心落淚。臣又問巴爾岱見到京城之臣乎，爾等久居招地，頗羅鼐、隆布鼐雙方誰勝誰敗可聞信乎。再康濟鼐屬下之厄魯特人現在何處，爾等何時自招地返回，沿途遇見何人乎，此外凡所知所聞俱如實稟告。據巴爾岱告稱，我等住招之時曾去拜見大臣問好，大臣會見我等，請我等用茶，並無何言。據招地人言頗羅鼐、隆布鼐彼此攻伐，未聞誰之勝負，康濟鼐屬下之厄魯特據說有投奔頗羅鼐者，達賴剌嘛之阿木索諾木達爾扎收留者亦有，十二月十八日我等謂噶隆阿爾布巴曰，我等來時是自西寧大臣處領票而來，若將我等阻留過久，回去

〔註757〕原文如此，疑誤。
〔註758〕《頗羅鼐傳》頁二七五載薩噶首領烏珍洛雲，疑即此人。
〔註759〕《欽定理藩院則例》（道光）卷六十二作納倉宗，今西藏申扎縣一帶地區。清代檔案文獻常作納克產。
〔註760〕原文作卡魯拉、庫圖勒，誤作兩地，庫圖勒蒙古語坡陀也，故改正之，第一七七號文檔作喀魯拉嶺。

時此票文將如何交付，此後於二十四日阿爾布巴放我等自招地起程，途中遇見達賴喇嘛遣往索羅木之勘布九人返回，此外未見他人等語，故此臣除將來報消息之巴爾岱遣回牧場外，為此謹具奏聞。

雍正六年二月二十日

〔218〕川陝總督岳鍾琪奏請賞給運送進藏官兵糧餉人員盤費摺（雍正六年二月十三日）[2]-[11]-565

陝西總督臣岳鍾琪謹奏，為請旨事。

竊照運送進藏官兵糧餉必須遴委大小文員管押支放方無遲悞，查川陝兩省應解軍糧除川省派撥人員臣已咨商川撫臣憲德酌量委用外，其陝甘應用押運官員臣亦會同陝甘撫臣於各該省現任管內酌派道府二員州縣十員佐貳雜職共十員，檄令前赴西寧聽候派委押運。此等官員雖本任內給有養廉公費，今既委運軍糧進藏則各該員印務仍須另行委員署理，所有公費等銀又不得不分給署事之員以資辦理地方公事，況伊等運送軍糧長途資斧需費甚繁，馱騎跟役一切行裝起程之日便須製備，約計徃返所需即將伊等應得養廉全行支給亦不敷用，且任所家口尚資養贍，查從前陝省委辦軍務運糧人員所給盤費或在軍需項下浮冒報銷者，或任其那移庫項者，是以致有虧空不清之獘，今次軍需臣仰遵聖訓俱各據實報銷，現在派委之員務令署官查明倉庫交代清楚，出結之後方准前赴軍前候委管運，既無浮冒開銷又不使那用分毫庫貯，徃返盤費實無所出，且佐雜微員原未議給養廉，今差遣行走更屬艱難。臣查前川撫臣王景灝將雍正四年分口外運送糧餉併委辦一切軍需人員口糧盤費以及應需雜項歷年不入正項報銷者，以奉有俞旨軍需奏請宜照實數不可浮冒，雜費果有應用者題明賞給，欽遵在案，是以造冊移咨前撫臣法敏具題，部議令臣行查，俟查明確實具題報銷外。仰見我皇上軫念軍需不無繁費，特沛洪恩著將果有應用者題明賞給，使軍需錢糧俱得實支實報，一例開銷，不惟可杜浮冒之端，抑且再無侵尅之獘，俾辦事人員均沾實惠，皆出聖恩格外之施也。再查川省運送軍糧委員盤費之外有另發銀兩借買紬緞茶布打造銀牌交委員攜帶出口以備僱用番彝牛馬賞恤之用，今陝甘兩省運官無庸攜帶賞需，其出口盤費臣不揣冒昧仰懇皇恩一視同仁，俯照川省題請之例或准作正項開銷或於陝甘庫貯公費銀內酌量動給。臣未敢擅便，理合繕摺恭奏，伏乞睿鑒，倘蒙俞允俟命下之日臣當會同各該撫臣公同酌議，量其足用賞給，再行造冊報銷，所有運糧人員應否賞給盤費之處

臣謹援例奏請，是否合宜恭請訓旨遵行，為此謹奏請旨。

雍正六年二月十三日具。

硃批：自然一例賜給者，或引進兵武弁之例，或應如何幫給之處卿酌量行，必令敷用不可令拮据從事，不然既至遲悮，尅論亦在其中矣，正項公費俱使得。

〔219〕甘肅巡撫莽鵠立奏報備辦西寧地方軍需物品情由摺（雍正六年二月十五日）[2]-[11]-580

甘肅巡撫臣莽鵠立謹奏，為奏聞事。

竊臣蒙聖恩補授甘肅巡撫，於雍正伍年拾貳月拾捌日到任，因查西寧地方預備軍需甚屬緊要，隨委署西寧道印務涼莊道殷邦翰革職藩司鍾保等承辦軍需，嗣因鍾保原藩司任內庫項不清，經臣題叅業已撤回聽候審訊，適新任西寧道劉之頊於正月拾捌日到蘭，臣隨令該道星速赴任，仍檄令殷邦翰協同該道在寧辦理軍需在案。今據劉之頊等稟稱，西寧拴養滿漢官兵馬匹及運糧騾頭肆拾日應需料豆肆萬柒千壹百餘石，除西寧見有存倉豆石外應於各處採買料豆叁萬叁千叁百捌拾餘石，每石價銀玖錢以外至壹兩不等。又採買草貳百叁拾伍萬陸千肆百捌拾車，每車價銀柒釐至壹分不等，俱經殷邦翰□□□發給銀兩在西寧縣碾伯縣大通衛叁處地方如數採買，見在速催交納以備餧養之需等情到臣。竊臣查西寧極邊地方，草豆尚可採買，惟是草束壹項最為艱難，附近採買實不足用，務須四遠採辦，而穀草亦不能多得。今查西寧府所屬兩縣壹衛地方有燕麥草山麥草均可餧養馬騾，從前軍需俱經用過，今不得不將此貳種一併兼收，已經合其照數採買。見今督臣岳鍾琪奏明添買贏貳千頭，應需餧養豆草亦已依令如數備辦。再查進藏官員應需粳米壹百柒拾餘石，臣查西寧縣倉見有存貯粳米儘足支發之，進藏官兵應需裹帶炒麵伍拾陸萬伍拾壹百餘斤，臣查西寧縣大通衛貳處倉內見有存貯青稞儘足磨用，又滿漢兵丁連跟役人等裹帶肆箇月。又住西寧肆拾日口糧共需粟米壹萬貳千叁百餘石，除西寧縣倉見在存貯粟米支用外，經布政司等在臨洮鞏昌貳府屬撥運粟米捌千叁百石，於正月內陸續運送，至叁月初拾日前後即可全到西寧。再查欽奉上諭，陝西省採買騾叁千頭內，前經督臣岳鍾琪分派甘省採買叁千貳百頭在案，今又准督臣岳鍾琪奏明添買騾貳千頭內分派甘省採買捌百頭，甘省前後共應採買騾貳千頭，臣見在委員嚴催各屬緊購買解至，布政司驗定造冊併解送，臣親驗發布政司分派加意餧養。至運糧需用口袋鞍屜一切等件臣亦嚴飭

上緊備辦，陸續觧送，務期叁月終齊運到寧以備需用，至各處觧送馬騾沿途應需豆草臣亦已檄令轉飭沿途各該地方官盡為預備，勿致臨時有悮矣，軍需重務臣恐有塵聖衷，理合將備辦情由一併繕摺奏聞，伏乞皇上睿鑒，謹奏。

雍正陸年貳月拾伍日甘肅巡撫臣莽鵠立。

硃批：朕何暇覽此奏，便覽亦不敢言其是非，摠諭你莫悮，不可令屬員冐銷，二句之外無可批諭也，此軍需只得大兵旋後，事事清楚方可論其功罪也，勉為之。

〔220〕川陝總督岳鍾琪奏覆派撥駐防官兵應賞銀兩數目摺（雍正六年二月十七日）[2]-[11]-601

陝西總督臣岳鍾琪謹奏，為遵旨奏聞事。

竊臣因骨爾伴鎖理麻〔註761〕地方係通西藏經行要路，請撥兵一千名交管理青海彝情副都統臣達鼐前徃駐劄一摺荷蒙硃批諭旨，甚好，妥協之極，即如此料理，官員兵丁雖不比進藏人員亦酌量賞給，應如何賞與之處一面賜給一面奏聞，欽此。仰見我皇上加惠戎行，一視同仁之至意，臣查進藏人員已蒙富足賞給，今所派駐防官兵復蒙特旨令臣酌量賜給，聖恩周渥浩蕩難名，臣即欽遵移咨陝甘撫臣於撫標內各挑選馬兵一百名步兵四百名共兵一千名，又於陝甘兩撫標內共撥遊擊一員守備一員千總二員把總四員共八員，聽候副都統臣達鼐親領出口駐防外。查此等駐防官兵原非進藏人員可比，其如何賞與之處臣謹議以照進藏官員之例減半賞給，以資置辦皮衣皮帽等項之用。再查川省所派打箭爐口外叉木多等處沿途駐防安站護送軍糧之守備一員千總二員把總四員馬兵一百名步兵四百名亦與進藏官兵有間，其賞給之處亦應照陝甘撫標派出駐防官兵之例一體減半賞給，所有陝甘四川三省派出駐防安站之遊擊一員賞銀二百兩，守備二員各賞銀一百五十兩，千總四員每員賞銀一百兩，把總八員每員賞銀八十兩，馬兵三百名每名賞銀十兩，步兵一千二百名每名賞銀八兩，共賞銀一萬四千一百四十兩，臣謹遵旨一面奏聞一面即檄行西安蘭州四川各布政司於庫貯軍需銀內照數動給，統於軍需案內聽各該撫臣造冊報銷，理合繕摺奏聞，伏乞睿鑒，為此謹奏。

雍正六年二月十七日具。

硃批：覽。

〔註761〕索羅木為三岔口之意，固爾班索羅木即為黃河源入扎陵湖之源頭地區。

〔221〕川陝總督岳鍾琪奏請頒給西藏頗羅鼐密旨摺（雍正六年二月十七日）[2]-[11]-602

陝西總督岳鍾琪謹奏，為密奏請旨事。

竊查頗羅鼐因康濟鼐被害，與阿爾布巴、隆布鼐等結兵相持，構怨報復，蒙我皇上睿懷遠注，綏恤西藏人民，派遣官兵前往料理，是誠聖算周詳，寧謐遐方之至意。臣思阿爾布巴、隆布鼐等奸險詭譎，今探知我兵進發，又見頗羅鼐兵連不解，則其散佈流言，將此進藏官兵以聲討頗羅鼐為詞，先事恐嚇，以冀搖惑人心，欲使頗羅鼐一時輕信，畏懼渙散，亦未可定，或阿爾布巴等自知罪重，竟於川陝兩路進藏要隘處所負固抗拒，以阻我兵，均未可知。臣查頗羅鼐前差人齎摺由哈喇烏素〔註762〕一路來至西寧，副都統達鼐隨將奏摺轉進，已蒙聖鑒，因未奉有明旨，來差尚未遣回，今大兵進藏，所有料理事宜頗羅鼐不能知悉，以臣之愚，仰請皇上頒給諭旨，微示聖意，以安頗羅鼐之心。如阿爾布巴等造言煽惑，令其切勿輕信，倘阿爾布巴等果有阻險抗拒之事，令頗羅鼐確探信息，率兵襲擊其後，我兵掩護於前，則阿爾布巴等首尾受敵，不難擒到，而於我兵行走前進實屬有益。但事關重大，臣謹密行奏請，倘以臣言可採，請將諭旨密飭理藩院譯寫唐古特字跡，轉發到臣，臣亦不便交與頗羅鼐之來差齎去，當遴選熟諳番情精細親信之人，密齎前往，先至西藏，即欽差副都統臣馬臘等亦不必通知，惟令在藏把總梁萬福一人同去，以探聽頗羅鼐動靜為由，潛至頗羅鼐處，傳示諭旨，密宣聖主洪恩，庶頗羅鼐心知感戴，驚疑盡釋，自必奮激圖報，於軍務實有裨益矣。理合繕摺密奏，伏乞皇上睿鑒訓示遵行，為此謹奏請旨。

雍正六年二月十七日具。

硃批：覽卿所奏足見至誠，為國非盡心籌畫不能及此，但朕為此事體，去年頗羅鼐奏書到日即有通一信與他之意，再四籌畫不得其法，倘有疏失所關甚巨，所以是頗羅鼐、非阿爾卜巴之意，馬臘等亦未露一些，今若齎諭前往未免冒險，使不得，若能得一精密人，令往口諭尚可，但此時正進兵之時，過藏往頗羅鼐處恐阿爾布等更添疑畏，此人若到後藏留彼處方有益，又恐無辭留彼，便往後藏時也須得辭，方安住阿爾卜巴等之疑畏心，朕意如此，若可以，令一

〔註762〕此蒙古語為同名河與地名，哈喇蒙古語黑色之意，烏蘇河流之意，水色發黑，故名，指河流則為今怒江上流之那曲。作地名，《欽定理藩院則例》（道光）卷六十二作哈拉烏蘇，為達賴喇嘛所屬十四邊境宗之一，為青海入藏後藏內第一重鎮，即今西藏那曲縣。

人前至後藏通知，極妙之舉，倘不萬全，不可冒險，若從別路潛往，萬萬使不得，朕發諭，亦不可，甚有干係，馬臘等新到之奏已發來矣，看此光景頗羅鼐未必能就近支撐也，朕意如此，卿可再詳細籌畫，查郎阿已到矣，爾等再商酌，若可以使一人去，相機口諭，妙極之舉，可一面差往，一面奏聞，若持重，不必亦可。

〔222〕陝西西寧總兵周開捷奏謝恩賜福字摺（雍正六年二月十八日）[2]-[11]-603

鎮守陝西西寧等處地方駐劄西寧府城副將管總兵官事加一級在任守制臣周開捷謹奏，為恭謝天恩事。

雍正陸年正月拾伍日散秩大臣副都統臣達鼐家人齎捧到皇上天恩賜臣福字壹張，臣隨恭設香案望闕叩頭謝恩跪領訖。伏思福為德應，惟有德者然後有福，臣一介庸愚過蒙恩賜，是皇上期望臣者甚深，勉勵臣者甚切也，臣敢不凜遵聖意朝夕警心，念仰承天福在于修德，自當益加勉勵以仰副皇恩于萬一耳，所有微臣感謝下忱，理合繕摺謹奏，伏乞皇上睿鑒施行。

雍正陸年貳月拾捌日

硃批：覽，薦人摺奏留中。

〔223〕川陝總督岳鍾琪奏議鄂爾泰條陳備辦軍需事宜摺（雍正六年二月二十四日）[2]-[11]-641

陝西總督臣岳鍾琪謹奏，為詳議具奏恭謝聖鑒事。

雍正六年二月二十二日准戶部送到怡親王等議覆雲南督臣鄂爾泰條奏滇省進藏官兵行走事宜各條，抄摺轉交到臣。內開，雍正六年二月初七日發下雲貴總督進藏事奏摺一件，奉旨鄂爾泰所奏甚為詳備，著怡親王張廷玉蔣廷錫細細閱看，或與陝西所辦有可叅酌商量之處可留心，欽此。臣等詳細閱看鄂爾泰所奏二十二條分悉詳明，甚為周密，陝西所議事宜皆分條辦理，彙合叅酌，大約相同，內有滇省應用而陝西可無庸者，如賞號烟茶布疋及招募添補兵丁二事，其有未曾議及者如途中買補倒斃馬匹一事。但查歷來軍需內無沿途給發買補馬匹之例，應行文岳鍾琪商酌，至撥給馱馬空缺，各省每匹定額八兩，今鄂爾泰以滇省買補營馬定額原多於別省，每匹給銀十五兩買補，共馱馬五千四百六十七匹，每匹較陝西多銀七兩共多銀三萬三千二百六十九兩，查滇省進藏軍需案內摘補馱馬每匹給銀十五兩，是滇省馬價原貴於陝西，不能畫一。但查察木多

案內摘給馱馬每匹十三兩至十兩八兩不等，今滇省兵丁三千名內有進藏駐察之分，摘給馱馬價值似應分別照前例給發，應行文鄂爾泰商酌，臣等併將鄂爾泰奏摺密行抄錄封寄岳鍾琪詳細閱看可也，為此謹奏請旨，二月十二日奏，奉旨依議，欽此。臣查川陝進藏官兵所需一切軍需等項凡從前軍需各案原有成例備辦者，臣俱斟酌損益核實料理，其有從前未經辦理事宜臣已繕摺奏請諭旨遵行在案，今查雲南督臣鄂爾泰條奏各條內有與陝省一例併有不必行於陝省者，均無庸置議外，其賞給茶烟布疋陝省從無此例，惟川省與滇省相同，今川省應給茶布等物似應仍照從前軍需之例照數賞給，實屬相符。惟查從前出師兵丁中途倒斃馬匹一面先行報明在案，統於事竣旋師之日造冊題報，誠如怡親王等所議無沿途給發買補馬匹之例也。前臣因兵丁馱馬關係輜重，於鑾儀使臣周瑛來陝之日因其兩次進藏，口外形勢乃所熟悉，遂與周瑛相商將川省摘給進藏馬步兵丁兩兵三馬之處作何料理，方於長途有益。今准周瑛咨稱，川省兵馬自成都至打箭爐中間歷大相嶺飛越嶺等處，皆係崇山峻嶺，平日未經遠涉之馬匹至此不無稍疲，其自打箭爐出口以至西藏陡險崎嶇不止一處，馬匹負重致遠難免勞乏，不如將摘給兵丁之馱馬三匹每兵止給一馬，其兩兵合給馱馬一匹之馬價草乾鞍屜等項銀兩俱照數折給，令其前途或購買馬騾或僱覓烏拉，按站馱載前往，似屬有益。臣查兵丁不帶盔甲所携者止鑼鍋帳房，而裏帶兩個月之口糧又自打箭爐裡塘等處沿途按程約帶，其軍裝口糧為數甚輕，先給一馬馱載尚不致十分偏重。且查舊例出征兵丁所需馱馬原係一兵一馬，嗣以兩兵合給馱馬三匹者，給有餘馬在內以防疲乏，今臣查周瑛所議折給之處誠為允協，已咨覆周瑛照議辦理矣。至於陝省兵丁馱馬臣於兵糧相合摺內業經奏明，如兵丁馱馬中途或有疲乏請於運糧騾頭內將已經散完糧石之空騾通融馱載，荷蒙俞允欽遵在案，是陝省出口兵丁之馱馬中途設有疲乏毋庸再議。但於兵丁抵藏事竣之後留兵駐藏所需馱馬或致缺乏之處不可不預為籌畫，應交與欽差左都御史臣查郎阿等於川陝官兵到藏後將留住兵丁馱馬內如有倒斃驗明實數，即將運糧騾頭挑選膘壯結實者按數補給，其撤回兵丁馱馬內或有缺乏亦將運糧騾頭挑選給與，自無不足。再兵丁騎馬倘有倒斃不便以騾頭抵給，查現有撥解赴藏軍需銀二十萬兩，應於此項銀內動用購買馬匹撥給，仍照營馬年限之例分別應免應賠數目另行彙冊報銷，庶錢糧不至虛糜而於軍務實有裨益矣，臣謹詳議繕摺具奏，伏乞皇上睿鑒，為此謹奏。

雍正六年二月二十四日具。

硃批：辦理妥協之至，欣悅覽之，有旨諭滇省一例料理也。

〔224〕副都統達鼐奏報青海郡王等呈請自力隨軍進藏効力摺（雍正六年三月初二日）[1]-3096

散秩大臣兼副都統臣達鼐謹奏，為奏聞事。

青海郡王額爾德尼額爾克托鼐、色布騰扎爾、盆蘇克旺扎爾、貝子沙畢多爾濟〔註763〕、公貢額喇布坦〔註764〕、阿拉布坦〔註765〕、扎薩克台吉吉克吉濟扎布〔註766〕、扎布〔註767〕等紛紛親自前來呈書內開，我等仰承聖主之恩甚重，無以為報，徒事安逸，茲大軍派進西招，委派我等駐臺，又賜足乾糧等物，我等情願自力隨軍報効皇上養育之恩等語。臣遂謂伊等曰奉諭西藏乃黃教源地，其內兵刃殃及全唐古特人，朕不忍坐視故遣大臣平息伊等內亂，現藏衛兩年相持不可不帶兵前往，故而帶兵前去，此絕非征剿之師，欽此。諭旨甚明，果若出征我必將爾等効力之心奏明皇上，請准効力，爾等今若誠心感戴隆恩，唯管好各自屬下，仰副聖主全安至意，即為報恩矣等語，勸慰遣回外，為此謹具奏聞。

雍正六年三月初二日

硃批：辦理甚是，知道了。

附奏達賴班禪寄書問好片

去年十二月達賴喇嘛借其住索羅木之商上之人前來之便寄給臣書及哈達問好，本年二月班禪額爾德尼托其來貿易者寄書哈達，向臣問好，經問來人招地消息俱如以前來人所言，遣兵赴召之事既由四川路諭達賴喇嘛，故臣交付〔註768〕參將馬成福〔註769〕，照令伊等貿易，而後遣回。

硃批：知道了。

〔註763〕《蒙古世系》表三十六作沙畢多爾濟，顧實汗圖魯拜琥第三子巴延阿布該阿玉什之曾孫，父玉木楚木，祖和囉理，和囉理亦為額駙阿寶之父。

〔註764〕《欽定西域同文志》卷十七頁二十三作公格喇布坦，顧實汗四世孫，封輔國公。

〔註765〕準噶爾部遊牧青海者，為郡王察罕丹津之婿，《蒙古世系》表四十三作阿喇布坦，父納木奇札木禪，祖卓哩克圖和碩齊，曾祖巴圖爾渾台吉。

〔註766〕《蒙古世系》表三十六作濟克濟札布，顧實汗圖魯拜琥第二子鄂木布曾孫，父貝子羅布藏達爾札，降襲輔國公。

〔註767〕《蒙古世系》表三十六作札布，顧實汗圖魯拜琥第三子巴延阿布該阿玉什子，雍正三年授扎薩克一等台吉。

〔註768〕此處衍一主字，刪之。

〔註769〕《甘肅通志》卷二十九頁四十作鎮海營參將馬成伏。

〔225〕左都御史查郎阿等奏報三等侍衛葉爾扈赴藏途中病歿摺（雍正六年三月初四日）[1]-3110

赴藏辦事之都察院左都御史臣查阿郎等謹奏，為奏聞事。

臣等於二月初三日自京城起程，初六日同行之正白旗三等侍衛葉爾扈受了寒，後發汗好了，初十日復發轉為傷寒病，十九日行至山西省洪洞縣病歿，將此除報部外，已將葉爾扈屍體裝殮交其家人，於本月二十日送回，為此謹具奏聞。

雍正六年三月初四日

左都御史查郎阿。

副都統臣邁祿〔註770〕。

硃批：知道了，此次一切晦氣俱已掃除矣。

〔226〕川陝總督岳鍾琪奏呈西藏頗羅鼐密寄番文請飭發理藩院翻譯摺（雍正六年三月初四日）[2]-[11]-721

陝西總督臣岳鍾琪謹奏，為奏聞事。

竊臣去歲在川時因聞阿爾布巴等殺害康濟鼐之信，恐西藏既經有事，其文報往來必須安站傳送，方不致遺失遲延，隨於川省酌派千總吳鎮帶領兵丁，由察木多路按程遞設塘站，並令吳鎮將叉木多以內塘站安畢，仍以安站為名，徑抵西藏，密訪阿爾布巴等信息，適吳鎮到藏之後，把總梁萬福亦自頗羅鼐處回至西藏，帶有頗羅鼐密寄臣番文八件，把總梁萬福即將番文交與吳鎮帶回，轉送到臣，查係唐古特字跡，臣既未能識認，又無翻譯之人，其中情節無由詳悉，臣思頗羅鼐與臣密寄番文或內有應行奏聞之事，亦未可定，理合將原寄番文八件繕摺齎奏，伏乞皇上敕發理藩院翻譯進呈聖鑒，庶遠情得以上達矣，為此謹奏以聞。

雍正六年三月初四日具。

硃批：譯得朕覽，遇便發來，如有可諭者，亦另有旨。

〔227〕川陝總督岳鍾琪奏議請仍令頗羅鼐總管後藏事務等西藏事宜十項摺（雍正六年三月初四日）[2]-[11]-722

陝西總督臣岳鍾琪等謹奏，為遵旨密議恭請聖鑒事。

〔註770〕《欽定八旗通志》卷三百二十一作滿洲正藍旗副都統邁祿。

　　雍正六年二月二十八日臣查郎阿、臣邁祿等至西安備傳諭旨，臣岳鍾琪一一敬聆欽遵訖。再臣岳鍾琪前奉到硃筆上諭，總督岳鍾琪、都御史查郎阿等，此係馬臘等又奏到之摺，發來汝等看，朕覽此光景，頗羅鼐又有些不穩當，阿爾布巴、隆布鼐等甚是可惡之極，查郎阿來時朕諭將南北藏一切均分之處，朕又思倘若不合唐古特人情，須當緩圖，此事可與岳鍾琪詳斟酌，到藏再看情形，合宜而為為之，不可即遵朕旨勉強而行，欽此。並發馬臘等奏摺二件，今於臣查郎阿到陝之日遵即公同詳看，仰見我皇上睿謨廣運，慎重周詳，無微不備，臣等雖愚，敢不仰體聖懷，悉心斟酌，以期事事有濟，今逐一詳議，臚列上陳，恭請皇上采擇焉。

　　一、查頗羅鼐蒙聖恩令其總管後藏事務，人地相宜，誠為至當，今又蒙上厪聖慮，將南北藏均分，恐不合唐古特人情，交臣等詳細斟酌。臣等伏思頗羅鼐向居後藏，與彼地唐古特聚處已久，現今與阿爾布巴等集兵相持，皆係後藏阿哩等處之唐古特等相助為力，則其平日之情意相孚，即此可見一斑矣。今臣等酌議，仍遵前奉諭旨，令頗羅鼐總管後藏事務，並將後藏以外，岡底斯以內以及阿哩等處地方，俱令頗羅鼐管理，並經收所管阿哩等處錢糧，以為班臣喇嘛〔註771〕香火養贍之需，似屬妥協。至於前藏事務，若不擇人管理勢必人心無措，但此時相距途遙，未能確定其人，臣查郎阿到藏後訪得老成幹練為土伯特素所信服者二人，任以噶隆之職（硃批：甚是妥協），管理前後藏事務，方屬有益，惟事關重大，未便預為臆度，今臣等遵旨詳細遵酌，統俟臣查郎阿到藏再看情形，合宜料理，以仰副諭旨之明切詳慎也。

　　一、西藏布達喇〔註772〕、卜勒奔〔註773〕等四大寺院，並大小二招，現在焚修喇嘛極多，今達賴喇嘛既令搬移前來，則西藏坐床喇嘛必得一有名望經典好之胡兔克圖，方能管理，臣等竊查班臣喇嘛，其名望經典久為藏地所推重，請將班臣暫令在卜達喇坐床，管束各寺院喇嘛，方能彈壓。但班臣喇嘛住居後藏有年，與彼地唐古特人民浹恰已久（硃批：此不可者，班臣住前藏可以不必言及，當年達賴喇嘛曠座十數年未行者，此番亦當暫如前安置，或徐徐另議尚可），況班臣喇嘛年已邁老，不無戀其故土，每年之內必不能常住前藏，倘欲

〔註771〕即五世班禪額爾德尼。《欽定西域同文志》卷二十三頁五載其名班臣羅布藏葉攝巴勒藏博，班臣羅布藏吹吉佳勒燦之呼必勒汗，出於藏之圖卜扎爾，坐扎什倫博寺床，封班臣額爾德尼，賜冊印。
〔註772〕即布達拉宮。
〔註773〕即哲蚌寺。

暫回後藏舊寺，則各寺院喇嘛無人管束，未免漫散無倚。仰思我皇上欲垂經久之計，臣等自當從長商酌，應於臣查郎阿到藏後，訪查番人信重之胡兔克圖一人（硃批：是），奏請令其在卜勒奔廟內坐床焚修，並令協同班臣喇嘛管理黃教事務（硃批：有事往後藏與班臣相商領教，使得），設或班臣喇嘛欲回後藏，即將前藏約束各寺院喇嘛之事，交與胡兔克圖管理，庶於黃教有益。

一、帶領達賴喇嘛前來，應由何路行走，應派綠旗兵若干隨來，並應需錢糧數目之處，命與臣岳鍾琪商議。臣等會查，酌派綠旗兵六百名，同滿兵四百名，由四川一路防護前來，頗稱妥便，且安藏之後留駐兵丁三千名，其餘官兵應行撤回。再九月間如能竣事，陝省官兵尚可由木魯烏蘇而回，倘至十月以後，沿途冰堅雪積，難於行走，應亦從四川口外旋師，是前後更有接應，於事益加嚴密，至搬移達賴喇嘛所需銀兩，於四川布政司庫貯軍需銀內的撥銀四萬兩，即可敷用（硃批：是）。

一、達賴喇嘛、班臣喇嘛等遣使請安，誠為遠人致敬之禮，但一年一來，似覺太煩，若定期過遠，又恐聲氣不通，臣等酌議應請定期三年一次，庶屬酌中得宜（硃批：查郎阿等少錯會朕意也，若定期三年，亦屬尚遠，朕意為一年二三次，總無定期之謂也，今或定一年一次，或隔年一次，其間若有請奏事件，則免其常例，其應至京，應從邊遣回之處，再加斟酌詳議具奏，因減地方無益之費之故，無他意也），或遇啟奏緊要事件，所遣來使准其進京，如係平常事務來使不必令其赴京，止至打箭爐，將所齎奏摺交四川撫臣轉進，候旨遣回，是於尊上柔遠之道均得其當，倘蒙俞允，容臣查郎阿等到藏之日即欽遵傳諭。

一、咨會駐藏副都統臣馬臘事宜，臣岳鍾琪前摺奏請降密旨與頗羅鼐事，如蒙俞允（硃批：已有旨詢問矣）即於遣人前往之時將奉命令隆布鼐、查爾鼐 [註774] 協同噶隆辦理之明旨移送馬臘等宣布料理，則遣去之人又可以相機差往頗羅鼐處行事，於軍務更有裨益。

一、臣查郎阿等領兵自西寧起程出口日期，今與臣岳鍾琪會商，敬擬於五月初五日至十五日，請於是此十日內仰懇聖恩，欽定吉日吉時（硃批：好，朕選定日期發來），臣查郎阿即欽遵領兵起程出口。

一、臣等公同會議，更有請者，查康濟鼐屬下原管額魯忒之眾，今歸索諾木達爾扎管束，亦有歸頗羅鼐者，但此番安藏之後，此種額魯忒似不便仍留藏地，致滋後患，應於臣查郎阿等到藏事竣之後，即遵前奉諭旨，查明人數，給

〔註774〕即扎爾鼐

與盤費口糧馱載馬牛，作速遣歸青海，交散秩大臣達鼐將作何安插料理之處具奏請旨（硃批：好）。

一、達賴喇嘛庫內原貯金銀什物以及馬匹牛羊，乃達賴喇嘛應需之物，今達賴喇嘛既已帶領前來，則前項物件不便仍貯藏庫，若與達賴喇嘛一時搬移，又屬不可（硃批：如何使得）。請於臣查郎阿等到藏之後，將庫貯金銀等項按冊查明，俟達賴喇嘛起身月餘之後，遴委廉幹妥員，帶領官兵護送，同原冊封固，解交達賴喇嘛，照數查收（硃批：亦使不得，此事須緩，只可封貯在彼，俟達賴喇嘛住屋已定，廟宇已成後，亦可問明，令伊料理方式，此事目下何必如此急急料理）。其馬匹一項，若官兵馬匹內或有不敷，即可給價購買，餘剩馬匹從後帶來，一併交給，惟牛羊不能涉遠，且各寺院喇嘛亦皆需用，似不便驅逐同來，但必須牧放有人，方可孳生豢養（硃批：此皆日後商議之事，查郎阿到藏不過仍舊妥協料理安置耳，凡係銀錢生畜之事，總不可令內地官員人等經手，只可在他喇嘛唐古忒人中可用者交付掌管可也）。查達賴喇嘛所屬部落內有戎索彝人，皆係各蒙古佈施之人，俱無可歸之處，且皆係無用之人，應仍留藏地住牧，照舊交噶隆管束，並將達賴喇嘛之牛羊交與牧放，在各寺院喇嘛便於按數取用，而戎索彝人亦不致流離失所矣。

一、藏衛喀木所屬地方應交達賴喇嘛一切錢糧，除自後藏以外，岡底斯以內，阿哩等處地方錢糧，給與班臣喇嘛，並除每年支給各寺廟喇嘛錢糧之外，其餘應交達賴喇嘛錢糧作何交送達賴喇嘛之處，應俟臣查郎阿等核明，另行定議具奏（硃批：此事亦當安置喇嘛之事定後再議者，目下只可商及前藏後藏如何分派耳，交送之論，不必商及）。

一、現今西藏所遣來使已於去歲十二月間到陝，今若令隨大兵回藏，途間關防甚難，倘漏泄機宜，所關甚重，臣等密議，應請仍留西安，統俟安藏事畢，遣其回去，更屬允協（硃批：甚是，應如是）。

以上各項事宜，臣等仰遵聖訓，公同妥議，繕摺具奏，但臣等知識短淺，是否合宜，伏乞皇上睿鑒，批示遵行。所有臣岳鍾琪原奉硃陛諭旨，理合一並恭繳，為此謹奏請旨。

雍正三年三月初四日陝西總督臣岳鍾琪。

都察院左都御史臣查郎阿。

副都統臣邁祿。

硃批：覽，逐條批諭矣。

附硃諭一件

上諭摠督岳鍾琪、都御史查郎阿等，此係馬臘等又奏到之摺，發來汝等看，朕覽此光景婆羅鼐又有些不穩當，阿爾布巴、隆布鼐等甚是可惡之極。查郎阿來時朕諭將南北藏一切均分之處，朕又思倘若不合唐古特人情，須當緩圖，此事可與岳鍾琪詳細斟酌，到藏再看情形，合宜而為之，不可即遵朕旨勉強而行。

〔228〕川陝總督岳鍾琪奏謝恩賜磁瓶等物摺（雍正六年三月十一日）[2]-[11]-763

陝西總督臣岳鍾琪謹奏，為恭謝天恩事。

雍正六年三月初六日奉到欽賜臣龍泉三樣磁瓶一座，雙耳環白磁瓶一座，柑子一簍柿餅一匣（硃批：此係新在江西燒來呈，摠得看其雅潔，因便寄來賜卿者，覽卿奏謝知道了），臣隨即望闕叩頭謝恩祇領訖。竊臣一介庸愚仰荷皇上豢養深恩有加無已，今又蒙聖恩優渥大〔註775〕賚遙頒，質潤光凝迥非常品，臣謹奉為世實什襲敬藏，兼蒙甘芬疊賜，食德難名，臣惟有益竭駑駘以仰報高厚於萬一而已，理合繕摺恭謝天恩，伏乞皇上睿鑒，為此謹奏。

雍正六年三月十一日具。

硃批：批諭在前。

〔229〕川陝總督岳鍾琪奏報派遣撫臣莽鵠立前赴西寧料理滿漢官兵出口事宜摺（雍正六年三月十一日）[2]-[11]-765

陝西總督臣岳鍾琪謹奏，為奏明事。

竊查陝省派撥進藏滿漢官兵在西寧駐歇四十日起程前往，其應需一切軍需臣俱發銀置辦預備在案，但官兵出口必須督撫大員內令一人前往料理方為慎重，今臣奉旨酌辦預備軍需，兼以川省軍務撫提諸臣皆有不時移商之事，若臣遠去西寧則道路紆迴往返輒稽時日，是以臣不便前往，謹一面奏明一面即移咨蘭州撫臣莽鵠立就近前赴西寧料理滿漢官兵出口，似乎允協，理合繕摺奏明，伏乞皇上睿鑒，為此謹奏。

雍正六年三月十一日具。

硃批：已有旨矣。

〔註775〕原文如此，「大」疑為「天」之誤。

〔230〕都查院左都御史查郎阿等奏報辦理派員進藏向頗羅鼐密傳聖諭事宜摺（雍正六年三月十九日）[2]-[11]-841

都察院左都御史臣查郎阿等謹奏，為奏聞事。

竊臣岳鍾琪前摺奏遣人密往頗羅鼐處一事，今奉硃批諭旨，仰見我皇上明燭萬里，早有成算，臣查郎阿、臣邁祿、臣岳鍾琪當即欽遵密議。因思遣去之人於傳示阿爾布巴等之後，作何前往頗羅鼐處密傳聖諭，並令遲留在彼窺伺情形，以致阿爾布巴等相信不疑之處，必須斟酌妥辦，務期事出萬全方為有益。查我兵既出，阿爾布巴等自必心生疑懼，今將前奉諭旨令隆布鼐等協辦西藏噶隆事務之聖意，臣查郎阿移會馬臘、僧格，令其遍行宣佈，以安阿爾布巴、隆布鼐等之心。再將頗羅鼐與阿爾布巴等聚兵相持，我皇上恐彼此爭戰，致土伯特人民互有不安，是以特遣大臣統領官兵來藏料理，令阿爾布巴等並頗羅鼐於文到之日再不可爭鬥。俟大兵到來，有聖主憫念爾等土伯特人民所降之諭旨，爾等靜候宣示，斷不可妄自攻殺致取罪戾情由，臣查郎阿等譯寫蒙古文二封，臣岳鍾琪遴選熟諳彝情之督標把總馬元勳，於三月十九日自西安起程，齎文先至西藏，將文二封俱交與馬臘等，同阿爾布巴諸人開視明白，然後將給與頗羅鼐之文，即差把總馬元勳同在藏把總梁萬福前去交付。臣等已將密傳頗羅鼐事宜，遵旨備細傳示馬元勳，令其專心熟記，密向頗羅鼐詳細口傳，候我兵到藏，相機行事，並令頗羅鼐故為疑惑狀，竟將馬元勳、梁萬福二人拘留在彼，不肯放回，使阿爾布巴等聞之必愈以頗羅鼐為肆行狂悖，獲罪於天朝，我兵前往，自必加以懲創，臣等愚以為如此料理，庶阿爾布巴等不致驚疑，而於軍行自無不宜矣。今臣等將遵旨會議料理情節及遴委把總馬元勳起程前往日朌，繕摺奏聞。再謹將臣查郎阿等與馬臘等文稿，並與阿爾布巴、頗羅鼐蒙古文稿，一併恭譯清字進呈御覽，伏乞睿鑒，為此謹奏。

雍正六年三月十九日都察院左都御史臣查郎阿。

副都統臣邁祿。

陝西總督臣岳鍾琪。

硃批：妥協是當之極，朕暢悅覽之，實在好。

〔231〕川陝總督岳鍾琪奏報辦理川滇進藏官兵口糧情形摺（雍正六年三月十九日）[2]-[11]-842

陝西總督臣岳鍾琪謹奏，為奏聞事。

竊查陝西川滇三省派撥官兵前往西藏料理事宜，凡一切軍需經議政議准通飭遵行在案，今陝省所派滿漢官兵應需口糧等項臣俱轉飭預備，而川省軍需業交撫臣憲德就近辦理，惟川滇二省派調進藏安站護運各標營官兵所需四個月運送口糧前准部咨，議令撫臣憲德與臣會同無論米麵量其易得運濟等語。臣查官兵應需口糧若盡以四川內地米石撥運則長途運送固未妥便，即口外烏拉亦不敷用，應於叉木多以西一路買製炒麵，於官兵經過之時計日按程沿途支給，既無腳力運送之繁亦免負重致遠之累，臣已移會撫臣憲德委員前往採買青稞製辦炒麵以備供支在案。今據駐防叉不多〔註776〕管塘千總吳鎮稟稱，洛籠宗、朔般多〔註777〕一帶地方去歲收成歉薄情由，臣思兵糧需用甚亟，若洛籠宗等處年歲既歉則購買青稞猝難足用，臣復查洛籠宗朔般多以西皆係達賴喇嘛所屬之番民，其每年輪納糧石俱於各該處倉內收貯，臣於康熙五十九年領兵進藏時折給官兵沿途口糧曾向迭巴頭人在倉內給價購買，今仍向伊等買糶自無不宜，臣即移咨撫臣憲德遴委妥員前往洛籠宗一帶買辦青稞炒麵。如果去歲收成歉薄買不足數即在達賴喇嘛倉貯糧石內照地方時價購買料理，不得虧短價值亦不得浮冒開銷，仍將買備青稞緣由臣會同周瑛憲德譯寫番文知會噶隆迭巴等傳諭訖，更恐達賴喇嘛倉內糧石尚不敷用，則口外牛羊易於購買，應即於各糧站地方核買牛羊搭配支給，庶口糧充足士卒飽騰而於軍行實有裨益矣，除交撫臣憲德就近辦理外理合繕摺奏聞，伏乞皇上睿鑒，為此謹奏。

雍正六年三月十九日具。

硃批：料理甚是。

〔232〕左都御史查郎阿奏謝加賞俸米摺（雍正六年三月十九日）
[1]-3118

奴才查郎阿謹奏，為叩謝天恩事。

雍正六年三月十一日據陝西總督公岳鍾琪咨稱，吏戶兵刑工五部堂官因奉賞倍增俸銀俸米，諸臣會摺具奏謝恩。奉旨著於查郎阿、三泰亦加倍賞之，欽此欽遵前來。奴才捧讀諭旨恭設香案望闕三跪九叩，叩謝天恩，伏惟奴才一介賤奴，蒙天眷注，殊恩降旨增賞俸米，誠非奴才所能承領者，況奴才本為一介末等之奴，蒙天恩養育，漸次擢至首輔大臣，又隆恩異數下逮於卑奴，

〔註776〕即察木多。
〔註777〕即碩板多。

聖主如此仁愛養育高厚之恩雖何等効力亦不能仰答於萬一，奴才唯叩謝天恩外別無奏言，為此謹奏。

雍正六年三月二九日

硃批：知道了，送去平安丸二千粒，於途中帶上給兵丁備用。

〔233〕都察院左都御史查郎阿等奏覆擬向藏人宣告兩次諭旨不同緣由摺（雍正六年三月二十八日）[2]-[12]-66

都察院左都御史臣查郎阿等謹奏，為遵旨回奏事。

雍正六年三月二十三日奉到硃筆諭旨，將婆羅鼐八件字譯出滿漢文發來，內中所言皆已在辦理中，事無可另議者，至於回諭婆羅鼐前已有旨，令卿等商酌者曾詳悉備諭矣，但內中只有前番安慰達賴喇嘛不用兵之一諭，事定之後查郎阿到藏必須開諭得體方好，前查郎阿來時朕未想及，今若言暫時權巧之舉，恐外彝人鄙我用詐術，若言實諭又恐婆羅鼐等寒心，若存此想設如婆羅鼐亦被害，則我輩為主効力之人無辜被人冤殺而主上皆置之不問也，若如是想顏面甚有干碍，二者措辭甚難，朕現未有主意，卿等可詳細思議應如何到藏將前不用兵之旨宣令唐古特前後藏阿里人眾知悉處，卿等一得主意即奏聞來，朕已命議政王大臣議此事，若得主意時亦便發來，特諭，欽此。臣等跪讀聖訓仰見我皇上睿慮周詳，開誠布公之至意，臣等遵旨會擬到藏事定之後將兩次諭旨不同之處明白開導前藏後藏人等，從前達賴喇嘛奏稱康濟鼐因有私通準噶爾之事，是以被噶隆等殺害情由，皇上曾明白降旨與達賴喇嘛，若云康濟鼐私通準噶爾乃必無之事，或因康濟鼐總理西藏事務以致眾噶隆嫉妬不忿，私自仇殺，是以令駐藏大臣馬臘等將康濟鼐被殺情由詳細查明具奏，俟奏到之日皇上特降諭旨將為首之人照謀殺人之例正法，其餘為從之人分別處分即可完結此案，所以皇上有並不興兵問罪之旨。今據駐藏大臣馬臘等併婆羅鼐暨後藏眾頭目人等公同奏稱，阿爾布巴等將康濟鼐誘殺，復謀殺害婆羅鼐，暗行發兵，且欲乘便將藏內良善之人盡行殺戮，藏內地方一年之內遭兵三次，將藏內頭目人等大喇嘛等之牲畜財資男婦衣飾等物盡行擄去，又燒毀房屋，踐踏田禾，將納爾唐廟〔註778〕中供器俱各拿去污踐，墙屋砍毀，宗喀巴、班禪厄爾德尼像及諸佛菩薩之像併《甘珠爾》大小經卷盡

〔註778〕現常寫作納塘寺，位於西藏日喀則縣，為西藏歷史久遠之古寺，其《甘珠爾》經甚為有名。

行隨風揚置撕毀，將木板燒毀，經繩包幅改作馬韁馬鞐。其爛日嘎巴拉克孔日嘎等處所有班禪厄爾德尼之床褥等物俱行毀用，併將胡巴拉克等之瓦屋盡行拆毀等語，因此皇上想康濟鼐或因令其總理西藏事務以致眾噶隆等不忿成仇，至於婆羅鼐係同眾噶隆辦事之人，且聞其性情堪謹和平，今阿爾布巴等亦欲將彼殺害，又屬何心。且聞將康濟鼐一應辦事頭人盡行殺害，明係阿爾布巴等有狂悖不法之事，恐婆羅鼐等洩漏所以欲一併殺害以滅其口。再闡揚黃教惟達賴喇嘛與班禪厄爾德尼二人，今阿爾布巴等竟敢將班禪厄爾德尼作踐凌辱，又將納爾唐廟中供器搶奪，毀壞佛像，拋散經典，拆毀墻屋，又敢糾合前藏工布等處之兵擅行殺害後藏唐古特人民，搶擄男婦牲畜財物等項，是阿爾布巴等既將班禪喇嘛如此凌虐，則將來必不肯保護達賴喇嘛，尊奉黃教，明係有心倡亂，種種悖逆尤甚於準噶爾之策楞敦多布，若不發兵問罪，不但阿爾布巴等將害古特人民殘虐不止，更恐準噶爾乘隙潛來騷擾西藏亦未可定，是以特命興師問罪，實有不得不用兵之勢，則前所降兩次諭旨雖有不同之處，然皆大公至正，時措咸宜之道也，臣等不揣愚昧敬陳末議，是否可採恭候皇上訓旨遵行，理合繕摺密奏，謹將奉到硃筆諭旨一併恭繳，伏乞睿鑒，為此謹奏。

雍正六年三月二十八日都察院左都御史臣查郎阿。

副都統臣邁祿。

陝西總督臣岳鍾琪。

硃批：是當之極，此方合朕意矣，查郎阿到藏可照此議宣諭可也。

附硃諭一件

將婆羅鼐八件字譯出滿漢文發來，內中所言皆已在辦理中，事無可另議者，至於回諭婆羅鼐前已有旨令卿等商酌者曾詳悉備諭矣，但內中只有前番安慰達賴喇嘛不用兵之一諭，事定之後查郎阿到藏必須開諭得體方好，前查郎阿來時朕未想及，今若言暫時權巧之舉，恐外彝人鄙我用詐術，若言實諭又恐婆羅鼐等寒心，若存此想，設如婆羅鼐亦被害則我輩為主効力之人無辜被人冤殺而主上皆置之不問也，若如是想顏面甚有干碍，二者措辭甚難，朕現未有主意，卿等可詳細思議，應如何到藏將前不用兵之旨宣令唐古特前後藏阿里人眾知悉處，卿等一得主意即奏聞來，朕已命議政王大臣議此事，若得主意時亦便發來，特諭。

〔234〕都察院左都御史查郎阿等奏議西藏遣使赴京年限摺（雍正六年三月二十八日）[2]-[12]-67

都察院左都御史臣查郎阿等謹奏，為遵旨議奏事。

竊臣摺奏西藏事宜備蒙聖訓指示，臣查郎阿等抵藏之後即當欽遵諭旨逐一料理外，至臣等所議前藏後藏遣使赴京應定年限一事今奉硃批諭旨，查郎阿等少錯會朕意也，若定期三年亦屬尚遠，朕意為一年兩三次，總無定之謂也，今或定一年一次或隔年一次，其間若有請奏事件則免其常例，其應至京應從邊遣回之處再加斟酌詳議具奏，因減地方無益之費之故，無他意也，欽此。仰見我皇上柔遠之懷至廣至厚，臣等才識庸愚所議實屬舛謬，今臣查郎阿臣邁祿臣岳鍾琪仰遵訓旨公同詳議，嗣後前藏後藏喇嘛噶隆等遣人進京定為二年一輪，如雍正七年係前藏遣人請安奏事，則雍正八年應令後藏遣使赴京，按年輪轉，永為成例。在前後藏之喇嘛噶隆等雖係兩年一次遣人而每年之內仍有遠使往來，似不至於踈隔。再前後藏地喇嘛噶隆等如有應奏緊要事件仍不拘年限准其遣人前來，查進口道路止有打箭爐西寧二處，若前後藏有齎奏使人到來，應令駐劄西寧散秩大臣達鼐、打箭爐收稅監督等將來使留住邊口，先將奏摺由驛轉進，其來使應否令其進京之處候旨遵行，是遠情皆能上達且省伊等頻年奔走之煩，併可減地方無益之費矣，臣等謹遵旨議奏，是否允協伏候訓旨，倘蒙俞允臣查郎阿等抵藏事竣即傳示前藏後藏喇嘛噶隆等一體欽遵，以仰副聖主懷柔遐邇之至意，為此謹奏請旨。

雍正六年三月二十八日都察院左都御史臣查郎阿。

副都統臣邁祿。

陝西總督臣岳鍾琪。

硃批：此議好，照議行。

〔235〕川陝總督臣岳鍾琪奏報豫晉二省騾頭俱經收足無庸買補摺（雍正六年三月二十八日）[2]-[12]-68

陝西總督臣岳鍾琪謹奏，為奏聞事。

臣查陝省進藏滿漢官兵所需運送四個月口糧，前奉諭旨令陝西河南山西三省各買騾三千頭運送前往，當即欽遵購買在案，嗣因核計運送口糧數目尚不敷駄運騾九百四十一頭，又值河南解到騾頭內驗有中途病乏騾頭，雖經挑回更換，誠恐補解不及，兼之晉省騾頭尚未解驗，其中或有病乏亦未可定，經臣奏

請續買騾二千頭，除撥足馱運騾九百四十一頭之外，其餘剩騾一千五十九頭以備代補豫晉二省病乏騾頭之用，仰蒙俞允，臣即欽遵動發軍需銀兩分令陝甘二屬照數購買，併移知河南督臣田文鏡去後。今豫晉二省原買騾共六千頭俱於二月內如數解補，臣逐一挑驗收足。再查陝甘二省原買騾三千頭，續買騾二千頭共五千頭，以四六分買，內前後分派西安各屬購買騾三千頭，甘屬購買騾二千頭，今豫晉二省騾頭既已解足，而陝甘二屬止應購買騾三千九百四十一頭，即敷馱運之數，現據西安各屬報稱，將騾頭俱照數買足，但甘屬原非產騾地方，恐一時購買不能足數，隨飛檄蘭州布政司，如甘屬騾頭尚未買足，不必照原數購買，今據報稱前後二次已買至一千五百頭，合之陝屬所買數目已餘騾五百餘頭，臣現在確查，俟查明之日將所餘騾頭作何餵養之處再行奏聞，伏乞皇上睿鑒，為此謹奏。

雍正六年三月二十八日具。

硃批：覽。

〔236〕川陝總督岳鍾琪奏請動用軍需銀兩續買進藏官兵所需馱騾等項摺（雍正六年三月二十八日）[2]-[12]-69

陝西總督臣岳鍾琪謹奏，為請旨事。

臣查輓運陝省進藏滿漢官兵四個月本色口糧，前奉諭旨，此次西藏輓運糧餉所需馱騾著陝西河南山西三省各購買三千匹預備，於明年正月為始陸續解至西安交與總督岳鍾琪聽其使用，務於二月內照數解足，欽此。臣遵將陝西省應買騾三千頭檄行西安蘭州二布政司動用軍需銀兩飭發各屬採買，併將餵養騾頭應需料草以京升時價買備等情會疏題明在案，嗣查陝省進藏滿漢兵八千四百名，派滿漢官一百三十八員併跟役等九百一十六名，統計滿漢官兵併跟役九千四百五十四員名，以半米半麭兼運，每騾一頭止馱一百二十勒，計運送四個月口糧共應需騾九千九百四十一頭，除豫晉陝三省原買騾九千頭之外尚不敷騾九百四十一頭，經臣具摺奏請業蒙俞允欽遵，於陝甘二屬發銀續買在案。今臣復確核運送四個月口糧內應扣除小建三日，止應需馱運騾九千六百七十三頭，尚餘騾二百六十八頭，查陝省滿漢官兵併跟役等折給六個月口糧銀共二十二萬六千八百九十六兩，此係到藏之後支完運送四個月本色糧石始行折支，此時不便散給以致花費。再八旗官兵應需一年行糧銀共一萬二十兩內已於西安司庫支領兩個月銀兩，又綠旗官兵應給一年鹽菜銀八萬九千七百四十兩八錢，今令其裹

帶兩個月外，其餘十個月八旂行糧綠旂鹽菜銀兩俱應按月支給，同前項六個月滿漢官兵折給之口糧銀通共三十一萬餘兩，即以餘騾均勻馱運，交與輓運道府大員一同押解前去，庶為妥便。再每騾一頭需鞍屉馱架繩索全鞍一副，共需全鞍九千九百四十一副，每騾帶鐵掌二副共需鐵掌一萬九千八百八十二副，內輓運騾九千六百七十三頭每騾加口袋二條油單一條，共需口袋一萬九千三百四十六條油單九千六百七十三條，臣俱照雍正二年及雍正五年部議核定康熙五十四等年軍需各案價值發銀製備。但查現今時價較前稍賤，其中尚有節省，統於製完之後聽陝甘撫臣核明造冊報銷。惟查騾頭需夫不一，而工價亦輕重不等，必須區別支給，庶不致糜費偏枯，查各州縣餵養騾頭人夫即在本地僱覓，計騾四頭用夫一名，每名日給口糧銀二分，其起解騾頭牽送人夫從前軍需係三騾一夫牽領，臣意彼時或係空騾或時值冬春可以散漫行走，今此輓運騾頭解送西寧，因鞍屉繩索口袋油單等項並非另行運解，即用騾頭隨帶前往，兼之時值初夏，麥豆遍地，若仍以三騾一夫牽送恐難照管，今臣酌議以二騾一夫挨程僱夫牽送，惟是行走往返與餵養者不同，每名每日應給口糧銀三分。至於隨運進藏之騾夫雖經給有口糧羊隻，若不給與工價勢難遠出塞外，即抵藏之後如何料理回籍亦項預為酌計，查從前軍需僱募出口人夫每名每日支口糧之外又給工價銀一錢，今應將工價酌核給與，查馱運糧餉騾頭共九千九百四十一頭，應需夫九百九十四名，除已支給口糧羊隻，每名每日應各給工價銀八分，但藏地遙遠，僱期難定，非口外附近行走者可比，臣請照每日八分之數先發給四個月工價，俾應募人夫可以安家遠出，不致有內顧之慮，仍按夫十名給帳房一頂鑼鍋二口，令其炊煮駐宿。再抵藏之後糧石既已交明，騾頭又交兵丁管領，則夫役無事可使，不便令其久留藏地，但去家萬里若不給與口糧勢難回轉，應交左都御史臣查郎阿轉飭押運各員確核原僱夫數，不許一人潛住西藏，每名每日止給口糧銀八分，酌派官兵押送由四川一路回籍，其夫役口糧銀兩以三個月為期，統行核明在解藏軍需二十萬兩內動用，交與押送之員沿途散給。查四川口外俱有番族住居，口糧易於購買，又有安站官兵公同照應押送，在夫役回籍有資，自不致於逗留失所矣。今前項三省騾頭俱於二月內如數收足，應即解赴西寧，但查西寧地處極邊，現今滿漢官兵騎馱馬匹俱在西寧駐歇，餵養所需料草已屬浩繁，若再將九千有餘之騾頭即行解寧餵養，恐致料草不敷，臣即行令西安蘭州二布政司轉飭原餵騾頭各州縣仍留餵養，各按道路遠近於四月盡五月初解到西寧，餵養十日輓運出口，在騾頭飽餵已久，俱各膘壯，而西寧料草既減亦不難於買備。再

查料豆價值前臣即照西安現估每京升需銀三釐八毫五絲之時價題報，併因各屬時價不能畫一聲明各照京升時價購買，今時值三春臣確訪豆價較之正二月間價值每一京斗增至五六七釐不等，臣復飭西安蘭州二布政司確查各屬現行時值購買餵養，以免賠累。除陝屬買騾數目價值餵養騾頭料草起止月日時價確數製造鞍屜口袋油單等項給發夫役工價銀兩應聽陝撫臣西琳查明造冊報銷，其甘屬買騾數目價值餵過料草時價確數製造鞍屜口袋油單等項，給發夫價併到寧餵養十日料草僱夫捧送騾頭出口工價，以及官兵跟役人夫一切口糧牛羊軍需銀兩統於官兵出口之後聽蘭州撫臣莽鵠立確核分別造冊報銷外，所有動用軍需銀兩購買馱騾數目製造鞍屜等項銀兩以及催夫各工價，併騾頭暫行餵養緩解西寧按現行時值購買料豆各緣由，臣謹繕摺奏請，伏候皇上訓旨遵行，為此謹奏請旨。

雍正六年三月二十八日具。

硃批：辦理妥協之至，朕喜悅覽之，已有旨諭部矣。

〔237〕川陝總督岳鍾琪奏請增加陝省領兵官弁跟役摺（雍正六年三月二十八日）[2]-[12]-70

陝西總督臣岳鍾琪謹奏，為請旨事。

竊查官兵征防行走領兵官弁俱各隨帶跟役以備差遣，蓋因出征額兵為軍營所重不便令其平常役使也，但查川陝跟役之數相去懸殊，皆因跟役本無成例，從前領兵各官臨時隨帶，而辦理之督撫亦未咨查畫一，以致各省不同，所以滇省與川省官兵係同路進藏其跟役名數不相上下，獨陝省領兵各官跟役迥不相同。前據西寧鎮臣周開捷呈稱，陝省總兵官跟役從前止隨帶八名，今奉旨統領各標官兵進藏遇有軍前差遣，八名跟役實不敷用，請照川省出征總兵官之例隨帶跟役二十四名，以裨行走等情，臣因陝省領兵各官所帶跟役既有定數，今復照川省之例隨帶似屬更張，當即咨部酌議，嗣准部咨以可否照川省之例不便據咨定議等語。臣思西寧鎮臣周開捷奉旨帶領陝省各標綠旗官兵前往西藏，是有統領之責，而與從前隨同將軍行走之總兵不同，且軍前一切差遣既不便役使兵丁，若止帶跟役八名誠不敷用，如加增隨帶則馱馬口糧皆關國帑，今應否准照川省跟役二十四名隨帶之處出自聖恩，非臣所敢擅議，理合繕摺奏請，伏候皇上訓旨遵行，為此謹奏請旨。

雍正六年三月二十八日具。

硃批：朕向不知川陝之例互異，此奏甚是，已有旨定例畫一矣。

〔238〕雲南總督鄂爾泰奏議辦理軍需物品事宜摺（雍正六年三月二十八日）[2]-[12]-74

雲南總督臣鄂爾泰謹奏，為奏明事。

雍正六年三月二十一日准戶部咨陝督岳鍾琪條奏，敬陳利兵節費等事，和碩怡親王等議覆俱應如該督岳鍾琪所奏，行文知會查郎阿周開捷周瑛并雲貴總督鄂爾泰四川巡撫憲德一例辦理等因，面奉諭旨依議，著速行文，欽此，粘單移咨到臣，隨行領兵各官知照在案。竊照糧運隨營，此行軍妥計，調劑變通總歸期于無悮，各省事宜恐亦有難于畫一者，臣按岳鍾琪奏稱酌減運夫以糧馱交兵捧帶，每騾十頭給夫一名以備揭鞴裝卸糧餉事務，委道府各一員總理并委州縣十員雜職十員隨營支給等語。查此次三省合兵進藏，于未會兵時各程途地方不一，辦理軍需糧務均須因地制宜，如雲南兵糧鶴慶劍川二倉存米已足支放，臣先行令于鶴劍二倉運赴中甸米八千石內轉運阿墩子米四千石，又于中甸徑運察木多米一千石，于阿墩子轉運察木多米一千石以資接濟，業經奏明雇募犻猭人夫包運，已報陸續運完，並未買馬雇夫，派委官兵押護，另給馬價工費口糧，其進藏官兵口糧遵照原准部文計給一年之數于鶴劍二倉裏帶十日，中甸裏帶十日，阿墩子裏帶四十日，折給六個月口糧銀兩隨軍支放並飭令總理官採買接濟。再四個月口糧部議行令川省運送，則運糧一項雲南似無庸照陝例議行，且查進藏之兵每二兵已議給馱馬三匹，若再每兵交給捧帶馱糧騾一頭，又馬兵原各騎本馬一匹則是二兵共有馬騾七匹，雖將馱糧之騾每十頭撥夫一名早晚揭鞴，而餵養照看一人不能兼顧，仍恐多致疲倒，況遇對敵時守者自可割營護糧，若遇官兵速進時馱運必不能隨軍齊到，據臣愚見或在前預備或隨後支應，仍須並行，庶可全糧不離兵之議，今滇兵之馱馬俱經撥給，有未足數者已給銀買補，其另買騾頭馱糧之處亦無庸照行。至經管糧餉之文武各官雲南早已派調起程，儘可足用，更無庸添委。又岳鍾琪奏稱馱運騾頭設有病乏將所馱之糧散與兵丁馱馬帶運，并兵丁裏帶二月行糧進藏程途約需三月有餘，此行糧支完之日即以騾馱之糧散給一月口糧，令各兵自行裏帶，倘馱馬病乏，卸糧餘騾可以代用等語，實屬周詳，現行滇省軍前文武一體遵照。再滇省至藏路途甚遠，水草艱難，康熙五十九年進藏騎馱馬匹倒斃殆盡，兵丁騎馬于回營彙報開除請銀買補，馱馬止准倒斃不准買補，雍正二年提督臣郝玉麟帶兵駐劄察木多各兵騎馬准予倒斃，即在軍前請銀買補，而馱馬亦止准倒斃未曾發銀買補，俱係兵丁借銀買備，以故多有賠累。

此次出師兵丁借支奉文停止，如馬匹倒斃不准買補，各兵仍不免艱難，是以臣奏請一例動銀購買。又滇省向不產馬，營馬價值本與各省較貴，所以四川營馬歷來定額每匹止八兩，雲南營馬歷來定額每匹二十一兩八錢，前次進藏案內各鎮營每馬只支銀十五兩，而在口外買補每匹原自十四五兩以至十七八九兩有零，駐劄察木多案內每匹只支十三兩者係雇馱之馬非買補營馬之價，故奏銷冊內俱登註滇省馬價二十餘兩，不敷之銀係各官捐補報部有案，原非以遠近而分別多寡，是以此次進藏摘調營馬，臣酌中援照康熙五十九年進藏摘馬之價每匹議定十五兩奏請發給，一面即令藩司按數發銀令各分頭購買，其有不敷仍應視緩急再設法騰那，茲于三月二十二日准戶部咨撥餉事外鈔摺一件，所有臣軍需前摺奉旨著怡親王等參酌，據議覆行文岳鍾琪并臣商酌等因到臣，除俟准到部咨另疏具題外，合將緣由先行一併奏明，仰祈聖主睿鑒，臣爾泰謹奏。

雍正六年三月二十八日

硃批：所議是，將此奏已錄存案矣。

〔239〕四川巡撫憲德奏報會同岳鍾琪辦理川滇兩省官兵進藏口糧情由摺（雍正六年四月初二日）[2]-[12]-105

四川巡撫臣憲德謹奏，為自陳遺漏仰祈睿鑒事。

臣前奏聞輓運軍糧委員口外購買炒麵以及臣標官兵起程日期各緣由一摺，內奉硃批此事當與岳鍾琪商酌，你生疎不諳，似此雖早數時，邊外青草不敷生畜倒斃不反悞事乎，此亂料理，朕甚憂之，況此事朕皆令岳鍾琪督理之事耳，摺中亦不見言岳鍾琪咨委辦理一句，朕實不解你此奏係奉部文還是朕諭，係出你一人之見是岳鍾琪咨行也，如此奏聞朕如何批示也，欽此。此誠我皇上垂憐微臣，恐緣不諳致干罪譴，其所以為生全臣者無弗至矣，臣非木石焉有不惕慄警懼感激思奮者乎。竊臣自去冬接准部文令臣會同川陝督臣岳鍾琪辦理川滇兩省進藏官兵接濟之肆個月口糧，臣深懼一己之不能，幸有會同督臣辦理之部議，是以逐事逐件無一不咨請督臣，俟示覆至日後行者，如令建昌道劉應鼎之總理糧務，知府王詢之協理糧務，以及輓運採買之分委文武各員姓名，臣標官兵之安設塘站酌撥土兵量給月費口糧節次起程日期不但督臣示知，印信文移俱各在案，即往返寄商手札亦歷歷不爽也，凡臣具題關係軍務事件俱係商之督臣，准伊令臣主稿臣始具稿馳送督臣畫題，是以疏內俱經聲明，臣謹會同

川陝督臣岳鍾琪合詞具題等語，而於臣自己奏摺之內反遺漏會准督臣辦理情由，以致上廑天懷，顧此失彼之罪臣實無以自釋矣。今又有滇省烏彝殺害官兵，川兵各路應援會剿，一切事宜亦俱係准督臣指令照冕山之例支給，臣現查照冕山之例支運應付，為此謹具奏聞。

雍正陸年肆月初貳日四川巡撫臣憲德。

硃批：如此則已。

〔240〕鑾儀衛鑾儀使周瑛奏報會商進兵西藏軍務事宜摺（雍正六年四月初六日）[2]-[12]-137

散秩大臣品級鑾儀使左都督世襲拜他喇布勒哈番帶餘功三次紀錄一次加一級仍降三級留任臣周瑛謹奏，為奏明事。

竊臣荷蒙聖恩，派臣赴川領兵進藏，其一切軍機事宜悉蒙我皇上睿慮周詳。又命臣至西安時與督臣岳鍾琪會商料理，欽此欽遵。臣於過陝之日與督臣面加詳議，若川省大兵糧運均由裡塘、巴塘一路並進，於山路狹隘處所必致人馬擁擠，抑且烏拉不敷，臣謬擬帶兵由霍耳一帶前進，留裡塘、巴塘一路辦理糧務，似於軍行挽運均有裨益。及臣抵川，其一應兵馬錢糧事宜，俱經撫臣憲德、提臣黃廷桂欽遵諭旨料理預備，撫臣則派委文員，陸續前由裡塘、巴塘、叉木多等處備辦軍糧，並遣發臺站護送兵丁數起出口，提臣則派調各鎮協營官兵摘配駝載馬匹，將鑼鍋帳房旗幟等項料理整齊，會臣看驗。臣見官兵俱各踴躍奮興，隨量加獎賞，以資鼓勵。惟查駝載馬匹原議每貳兵給以叁馬，若由成都至藏，道路險峻，恐負重致遠，力所不逮，臣庸愚末見，議以每兵止給駝馬壹匹，將貳兵合給之馬及鞍屉草乾銀兩俱折領價值，沿途設有所損，便於購買雇倩，以利軍行。至每兵裹帶兩個月口糧臣今既由霍耳一路前進，此地牛羊炒麵均可備買，議令各官兵出口時只裹帶壹個月口糧，照價折給壹個月銀兩，飭令各兵就便採買，足以供沿途之用，如此則駝載較輕，而於挽運亦為省便。再四川所派之兵肆千名內派調松潘鎮屬之兵壹千貳百名，若調至成都再由打箭爐出口，不但程途迂遠，而且山路崎嶇，臣於上年進剿郭羅克時曾差人直躐至霍耳地方，俱有路徑相通，揆其形勢約近千里，而沿途食用於阿壩、郎墮等處，亦足資採買應用，是以議派夔州協副將張翼前赴松潘將兵馬點驗齊全，同領兵將弁帶領由黃勝關出口，至霍耳春科河口與臣會合，其駝馬裹帶亦照前議。以上事宜臣因皆有益於軍旅，隨備咨會商

督臣，旋准咨覆，所議三條，俱屬妥協，實與軍務大有裨益等因。臣隨咨會撫臣、提臣轉行遵照在案，繼准督臣咨開，准戶都咨，於雲南督臣鄂爾泰條奏案內將臣會商折給馬價緣由具奏請旨，荷蒙聖恩俞允，轉咨到臣，欽遵在案。臣原擬於本年肆月初陸日帶兵起程，先經咨會陝、滇督臣去後，臣正在陸續遣發間，適於肆月初貳日接准欽差都察院臣查郎阿、副都統臣邁祿、督臣岳鍾琪聯銜咨開，案照川陝進藏官兵起程日期，經本院等繕摺奏請，今蒙皇上欽定，肆月貳拾壹日、伍月初壹日、伍月初陸日，諭令於此三日內官兵起程出口，今陝省滿漢官兵已赴西寧住歇，本院等欽遵欽定日期，於伍月初壹至伍月初陸日自西寧按營起程出口緣由到臣。臣隨飛咨雲南督臣，並行知領兵官弁，謹遵欽定日期於肆月貳拾壹日起程，伍月初陸日自打箭爐出口前進，俟起程之日另疏題報外，所有微臣會商軍務事宜，理合繕摺，由驛齎捧奏聞。再臣因肆月初陸日起程，撫臣憲德捐備大小銀牌等項，計重壹千貳百兩，又布政使臣管承澤捐備蜀緞綾綢壹百貳拾疋，約價百拾餘兩，交臣隨帶口外，以佐賞需之用，理合一並奏明，謹奏。

　　雍正陸年肆月初陸日

　　硃批：欣悅覽之，來往平安如意，安定藏事速速歸來，君臣歡喜見面可也。

〔241〕鑾儀衛鑾儀使周瑛奏謝硃批勉勵並賜平安丸藥摺（雍正六年四月初六日）[2]-[12]-138

　　奴才周瑛謹奏，為恭謝天恩事。

　　竊臣前於抵川之日具摺恭請聖安，今於肆月初肆日據臣家人張成齎回皇上硃批原摺，以及欽賜平安丸藥到川，臣隨出郭跪迎至臣署，恭設香案望闕叩謝聖恩。啟讀硃批如瞻天日，喜溫綸之特眷，感激彌深，荷聖藥之頒臨，羣霑湛露，臣謹分給領兵官弁隨營備用。伏念臣邊鄙庸愚，受恩輦下，屢蒙異數，曠典頻加，清夜捫心涓埃莫報，惟有益竭駑駘，黽勉厥職，慎嚴軍旅，撫綏番部以圖仰報聖恩於萬一耳，為此隨摺奏謝，謹奏。

　　雍正陸年肆月初陸日

　　硃批：覽卿奏謝矣，藥乃備而不用者。

〔242〕川陝總督岳鍾琪奏謝欽賜地輿全圖十幅摺（雍正六年四月十五日）[2]-[12]-173

　　陝西總督臣岳鍾琪謹奏，為恭謝天恩事。

雍正六年四月初五日奉到欽賜臣地輿全圖一匣計十幅，臣隨望闕叩請謝恩祇領訖，竊臣一介庸愚每慚謭陋，識同窺管，知類測蠡，慶聲教之覃敷，治隆九有，承恩波之溥惇，化被八絃，政叶清寧合寰區而涵一，德欽與安阜周極壤以覘同風，是知率土臣民咸依化育，胥見普天黎庶共樂生成，臣躬荷洪庥，生逢盛事，披圖思聖，億仰瞻衍，慶於萬年，捧軸奉家藏，益凜報忱於奕世矣，謹繕摺恭謝天恩，伏乞皇上睿鑒，為此謹奏謝以聞。

雍正六年四月十五日具。

硃批：此圖乃聖祖君父費數十年苦心所成之物，從來未有者，宜珍重收藏者。

〔243〕川陝總督岳鍾琪奏遵議陝省應派進藏馱馬確數暨買補價值緣由摺（雍正六年四月十五日）[2]-[12]-175

陝西總督臣岳鍾琪謹奏，為遵旨議奏事。

竊臣摺奏預備軍需事宜奉硃批諭旨，此論甚是，但臨時動用營馬時必須即便補足預將買補錢糧撥備方是，至於豫晉二省著他備三千匹，只可是此數多則不便矣，欽此。臣查官兵暨跟役餘丁人等所需馱馬共三萬五千八百匹，若預期統行購備則經年餵養徒滋糜費，是以臣止請購買馬一萬匹，照定價估銀八萬兩，其餘馱馬二萬五千八百匹請於豫晉二省附近標營併陝甘滿漢營馬內先期餵養臕壯，以備臨期摘調，今蒙諭旨於豫晉二省內各撥給馬三千匹，誠如聖諭預備料理，尚不敷馬一萬九千八百匹，臣遵旨於陝省各標營馬匹內確核分派，應將西安駐防滿兵額馬內摘調馬八千匹，再於甘屬各標營內摘給馬一萬一千八百匹可以敷馱載之用，但此摘調滿漢之營馬亦應加意餵養以資飽騰，庶於軍行有益，仰懇皇上睿鑒，以現今西藏用兵密降諭旨，令將軍提鎮諸臣嚴飭屬員經理餵養，不時親加驗看，以備調撥，毋致疲瘦。再查摘給豫晉二省併陝省滿漢標營之馬匹例應購補，令統計摘給馬二萬五千八百匹，以定價每匹八兩核算共應需銀二十萬六千四百兩，臣從前因未即採買所以將價值亦未估入，今除豫晉二省應各需馬價銀二萬四千兩俱於各該省領銀購買外，其陝省滿漢標營摘給馬一萬九千八百匹該銀一十五萬八千四百兩，臣查前奉撥解銀二百五十萬兩內約計各項採買備辦之價值尚有節省餘剩，應將陝省馬價在下剩銀內動給，如有不敷請於陝甘布政司庫貯正項銀內核給以敷買補。至前奉諭旨在甘屬拴養馬四千匹，查此馬匹因為預備軍需之用，但沿邊兵馬調派行走，邊營緊要不可不多備馬匹以資調遣，未便將此拴養馬匹即充馱載之數，應於臨期或可撥用

另行請旨摘給方為妥協，臣謹將陝省應派駄馬確數併買補價值緣由遵旨議奏，是否合宜伏乞皇上睿鑒訓示遵行，為此謹奏請旨。

雍正六年四月十五日具。

硃批：料理所議甚好，已將此奏文與怡親王等錄存案矣。

〔244〕陝西寧夏總兵郭成功奏遵旨酌撥兵馬器械預備進藏等情摺（雍正六年四月十五日）[2]-[12]-182

鎮守陝西寧夏總兵官臣郭成功奏，為奏明事。

竊臣以衰朽之質不堪任使，謬叨皇恩畀以封疆重寄，陛辭之日諭旨諄切，臣惟有仰遵聖訓整頓營伍，操練兵馬以圖仰報。查寧夏壹鎮自康熙伍拾肆年軍興以來調遣頻仍，而歷來署事官員未能盡心整理，以致營伍疲累，盔甲旗幟等項多有缺額，有前任寧夏總兵官張君烈查點營中缺額盔甲旗幟鍋帳等項，呈請督臣岳鍾琪備銀製造，尚未完備，而該鎮病故。臣於上年捌月初貳日抵署，細查缺額等項急令將備上緊製造，隨後報完，而猶有缺額之項，臣復飭行添造，務必補足。嗣奉部文奉旨派兵進藏，寧夏鎮派馬兵壹千名步兵五百名，臣飭令預備整齊，撥給駄載馬匹，隨帶器械軍裝，蒙恩富足賞給銀兩，於本年叁月初肆初陸日兩起起程，踴躍前往，臣已將緣由題明在案。又有臣標後營壹營奉文裁撥大通鎮，共裁撥馬兵陸百名，又裁撥永固永昌補數步兵肆百名，共裁撥馬步等兵丁壹千名，亦於本年叁月貳拾伍陸兩日前往大通永固永昌，臣將裁撥大通永固永昌兵馬帶去器械旗幟鍋帳數目業已造冊咨呈督臣岳鍾琪報部。臣隨查寧夏撫標除進藏兵馬，裁撥大通兵馬帶去器械之外，而鳥槍鍋帳等項尚有缺少，臣現今呈明督臣岳鍾琪循照前例暫借庫銀設局製造，所借庫銀在營中額設公費步糧內分季扣還。再查寧夏兵丁之內人物非從前可比，臣到任之後即飭行標協營路如有老弱兵丁俱行沙汰，務補精壯之人以實營伍。至於臣屬協路營堡缺額盔甲旗幟鍋帳等項臣已飭令照數補完，現在不時行查外，今將前由臣謹繕摺具奏，伏乞皇上睿鑒，謹具摺奏聞。

雍正陸年肆月拾伍日

硃批：好，勉之。

〔245〕四川巡撫憲德奏報驗收進藏官兵需用駄載馬匹摺（雍正六年四月二十一日）[2]-[12]-234

四川巡撫臣憲德四川提督臣黃廷桂謹奏，為據實奏聞事。

　　竊查奉派進藏官兵需用馱載馬匹臣等承准部文，遵照除將各營額馬摘調外，其不敷馬匹即照原議每匹支銀八兩，分發文武各員購買，陸續交納，臣等驗收之下馬匹率多瘦小，屢經駁換而承買各員遂以馬騾並交，臣等因思川地產馬無多，一時恐難購覓足數，且細詢歷來進藏各營官弁僉云負重致遠，馬不及騾，臣等訊問既確，故敢無論騾馬總以臕足肥壯者准其交納，及鑾儀使臣周瑛至省，復將兼收情節面相商酌，亦謂騾力較勝，便於馱載，今已驗收足數，分發各兵牽領去訖，惟是造冊咨部例應開報馬匹，臣等雖循舊例造報，而所收實係騾馬，不敢隱蔽，理合據實奏聞，伏乞皇上睿鑒，謹奏。

　　雍正陸年肆月貳拾壹日

　　硃批：知道了。

〔246〕雲南總督鄂爾泰奏覆商酌買補出兵西藏中途倒斃馬匹情由摺（雍正六年四月二十六日）[2]-[12]-267

　　雲南總督臣鄂爾泰謹奏，為覆奏事。

　　雍正六年四月十六日准戶部咨稱，戶部奏據川陝總督岳鍾琪奏稱，查雲南督臣鄂爾泰條奏各條內賞給茶煙布疋從前川省與滇省相同，今川省應仍照數賞給。惟查從前出師兵丁中途倒斃馬匹一面先行報明存案，統於事竣旋師之日造冊題報，無沿途給發買補馬匹之例，前臣因兵丁馱馬關係輜重，與周瑛相商將川省摘給進藏馬步兵丁兩兵三馬之處作何料理，方于長途有益，今准周瑛咨稱川省兵馬自成都至打箭爐皆係崇山峻嶺，自打箭爐出口以至西藏陡險崎嶇，馬匹負重致遠難免勞乏，不如將摘給兵丁之馱馬三匹每兵止給一馬，其兩兵合給馱馬一匹之馬價草乾鞍屜等項銀兩俱照數折給，令其前途或購買馬騾或僱覓烏拉按站馱載前往，似屬有益。臣查周瑛所議折給之處誠為允協，已咨覆周瑛照議辦理，至于陝省兵丁馱馬臣于兵糧相合摺內業經奏明，如兵丁馱馬中途或有疲乏請于運糧騾頭內將已經散完糧石之空騾通融馱載，毋庸再議。但于兵丁抵藏事竣之後留兵駐藏所需馱馬或致缺乏之處不可不預為籌畫，應交與欽差左都御史臣查郎阿等於川陝官兵到藏後將留住兵丁馱馬內如有倒斃驗明實數，即將運糧騾頭挑選臕壯結實者按數補給，其撤回兵丁馱馬內或有缺乏亦將運糧騾頭挑選給與，自無不足。再兵丁騎馬倘有倒斃不便以騾頭抵給，查現有撥觧赴藏軍需銀二十萬兩，應于此項銀內動用購買馬匹撥給，仍照營馬年限之例分別應免應賠數目另行彙冊報銷等語。臣等查看

得岳鍾琪所奏摘給馱馬每兵止給一馬，其兩兵合給一匹之馬價草乾鞍屜等項
銀兩照數折給，令其購買馬騾僱覓烏拉等語，岳鍾琪辦理此項甚為周備妥協，
應如所議，併行文知會鄂爾泰，滇省官兵摘給馱馬或應照川省所議或仍二兵
給三之處，令鄂爾泰商酌柔定，至留藏撤回兵丁補給馱馬購買騎馬等條岳鍾
琪籌畫甚善，應令知會查郎阿等悉照議行，其川省賞給茶煙布疋應如岳鍾琪
所奏與滇省一例賞給作正開銷可也，為此謹奏，奉旨依議速行，欽此，移咨
到臣。該臣看得川陝總督臣岳鍾琪奏稱前因兵丁馱馬關係輜重，與周瑛相商，
准咨覆稱川省兵馬自成都至打箭爐以至西藏崇山峻嶺陡險崎嶇，馬匹負重致
遠難免勞乏，不如將摘給兵丁之馱馬三匹每兵止給一馬，其兩兵合給馱馬一
匹之馬價草乾鞍屜等項銀兩俱照數折給，令其前途或購買馬騾或僱覓烏拉按
站馱載前往，似屬有益，已咨覆照議辦理等語。查滇省兵丁原准部文行令摘
調營馬以為馱載，緣進剿茶山法戞等處并駐防烏蒙鎮雄阿墩子等處多需用營
馬，且自滇出口以至察木多抵藏重疊雪山，道路險隘，又並無水草可以牧放，
內地馬匹最易倒斃，故臣于奉文調兵之後即密令各營購買騾頭以充馱載，并
委辦事知州楊正輔先赴中甸僱覓騾馬以備補內地購買不足之數，經與撫臣朱
綱提臣郝玉麟酌商，每二兵應給三馱之內止給一馬，補給一騾，其再應給一
匹之馬價鞍價等項銀兩俱照數折給，交付領兵各將弁或買或僱，擬期無悞，
茲據摁兵官南天祥具報已于三月二十五日齊到劍川，諸事停妥，定于四月初
六日出口前進，是折給馬價一項已與川省辦理相符，似毋庸再酌。至僱覓烏
拉按站馱載一項，查自西藏用兵以來川省出入官兵馱載觧運等項原皆用烏拉
按站替換，發給僱價，人馬驢牛皆可以並用，相沿至今業為成例，不但便利
亦較省費，滇省從前出口進兵雖亦須僱覓烏拉，然從無按站替換之，馱載皆
係僱覓長行，故自中甸至察木多每一匹僱價二十兩，自中甸至藏每一匹僱價
四十兩，迨雍正二年提臣郝玉麟自中甸進察木多始每一匹給僱價十三兩，亦
不能再減，是僱覓烏拉按站替換之事在川省實屬妥協，在滇省甚費周章，故
臣前議請將沿途倒斃馱載馬匹一併准其給發買補者，實緣過慮及此，今岳鍾
琪既稱兵丁馱馬或有疲乏，請于運糧騾頭內將已經散完糧石之空騾通融馱
載，是滇省馱馬自出口至察木多中途有倒斃者現有折給等項銀兩原可攢湊買
僱，自察木多至藏中途有倒斃者又有川省散完糧石空騾通融馱載，業極周備，
斷無缺悞，則滇省馱馬或有倒斃亦止須報明存案，自毋庸更議買補，臣當行
知軍前文武，如自察木多前進馱載或有倒斃，一面驗明具報一面驗報摁統兵

馬散秩大臣周瑛，一體通融給領可也。再兵丁騎馬倘有倒斃自不便以騾頭抵給，岳鍾琪議于撥觧赴藏軍需銀二十萬兩內動用購買馬匹撥給，滇省亦應照行，如有騎馬倒斃即驗明具報，一面于撥觧赴藏軍需銀十萬兩內動給買補。至于抵藏事竣之後留駐兵丁與撤回兵丁內駄馬或有缺乏，川陝議于運糧駄騾內挑選給與，在滇省雖無運糧駄騾到藏，而岳鍾琪原議將駄運四個月口糧之騾頭分交進藏兵丁摬帶，滇省原俱在內，是滇省留駐撤回兵丁內駄馬或有缺乏亦將此項駄騾補給，諒無不足，即或少有不足應如何買補僱覓之處應令領兵摬兵官南天祥、辦理軍需知府丁棟成呈請欽差左都御史查郎阿酌示遵行。其滇省營馬定價與川省營馬定價原不一例處，臣前摺已經陳明毋庸再贅，謹繕摺覆奏，伏乞聖主睿鑒勅部議覆知照施行，臣爾泰謹奏。

雍正六年四月二十六日

硃批：此摺已交怡親王等詳議，另有旨部頒。

〔247〕雲南總督鄂爾泰奏謝恩賞皇輿圖十卷暨御製磁器等物摺（雍正六年四月二十六日）[2]-[12]-268

雲南總督臣鄂爾泰謹奏，為恭謝聖恩事。

雍正六年四月十八日臣賷摺家奴七斌蒙恩賞給驛馬賷回頒賜臣皇輿圖十卷，御製磁器一箱共二十件，哈密瓜乾香瓜乾共一匣乳餅一匣抵滇，臣隨郊迎至署，恭設香案望闕叩頭謝恩祗領訖。竊念臣叨荷殊知，無可比擬，感頌之詞莫能出口，伏讀不念及卿尚當念及何人之諭，淚下如雨，不能仰視，此即凡有血氣者皆應聞之激切，況臣天性具在，將何以自處公忠誠純之訓，惟當鏤骨銘心此生此世誓不負我慈父也（硃批：覽卿奏謝矣，廣眾之人尚賴卿代朕鼓舞教養人才，況卿弟兄子姪豈有不教訓他竭誠報朕之理，朕原未得人而用，非私卿親戚有所偏向也，設如用而不是，而不聽卿訓導子姪，負朕恩用之下流，朕亦必倍加懲治也，摬朕用人惟一公，遇大臣之子姪朕多喜用者皆此意也，卿可知之）。再接臣兄鄂臨泰家信知臣胞姪鄂昌蒙恩特授戶部主事，臣家一門兄弟子女均邀異數，不獨臣等竭力致身實難仰報萬一，即臣之祖宗父母九泉有知亦當圖報于生生世世矣，緣例不具本，謹此附摺，差臣家奴保玉賷奏，恭謝聖恩併繳硃批原摺九扣，伏乞聖上睿鑒，臣爾泰無任感切瞻依之至，謹奏。

雍正六年四月二十六日

硃批：覽。

附修訂硃批一條

廣眾之人尚賴卿代朕鼓舞教導以培養人材，況卿弟兄子姪豈有不加意訓誨令竭誠報朕之理，朕原求得人而用非私卿親戚有所偏向也，設如用而不是者必係不聽卿訓導之子姪，負朕恩用之下流亦必倍加懲治也，總之朕用人惟一大公，遇大臣之子姪每多喜用者皆此意也，卿可知之。

〔248〕散秩大臣兼副都統達鼐奏報連城伐木事宜移交臬司辦理摺（雍正六年四月二十六日）[1]-3142

散秩大臣副都統臣達鼐謹奏，為奏聞事。

卓子山〔註779〕、棋子山〔註780〕木之事欽命交付總督岳鍾琪按察使李元英及臣我等料理，遵命卓子山棋子山伐木，自連城縛筏向蘭州放排之事，已由臣屬之人會同按察司衙役辦理訖。自蘭州賣木銷算錢糧等事由按察司李元英承辦，雍正四年五月至本年三月一應伐木縛筏放排運至蘭州之事按察司李元英解送給臣，經臣手發給之木工銀五千五百餘兩，經李元英處發給之木工銀八千八百六十餘兩，共用銀一萬四千三百六十餘兩。本年正月接據總督岳鍾琪移奏內開，茲發兵西藏，古爾班索羅木〔註781〕乃進藏要道，宜調達鼐率陝甘撫標官兵前往助威等語，此木料之事臣理應上緊辦理，唯臣素性昏愚，茲又奉命領兵前往索羅木等處，木料之事難以顧及，故致總督岳鍾琪言曰我茲將領兵移駐索羅木等處，番子既屬我管我仍照前嚴加節制，此外伐木縛筏放排運往蘭州等事請另擇人辦理，或交承辦此事之按察司李元英辦理等情，移咨商榷前去。據總督岳鍾琪咨覆內開，爾所咨各情我俱行文按察司李元英矣，故臣遂即知照按察司李元英，我已交付屬下承辦木料之人，將雍正四年五月至本年三月伐木縛筏放排運往蘭州之木工等項用銀共計一萬四千三百六十餘兩核清，繕造細冊解交臬司，俟銷算時一併奏銷等情移咨前去外，為此謹具奏聞。

雍正六年四月二十六日

硃批：知道了。

〔註779〕常寫作桌子山，在今甘肅永登縣西南。

〔註780〕在今甘肅永登縣西南。

〔註781〕原文作古爾班、索羅木，今改正為古爾班索羅木。索羅木為三岔口之意，固爾班索羅木即為黃河源入扎陵湖之源頭地區。

〔249〕川陝總督岳鍾琪奏遵旨酌議諄噶爾來使特壘動身回歸日期摺（雍正六年四月二十九日）[2]-[12]-291

陝西總督臣岳鍾琪謹奏，為遵旨議奏事。

雍正六年四月十六日奉到硃筆諭旨，準噶兒來使特壘〔註782〕已擬四月二十內從京中起身矣，伊有代噶兒丹策零〔註783〕討《丹朱兒》之經〔註784〕尚未造成，向伊言有著在肅州等候隨後發與他帶徃之事，大槩命特壘從肅州何時動身好俟卿定日奏到，將刷印經卷酌量日期送往肅州以便令伊動身也，欽此。臣查諄噶兒來使特壘前於赴京之時其帶來彝人俱留駐肅州，嗣准理藩院咨稱將特壘所留肅州人之貨物仍照從前之例派員看管貿易，臣即行令地方官照例公平交易在案，頃據肅州通判毛鳳儀報稱諄噶兒來使所帶貨物約值三萬餘金，肅州地在邊隅客商貿易者頗少，貨物既多猝難售完等語，今奉諭旨特壘從肅州何時動身令臣定日具奏，臣思諄噶兒彝人所帶貨物既未售完，則特壘回至肅州自必少遲時日，臣擬於七月間可以遣發特壘回巢，所以噶爾丹策零請領《丹朱兒》經卷於刷印完日仰請欽定日期送至肅州交與特壘領齎動身，似屬允協，理合遵旨議奏，伏乞皇上睿鑒，為此謹奏。

雍正六年四月二十九日具。

硃批：甚好，將經令六月盡間送到肅州來，卿酌量令伊動身回去。

〔250〕川陝總督岳鍾琪奏報派員挨站嚴查遺漏馬臘等摺子緣由並抄呈馬臘等清字咨文摺（雍正六年四月二十九日）[2]-[12]-295

陝西總督臣岳鍾琪謹奏，為奏聞事。

雍正六年十月二十四日兵部咨開，准理藩院咨，奏稱本月十一日據臣從驛遞送到理藩院發單內開，駐劄西藏副都統馬臘等咨送理藩院公文一角黃匣一個包子一個，隨將咨文開看，文內開又馬臘僧格等請安奏摺一件密奏摺一件，查得摺匣破損而無馬臘等奏摺二件，臣發單內亦並未開有馬臘等奏摺字樣，將摺匣係何站破損遺漏令臣查糹等因。臣查雍正六年四月初三日准駐劄西藏副都統臣馬臘、學士臣僧格移臣清字咨文二件，又咨送理藩院公文一角

〔註782〕《清代藏事輯要》頁一一二作特壘。

〔註783〕《蒙古世系》表四十三作噶爾丹策凌，繼其父策妄阿喇布坦為準噶爾汗。

〔註784〕今常寫作《丹珠爾》，《大藏經》分《甘珠爾》《丹珠爾》兩部，《丹珠爾》即其一。

黃匣一個包封一個，俱遞送到臣，臣見黃匣上有唐古忒字跡，其馬臘等咨臣清文內情節係具奏西藏事宜，臣因馬臘等並未給有發單，恐驛遞傳送稽滯，臣轉填發單由驛齎送，今准部咨以摺匣破損奏摺遺漏，臣思前於送至西安之時黃緞包匣一個並未破損，又因包匣固封且上寫唐古忒字跡，是否即係密咨內所奏之事難以遽定，是以臣發單內亦不便開寫奏摺字樣。今查馬臘等咨理藩院文內開有奏摺二件，則遺漏之奏摺即係來咨內所稱具奏之事矣，臣一面嵩差弁員於陝川沿途驛遞併至打箭爐一路挨站嚴查外，所有馬臘等移臣清字咨文二件理合一併抄錄進呈，伏乞皇上睿鑒，為此謹奏以聞。

雍正六年四月二十九日具。

硃批：此奏未到先有旨矣。

〔251〕川陝總督岳鍾琪奏報自西寧口外至烏魯烏蘇安設臺站情由請旨核議遵行摺（雍正六年五月初七日）[2]-[12]-341

陝西總督臣岳鍾琪謹奏，為奏聞請旨事。

竊查陝省派撥滿漢官兵隨左都御史臣查郎阿等前徃西藏，凡一切奏章咨報事件必須安站馳送，前准部咨經議政議定自西寧口外以至木魯烏蘇令西海人等同綠旗兵丁坐臺，自木魯烏蘇以至西藏令玉書囊書番人同陝西派出八千兵內兼派坐臺，令臣與散秩大臣達鼐商議辦理。臣因西寧口外骨兒伴鎖里麻〔註785〕地方乃通西藏之要路，必須派兵駐防更屬有益，經臣具奏仰蒙俞允，當即欽遵於陝甘二撫標各派撥馬步兵五百名共兵一千名，併派領兵將弁帶領前赴西寧交散秩大臣達鼐統領出口駐劄。其應設臺站亦移商達鼐酌議去後，今准達鼐咨開自西寧口外阿什漢水〔註786〕起至木魯烏蘇止計安二十八臺，每臺派西海彝人同兩撫標駐防綠旗兵兼派安設，共需綠旗兵四百九十名，其自木魯烏蘇以至西藏計安三十五臺，每臺以玉樹囊書番人同陝省派出八千兵內均派安設，併將應需口糧等項議覆前來。臣查木魯烏蘇去西寧頗遠，不特輓運途遙，抑且撫標兵丁派撥既多，亦與駐防之事不甚相協，自當斟酌變通以期有裨軍務，況陝省派出八千兵之口糧俱已隨軍運送，若將骨兒伴鎖里麻至木魯烏蘇一路臺站於此八千兵內更派安設，誠可節繁費而利軍行，今臣酌計自西寧口外阿什漢水至骨兒伴鎖里麻計程不過千里，安臺十有餘處，每臺派綠旗兵十名同西海彝人兼派安設，

〔註785〕索羅木為三岔口之意，固爾班索羅木即為黃河源入扎陵湖之源頭地區。
〔註786〕青海省共和縣倒淌河鎮附近。

止需綠旗兵一百餘名，而駐防骨兒伴鎖里麻之兵丁尚有八百餘名，實於駐劄有
益。其自骨兒伴鎖里麻由木魯烏蘇以至西藏一路臺站，令西寧鎮臣周開捷同達
鼐差委之章京等於八千兵內按臺派設，將所需口糧即令押運各官照臺扣留，交
與管理臺站之營員經管支給，其各臺站兼派之彝人番人仍照原議兼派安設。但
查彝人番人應給六個月口糧，若令其前來支領，道路遙遠，駄運艱難，除彝人
口糧將伊等調至西寧口外丹噶兒寺地方支給一個月外，其餘五個月口糧併玉書
等番人六個月口糧應以折給為便。查從前軍需折給之例口糧之外又有茶價羊價
等項，事屬繁瑣，今與達鼐確商將彝番折給口糧照進藏官兵每月折銀四兩之數
減半給與，每名每月折給銀二兩，與從前折給數目亦屬相符。至於陝甘二撫標
所派官兵應需六個月口糧除裹帶一個月外，尚該五個[註787]月，運送口糧若購
買腳力輓運徒滋糜費，臣查西寧本地併鎮海營所屬口內口外歸順之囊貰番族內
均有驢騾牛馬可以僱覓運送，應將官兵五個月口糧照例以半米半麵兼搭分作兩
起運送，每運派州縣官一員押運核支，於經過臺站之時即將各本臺兵丁應支五
個月口糧照數扣留，交與管臺之弁員按月支給，駄運之腳力計算道路遠近給與
僱價即可遣回。其駐防官兵口糧令押運官送至官兒伴鎖里麻駐劄地方經管支給，
支完即回，二運亦照此料理，似屬妥協。臣正在移行辦理間，適河州副將胄重
光葜親假滿自原籍來陝，臣因其辦事明白熟諳番情，即令其前往西寧同鎮海營
參將馬成伏會同西寧涼莊二道員將撫標駐防官兵五個月運送口糧分作兩運僱覓
驢騾牛馬，交與押運官運送前往，所需口袋將扣存進藏官兵小建餘剩口袋撥給
裝運，如有不足令其製備。再米麵輕重不一，腳價難以偏岐，今每米一石合麵
一百四十觔，一體運送則輕重適均而於運送亦無偏累，至於運送腳價從前部議
內地每百里以一錢准銷，今沿途臺站併駐防官兵俱在口外，所僱人夫腳力一切
口糧等項俱係自行製辦，由口內預備裹帶前往，若照定價每百里一錢給與實不
敷用，勢必難於僱募，今據西寧道劉之頊等稟稱，僱覓人夫腳價每百里給銀二
錢三分三釐，約計二運共需運價銀二千九百餘兩等語，臣查所稟情節實係因地
辦理，統於事竣之日核明報銷。再查西寧口外九月以後冰堅雪大，臺站官兵難
以駐劄，應於西藏事定之日令左都御史臣查郎阿將木魯烏蘇以外切近西藏各臺
站官兵酌量撤回藏地，其離藏尚遠之各臺站不便撤調赴藏，以致往返跋涉，應
與木魯烏蘇以內至西寧口外各臺站同駐防骨兒伴鎖里麻各官兵亦令查郎阿知會
達鼐，俟木魯烏蘇等處臺站捲撤之日即一併帶領撤回內地，至此後藏內一切奏

[註787] 原文此處空缺，補「個」字。

章俱由四川一路齎送，庶屬妥便。現今官兵即日出口而駐防安站官兵又須先期前往，若俟奏明料理恐致遲悞，臣一面咨明左都御史臣查郎阿副都統臣邁祿散秩大臣達鼐蘭州撫臣莽鵠立併檄飭西寧鎮臣周開捷蘭州布政使孔毓璞西寧道劉之頊涼莊道殷邦翰副將冑重光叅將馬成伏等分別安設辦理，其動用過銀糧數目交蘭州撫臣莽鵠立核明造冊報銷外，臣謹將安設臺站支給口糧，僱覓運送增給腳價，併將來撤站緣由理合繕摺奏請，伏乞皇上睿鑒勅議遵行，為此謹奏請旨。

雍正六年五月初七日具。

硃批：交怡親王等查對存案矣。

〔252〕散秩大臣兼副都統達鼐奏報領兵移駐索羅木起程日期摺（雍正六年五月初一日）[1]-3143

散秩大臣兼副都統臣達鼐謹奏，為奏聞事。

切照總督岳鍾琪咨開，兵進西藏，古爾班索羅木〔註788〕等地乃進藏要道，宜調達鼐率陝甘兩撫臣標下官兵移防助威，青海蒙古、玉樹、納克舒〔註789〕等地番子與兩撫臣標兵及另遣之陝西八千兵丁一併遣派安置駐站，直至藏地，特此知照等情。到後奴才為派駐站蒙古兵丁當即行文青海各扎薩克等，又與總督岳鍾琪磋商差人調遣木魯烏蘇以南駐站之玉樹、納克舒等地番子外，俟兩巡撫標營兵丁陸續抵達西寧後酌情休息幾日，五月初一日臣將領兵自西寧起程。查得索羅木等地雖有通藏之路，仍在青海境內，茲臣雖然領兵移駐索羅木仍然未出青海，因照舊辦理青海番子事務，故攜印前往，為此將帶印出師及五月初一日領兵自西寧起程之處繕摺奏聞。

雍正六年五月初一日

硃批：知道了。

〔253〕左都御史查郎阿等奏請萬安摺（雍正六年五月十七日）[1]-3149

奴才查郎阿、邁祿、達鼐跪請聖主萬安。

雍正六年五月十七日

〔註788〕原文作古爾班、索羅木，今改正為古爾班索羅木。索羅木為三岔口之意，固爾班索羅木即為黃河源入扎陵湖之源頭地區。

〔註789〕清代檔案文獻多作納克書，清時期西藏所屬三十九族藏人部落內貢巴族、畢魯族、琫盆族、達格魯族、拉克族、色爾札族六部落皆冠以納克書者，今西藏比如縣一帶地區。

硃批：朕躬甚安，爾等好麼，此內達鼐有名，且勿特為喻之，爾等返回時順便告之。

〔254〕川陝總督岳鍾琪奏陳驗收豫晉陝三省所購運送進藏官兵口糧騾頭未曾任意苛刻摺（雍正六年五月二十一日）[2]-[12]-419

陝西總督臣岳鍾琪謹奏，為敬陳下悃仰懇聖鑒事。

竊查運送陝省進藏官兵口糧前蒙聖恩於豫晉陝西三省各購買騾三千頭，令臣驗收以資馱運，臣當即欽遵通行在案。臣查從前軍需採買騾頭督撫大吏並不親自查驗，徃徃假手屬員，遂致狥私玩忽，將老弱不堪騾頭充數塞責，及至解送軍前中途即有疲乏，迨馱運出口漸多倒斃以致糧饋不繼兵食有缺，臣深知其獘，又奉諭旨驗收，臣敢不矢公矢慎以期裨益軍行，不致上糜國帑，是以臣驗收三省騾頭，令解官當面詳視，如口齒及時力量結實，間於中途偶患膀緊足瘸清鼻等症，臣俱驗收轉撥獸醫調治，其餘口嫩併齒老以及下齒包上齒，過於勞傷不任馱運者似不便槩行驗收，實非刻意吹求以滋口實。所以於豫省騾頭駁回之後准督臣田文鏡移詢情由，臣隨將解驗騾頭內有毛匹樣範甚好而口齒止一二歲並口齒太老上下齓齒俱平均不任馱載者，有下齒包上齒不能食生草者，有已經勞傷難以調治者，種種不便槩收緣由咨覆在案，今臣微聞四處責有繁言，以為臣驗收三省騾頭過於刻薄共相傳說，臣私心自揣此次驗收騾頭較之從前去取未免稍嚴，然亦未成任意苛刻，但臣因軍務所關不敢引嫌貽悞，並非稍存私見，今雖人言藉藉臣亦無庸較論，惟臣既有所聞不敢隱默，理合繕摺奏明，伏乞皇上睿鑒，為此謹奏。

雍正六年五月二十一日具。

硃批：此論朕未聞也，因豫省送騾不及曾責問田文鏡，伊倒將卿許多好處奏聞，言騾已送到西安，張廷樞甚是深刻，駁至千餘，後經卿親驗，甚怪不是，秉公一一察驗，所駁無幾，已如數補送，斷不至遲悞等語，尚有許多言卿公勤小心之語，他處再未聞也。所奏知道了，但諸如以等無稽無理之論凡有所聞皆不必介意，既辦理事務應舉劾之任，代朕宣化，如何辭得物論，只要自省無愧，朕可保其一切，盡不妨也，此等處少動神色，被屬員看破則百計千方將此等風言來撥弄也，摠以如不見不聞哂笑處之，此輩小人自然斂跡而不敢前矣，省許多事，凡百只對天問一己，乃為人之第一良策也，其他皆屬逐末，此朕生平得力處，諭卿知之。

〔255〕西藏辦事大臣馬喇等奏報頗羅鼐領兵入招等事摺（雍正六年五月二十二日）[1]-3150

奴才馬喇、僧格謹密奏，為奏聞事。

五月二十一日暮時據伯第爾〔註790〕第巴來報，自招前來之官員二名跟役四名六人及通事納西木巴共十五人，十八日宿於我伯第爾地方，謂我等曰，奉旨命爾等切勿開戰，言後即去了南噶孜〔註791〕，伊等一入軍營俱被拏下，分別看守，帶了馬匹之人返回稟告曰，請爾等稟報噶隆等，多派些兵馬來盆蘇拉等語。又據雷東處稟報，頗羅鼐領兵已達盆多宗〔註792〕，拉甘嶺來兵一支，其勢頗眾等語。噶隆等又告稱，南噶孜、曲舒〔註793〕、揚巴金〔註794〕、拉甘、盆多宗五路來兵近七千人等語，是以索諾木達爾扎、阿爾布巴、隆布鼐、扎爾鼐、戴琫、第巴等合同稟告奴才我等，我等現率在藏馬兵二千步兵四千就近堵住招之隘口，萬一不能抵擋，我們即退守布達拉，布達拉有二個月糧米，內地大軍若於七月內馳速趕到，索諾木達爾扎、阿爾布巴、隆布鼐、扎爾鼐、戴琫、第巴我等尚可通力固守，請臣等行文務令大軍於七月內到此等語。奴才我等遂謂索諾木等曰，爾等當好生盡力，我等一面將爾等効力之處奏聞聖上一面立即行文請雲南四川兵馬於七月內疾速前來，此間爾等當好好効力等語，交付後遂行兩路領兵之臣請求速來，為此將唐古特文書一併密奏以聞。

雍正六年五月二十二日

〔256〕西藏辦事大臣馬喇等奏報差往頗羅鼐處送書之人被拘摺（雍正六年五月二十二日）[1]-3151

奴才馬喇、僧格謹奏，為奏聞事。

據前差往達木地方探信之第巴普鼐返回稟告，頗羅鼐之兵已至雷東地方，正向察克拉嶺方向而來等語。五月十一日噶爾丹、沙拉、哲蚌三寺之大喇嘛前往勸阻頗羅鼐，奴才我等遂修書一封交其帶給頗羅鼐，內言爾當靜候聖旨斷不

〔註790〕 今西藏浪卡子縣白地鄉白地村。
〔註791〕 《欽定理藩院則例》（道光）卷六十二作拉噶孜，今浪卡子西藏浪卡子縣。
〔註792〕 《大清一統志》（嘉慶）卷五百四十七載名蓬多城，在喇薩東北一百七十里。今西藏林周縣旁多鄉。
〔註793〕 《欽定理藩院則例》（道光）卷六十二作曲水宗，今西藏曲水縣。
〔註794〕 即羊八井宗。

可來招，鑄下大錯。十二日左都御史查郎阿、副都統邁祿差西安督標把總馬元勳送文內稱，現藏地之噶隆唯有阿爾布巴一人，既然藏事甚為重要，故將隆布鼐、扎爾鼐亦補為噶隆，輔佐貝子阿爾布巴辦理事務。再我等咨給貝子阿爾布巴等及頗羅鼐之二件蒙文之書未予加封送之前去，臣等收閱後務必將給貝子阿爾布巴之書，由我等差人於臣等面前親自交給阿爾布巴等。給頗羅鼐之書則派爾處認識頗羅鼐之把總梁萬福帶我等差人一同前往面交頗羅鼐本人，我等現正候旨赴藏辦事等語。二封蒙文書中皆為勸其勿戰靜候聖旨之語，故將咨給阿爾布巴等人之書，當奴才我等面前交給隆布鼐、扎爾鼐矣，咨給頗羅鼐之書已令所差把總馬元勳及我處把總梁萬福等於十四日自召起程，尋頗羅鼐處前去，本欲俟其歸來問明頗羅鼐現在何處有何話語之處後再具奏聞，因所遣喇嘛未被派回，且報二把總被拏拘留，故而馳速奏聞。

雍正六年五月二十二日

〔257〕甘肅巡撫莽鵠立奏報前赴西寧料理官兵出口事宜無誤緣由摺（雍正六年六月初一日）[2]-[12]-478

甘肅巡撫臣莽鵠立謹奏，為奏聞事。

竊臣奉旨前赴西寧料理官兵出口事宜，隨於肆月初陸日自蘭起程，於肆月拾貳日到寧，臣隨督率涼莊道殷邦翰、西寧道劉之頊等將官兵需用裏帶口糧及運送米麵等項分頭趕辦齊全，俾臨期不致有悞。各路官兵陸續先後俱已到齊，嗣於肆月拾陸日總理西藏軍務左都御史臣查郎阿、副都統臣邁祿等到寧，議將大兵分為貳起，擬定伍月初壹初陸兩日起程，彼時因官兵出口期迫，而運糧贏頭鞍屉等項尚未到寧，恐致遲悞，臣隨飛檄嚴催，於肆月貳拾叄肆等日始據西安府通判張豹龍等各押解壹貳叄起贏頭併帶鞍屉等項陸續到寧。隨據驗收贏頭之總理運糧官臨洮道盧官保等詳稱，查所到鞍屉澆薄，兼有破損，若架子繩索籠頭壞朽，又多損折不全等情。臣即一面咨明督臣岳鍾琪，一面飭令涼莊道殷邦翰、西寧道劉之頊等將破損者在寧星夜修補，無悞應用。因神木營副將周起鳳帶領頭起官兵貳千名於伍月初壹日起程，臣隨於前一日飭令運糧官臨洮道盧官保、鞏昌府知府高夆龍等驗過鞍屉，連夜先行裝備米麵貳千肆百馱，於初壹日隨同頭起官兵起運出口。是日左都御史臣查郎阿、副都統臣邁祿，西寧鎮臣周開捷公同出城，臣等親送官兵起程，查看馱鞍原辦布屉實屬薄小，止與鞍板相齊，前後並無餘襯，贏頭馱糧行走如鞍板前後那動摩擦贏背，勢難負重

遠行。鎮臣周開捷力言軍糧重大，關係匪輕，必須另辦寬厚籠屜方與長途有濟，公議頭起官兵既已起程，即合先行出口，至阿什漢水地方等候會齊，將糧馱暫行停卸，俟鞍屜辦完再行趕送，彼時牽贏兵丁一聞先行之議，即將糧馱齊行放手，贏頭多係初□，生性未馴，且拾贏壹夫勢難兼顧，當即飛差多人分頭牽收，將糧馱暫卸於場，而贏頭已多奔散。寧城內外大兵雲屯，人煙摻雜，有民間救護者尚知急公繳還，其餘奔失贏頭遍尋無獲者貳百餘頭。此遺失贏頭□月辦鞍屜等項均關緊急，軍需刻不可緩，因事在燃眉，臣即令暫行借動軍需銀兩，一面令西寧道劉之頊等將贏頭購補足數，一面與鎮臣遴委官弁分頭各處氈片場□工匠畫夜□□，先行儘數趕辦，分交各營官兵，俱於初陸日自寧起程，分路出口，至阿什漢水會齊。其趕辦不及之鞍屜并初伍初陸始據解到贏頭之鞍屜尚須修整，臣又一面嚴行督催，畫夜趕辦，不貳日內□一足數，即將從前初壹日所留頭起兵糧盡行裝馱，於初捌日飭委官弁，添僱人夫牽押趕運送至阿什漢地方交明頭起該管官兵牽押前進。臣又因軍需糧餉關係緊要，拾贏壹夫沿途牽送恐有未協，復差委涼莊道殷邦翰、西寧道劉之頊、西寧府知府江洪等出口送至阿什漢地方，經理妥當，眼看大兵起行後即便回寧，臣隨於伍月初拾日自寧回蘭訖。今據涼莊道殷邦翰等稟稱，前後大兵於伍月拾貳日至阿什漢地方，俱已會齊，二糧馱亦於拾貳日送到，即將糧馱贏頭鞍架繩索抽屜等項逐一分發，照數交明，並無短少遲悞，惟原議拾贏壹夫，共用牽夫玖百玖拾肆名，內經統兵大臣等會議裁去陸百玖拾肆名，□贏頭糧馱盡行交該各兵□□餘丁牽押。惟是官兵鹽菜等銀叄拾萬兩，共計叄百贏馱，若以拾贏壹夫勢難兼領，今議者每銀馱需夫壹名，於所裁長途夫內選留叄百名，盡給口糧皮衣鞋襪等物以為□□銀馱之用，今大兵糧馱已於伍月自阿什漢地方盡行起程前進訖等情到臣。除將另辦氈屜并買備贏頭所動銀兩見在飭查核明確數到日再行咨商督臣岳鍾琪酌議分別著落賠補還項外，臣查另辦氈屜并買補贏頭等事均屬萬緊軍需，臣在西寧時惟有盡心籌畫，督率道府州縣等官日夜備辦，以期無悞，是以未敢冒昧煩瀆聖聰，遽行具奏，今大兵糧馱已經自阿什漢地方會齊，盡行起程前進，所有大兵前進及臣拮据料理無悞，容由臣繕摺奏題，伏乞皇上睿鑒，謹奏。

雍正六年六月初一日甘肅巡撫臣莽鵠立。

硃批：汝雖拮据料理無悞，亦難免從前差委不明其人之咎，觀此緊要軍需如此疎忽料理，則地方官之懈怠，不急公實心任事之風仍然可知，甚屬可惡。又聞得所顧趕騾番子夫役皆赤身至寧，是何理也，可會同岳鍾琪嚴察參來，必

重處以警其後，不然此惡習所關甚巨，汝等一些姑息瞻顧不得，少有疎縱恐累及於汝也。此摺批發後岳鍾琪參摺亦到，二摺所奏已有旨諭部矣。

〔258〕川陝總督岳鍾琪奏抄呈駐藏參將顏清如稟文摺（雍正六年六月初二日）[2]-[12]-483

陝西總督臣岳鍾琪謹奏，為據稟奏聞恭請聖鑒事。

雍正六年五月二十八日據駐防西藏莊浪營參將顏清如稟，據頗羅鼐寄訴情節，又於五月二十九日據參將顏清如續稟情由，各稟報到臣，理合抄錄原稟恭呈御覽，伏乞皇上睿鑒，為此謹奏。

雍正六年六月初二日具。

硃批：覽，摠言但能撐持，皆好音也。

〔259〕四川巡撫憲德等奏報千總吳鎮探得達賴喇嘛差迎周大人情由摺（雍正六年六月初四日）[2]-[12]-503

四川巡撫臣憲德、四川提督臣黃廷桂謹奏，為奏聞事。

茲於本年陸月初叁日據上年差往叉木多坐臺探聽西藏信息千總吳鎮稟稱，伍月貳拾日有駐藏之馬兵黃正文齎到欽差大人奏摺叁件，清字咨文叁角，除周大人〔註795〕咨文壹角，千總派兵由霍爾一帶迎投外，達賴喇嘛奏匣壹封、顏參將稟報貳封到叉木多，千總當即派撥臺兵李湯溥隨帶通事貳名沿途再帶番目限壹日壹夜飛遞乍鴉〔註796〕，併傳知乍鴉、巴裡二塘外委隨帶通事，沿途多帶蠻人定限陸日飛遞打箭爐，由驛呈投憲轅。再千總接顏參將來字云黃正文齎來奏摺內云，乃係達賴喇嘛於伍月初伍日特差阿爾布巴即噶隆貝子，同角木隆堪布親迎周大人緣由，著千總暗暗偵探，果否迎接，恐人心難料，即著千總覆知該參將等語。復據黃正文口稱，噶隆貝子於本月初肆日晚三更即便起身，次日大人方知，正文行至綠馬嶺遇見噶隆，在彼劄營等語。千總查綠馬嶺至工布江達〔註797〕計程捌拾里，由西南進去即係噶隆巢穴，噶隆既係達賴喇嘛差迎周大人，何得乘夜潛行，其中不無疑似，千總當即選派通事給付盤費前去工布一帶假以接彼為名探聽虛實，另行稟報去訖。再自乍鴉以至打箭爐沿途

番民現在輓進軍糈糧餉，兼之西藏文報繁多，誠恐裡塘馬匹疲瘦，千總隨傳知乍鴉及巴裡二塘臺兵如遇番塘馬匹疲瘦，即便換騎漢塘新設馬匹等因到臣等。該臣等看得藏內事宜欽差已有奏聞，今據千總吳鎮所稟，則是噶隆貝子已離藏遠來，其途中情形駐藏諸臣似難盡悉，是以臣等先將原稟恭呈御覽，嗣後該千總採確一有稟報臣等再行馳奏，除專差寄知督臣岳鍾琪，理合彙摺奏聞。再臣憲德更有請者，前因大兵起程進藏，又兼烏蒙進兵，兩路軍需浩繁，川庫各項撥供銀兩除動發之外所存恐將來不敷支用，已於肆月內會同川陝督臣岳鍾琪合詞具題，請酌撥備需銀兩迅鮮來川以應供支，續又有喇汝窩、雷波等處發兵征勦，建昌添設新兵等事，伏祈皇上勅部速撥軍需銀兩鮮川以備供支，謹奏。

雍正陸年陸月初肆日

硃批：覽，捐納之事已諭部矣。

〔260〕左都御史查郎阿奏謝補任吏部尚書摺（雍正六年六月初七日）[1]-3156

奴才查郎阿謹奏，為叩謝天恩事。

雍正六年六月初三日接據陝西總督公岳鍾琪來文內稱，四月二十三日奉旨，福敏 [註798] 褫職，吏部尚書之缺著左都御史查郎阿補任，欽此欽遵，咨送前來。奴才捧讀諭旨，恭設香案望闕行三跪九叩之禮，叩謝天恩。伏惟奴才原為一介末等之奴，仰蒙天恩漸次拔用至左都御史之職，正值奴才為不能仰答皇上養育重恩於萬一而日夜惶悚之際，茲又恩施格外，將奴才補為吏部尚書，奴才屢荷皇上如天地高厚之恩甚重，如何効力亦不足報答，唯竭力報効外奏言難名，為此謹具摺叩謝天恩。

雍正六年六月初七日

硃批：知道了。

〔261〕川陝總督岳鍾琪奏總兵周開捷料理陝省進藏官兵軍需欺隱侵蝕摺（雍正六年六月初十日）[2]-[12]-554

陝西總督臣岳鍾琪謹奏，為據稟參奏請旨嚴究事。

竊查陝省進藏滿漢官兵一切軍需俱由西寧彙辦料理，臣於去冬飭辦之初係署西寧道事涼莊道殷邦翰承領備辦，至今年正月內西寧道劉之頊抵任，臣因

〔註798〕《清代職官年表》部院大臣年表作吏部尚書福敏。

軍需重大劉之頊甫經任事恐未諳練，隨檄飭涼莊道殷邦翰會同辦理，以期無
悞。嗣聞殷邦翰事事詳慎實心承辦，而西寧府縣等官以其非本管上司每多抗
玩，以致殷邦翰亦以掣肘為慮，兼聞鎮臣周開捷自恃領兵大員議論紛岐，每與
文員為難，臣思雖屬風聞而軍需綦重非殷邦翰一人所能兼顧。臣查候補同知茅
子贊為人誠實謹慎，經臣奏請帶至陝省補用，因即委赴西寧協同殷邦翰等辦理
軍需，併將前項所聞情節以及文武各員種種不妥之處密令茅子贊確查密報去
後。今據茅子贊稟稱，陝屬所辦騾頭鞍屜等項俱已彙解西寧，而甘屬亦有解至
者，正在整頓停妥於官兵起程之際不識總兵周開捷是何意見突生枝節，事事更
張，若非欽差力為主持巡撫委曲料理竟有不可意想之事，備將鎮臣周開捷所行
情由開報到臣，臣查閱來稟實為驚愕，不敢狥隱，謹據實臚列為我皇上陳之。
　　一、據茅子贊稟稱，五月初一日神木副將周起鳳管領第一起官兵起程，
應帶運送糧馱二千四百四十頭俱已馱載停妥交付兵丁一同牽領，詎總兵周開
捷出城送兵陡稱布屜不便馱運，必要另換氈屜，令兵丁不必牽領，兵丁一聞
其言即撒手起行，騾頭四散奔走，內中不無遺失，巡撫只得星夜另製氈屜，
於五月初八日交與督運之臨洮道盧官保等趕送出口。復委守備蔣南渡知州陳
元燠幫運前徃於，十一日趕至阿什漢水地方，副將周起鳳並不駐營等候，竟
起營前去，隨即送至劄營處所，乃以天晚為詞仍不接收，是夜雷雨暴至，騾
頭驚散，涼莊道殷邦翰給賞找尋已遺失騾二百餘頭，總兵周開捷遂借端刁難，
幸有欽差聞知力為計議，而周總兵勒令運解各員賠銀付彼買騾運送，始將糧
馱接收等語。臣查馱騾布屜係照康熙五十四年軍需鞍屜之例製造，若為布屜
不便馱運則從前軍需即不應製造，而部臣亦不應核價准銷矣，況鞍屜隨騾帶
解，俱於四月二十二等日解至西寧，已為周開捷等目擊，如果不適用當與撫
臣莽鵠立早為商酌，何得於官兵已經牽領起程忽生異議，慫恿兵丁以致兵心
懈怠棄糧不顧，是周開捷意中皆因兵糧合一，糧馱令兵丁牽領非其恤兵本意，
所以故為搖惑以弛眾志。況頭運軍糧既已遲至末運之後，撫臣莽鵠立委員協
送，副將周起鳳抗不接收，周開捷即當嚴飭，若為天色既晚亦應派兵看守，
乃竟置若罔聞，遂致騾頭為雷雨驚散，遺失二百餘頭，反欲借此居奇勒銀買
騾，在周開捷意中又早存貪詐之念矣。且口外非產騾之區，騾頭從何購買，
其遺失騾頭之糧馱又不知作何運送，種種玩忽叢奸，全不以糧運為重，則鎮
臣周開捷副將周起鳳欺罔不法之罪誠無可逭矣。
　　一、據茅子贊稟稱，進藏官兵應需鹽菜行糧併折給六個月口糧等項銀兩亦

以騾頭均勻馱運，周總兵已議令本營兵丁牽領餉銷一百八十馱，及至起程之際周總兵竟將空騾一百八十頭驅趕前往，銀鞘拋擲而去，巡撫無奈另撥騾一百八十頭馱載銀鞘，委西寧知府江洪同押運之鞏昌府知府高夢龍送至周總兵軍營，不知何故竟不接受，及又委西寧道劉之頊前往講說，周總兵總不令兵丁牽領，因持銀三百兩懇周總兵或僱餘丁或添僱夫役牽運，講至再三堅不依允，隨為欽差所知一力主持，議留長夫三百名牽送銀馱等語。臣查鹽菜口糧等項共該銀三十餘萬兩，前據鎮臣周開捷呈稱請將此項銀兩令官兵攤認價銀，自買牛騾運送，臣查官兵遠出費用自繁，此項運價不便令官兵自行備辦，因將運送四個月口糧內扣除小建，餘騾二百六十餘頭足資馱載，前臣奏明經議政議覆奉旨俞允，臣當即欽遵通飭在案，夫馱銀腳力既不令兵丁自備，而此項騾頭又即在原估九千九百四十一頭糧運之內，糧馱銀馱均屬兵丁應需之項，自必踴躍牽領，斷無歧視之理，今鎮臣周開捷既令本營兵丁牽領銀馱一百八十馱，何故將空騾一百八十頭踞為己有，棄銀鞘於不顧，致撫臣莽鵠立另覓騾頭委員趕送而又輾轉不收，若非吏部尚書臣查郎阿酌議選僱長夫三百名崀司牽送，豈不貽悮軍需，是誠不知周開捷當日之議令兵丁自僱牛騾馱運者乃屬何心，今不令兵丁牽領者又屬何意，且將馱銀騾頭擅行強佔，蔑理藐法亦未有若是之甚也。

一、據茅子贇稟稱，進藏官兵自五月初一日至初六日分起陸續起程，應需運送四個月米麵俱按營照數分給糧馱，令兵丁牽領，而總兵周開捷定於初六日出口，忽於初五日晚要折給一個月口糧，堅議粳米每石折銀三兩三錢八分，粟米每石折銀二兩二錢，竟將一月米石硬折銀兩而去等語。臣閱此情節不勝驚異稱奇。竊查進藏官兵應需本色口糧若按自西寧至藏程途估計，除裹帶兩個月口糧之外再運送三個月米麵已屬充足，前臣議估運送四個月者蓋因兵行遠域，中途遲速難期，間或遇有阻滯則塞外荒涼無從採買，又恐抵藏之後諸事或難速竣，雖官兵有折給銀兩可以支領，而欲向番族購買亦不稱易，是以臣議估運送四個月本色口糧，寧使寬裕以利軍行，隨蒙聖恩俞允，不惜帑金於豫晉陝西三省購買騾頭以資輓運，臣當即欽遵通行辦理，復將應需粟米於附近西寧之臨洮等府屬倉貯內發給運價撥觧西寧，又將西寧等縣倉貯青稞飭辦炒麵兼搭運送，業經承辦各員呈報如數預備，併據督理糧運之臨洮道盧官保於糧運出口之後具報運送四個月糧數，與原估數目亦屬相符，今周開捷既將一個月粟米折收銀兩，則臨洮道盧官保之捏報明矣。臣思周開捷軍行之時忽欲折給口糧者，其意已探知藏內事有就緒，可以易於料理，又見裹帶

運送之口糧盡有盈餘，所以折收二兩二錢之重價，將來以些微量給兵丁，餘銀即可分肥入己，殊不知糧運早有定議，即欲更張自應預期奏明請旨辦理，庶騾頭可以減買料草不致糜費，而製辦之鞍屜與運米之腳價俱可減除節省，乃舍現在運貯之米石駄運之騾頭執意不願而欲折收糧價，是周開捷之存心已恃出兵為奇貨可居，任意要挾，設或稍拂其性，未必不因而債事，所以處撫臣莽鵠立於不得不從之勢也。但既已折給一個月糧價，則計算駄運一個月口糧之騾頭共二千四百餘頭，以及鞍屜等項併餵養各料草，應運之米石俱係動帑買備，自當逐一開除，以便著落還項，今周開捷並未具奏請旨，竟敢擅行折價，而督運之道員盧官保猶以照數運送欺隱捏詳，則其文武通同以冀冒銷侵蝕情獎顯然。再查官兵運送口糧既被周開捷折給一月，若按行走日期計算則裹帶運送尚有五個月口糧可以足用，誠恐兵行遲速難以預定，今查牽騾人夫之口糧牛羊等項已按一千名應需之數備辦前往，今止選用長夫三百名，其七百名之口糧等物又不便復行發回，臣已咨商吏部尚書臣查郎阿應將此項口糧牛羊支給兵丁，又可增益滿漢兵丁數日之口食，如再設有不足，查玉書〔註799〕、囊書〔註800〕等處尚可購買牛羊，其於兵糧自可無慮。

以上所稟情節與臣現在之訪聞均屬相符，臣思鎮臣周開捷不思上感聖恩，實心報効，乃敢貪黷，居心剛愎自用，幸而官兵出口經吏部尚書臣查郎阿曲為調停，多方措置得以不致債事，若將來再令周開捷留駐藏地必致率意妄為，貽悞重務，今其種種不法以及擅折兵糧，欺隱駄騾等罪非審取確供不能知其通同侵蝕確數，自應繕疏題參，請旨嚴審追擬。但現今官兵遠出，若將鎮臣周開捷副將周起鳳道員盧官保於中途即行調回，恐致軍心驚異，臣謹具摺先為密奏，仰祈聖鑒，可否即將臣叅奏周開捷等情獎密勅吏部尚書臣查郎阿，將現在運送口糧併出口騾頭查明確數據實具奏，統俟西藏事竣旋師之日請旨訊審之處，臣未敢擅議，恭請訓旨遵行，至於同知茅子贄具稟情事，臣不敢狥隱，合先據實叅奏，伏乞呈上睿鑒，為此謹奏請旨。

雍正六年六月初十日具。

〔註799〕 即清時期玉樹部落，非今青海省玉樹縣所在地結古鎮，清代玉樹部落位於金沙江之上源，當青海入藏大道渡口，今青海省治多縣一帶地區。

〔註800〕 即囊謙，清代舊籍常作巴彥囊謙、南稱巴彥，羅卜藏丹津亂，清廷招撫原屬西藏青海間藏人部落七十九處，其中四十族劃隸青海辦事大臣管轄，其中囊謙設千戶，勢最大，其餘諸部落均為百戶百長，囊謙為名義上諸部落之首，故以巴彥囊謙代指此四十部落，囊謙千戶轄地即今青海省囊謙縣一帶地區。

硃批：自然待伊等全回對質是，此摺朕未露，候伊等回來卿查明題參審訊，即同知茅子贅伊內中不無緣故，亦不可全以其言為準。

〔262〕西藏辦事大臣馬喇等奏報頗羅鼐進入布達拉宮摺（雍正六年六月十一日）[1]-3157

派往西藏之副都統馬喇、內閣學士僧格呇文來辦西藏事務之左都御史、副都統等。

臣等啟奏，為奏聞事，五月十一日前往勸阻頗羅鼐之甘丹、席勒圖〔註801〕三寺喇嘛於二十五日返回稟告，頗羅鼐二次會見我們，其閱臣等之書後交給我們回文一封，又親口告訴我們現四路調兵，我若不進西藏則別人必然先進，皇上之臣現在招地，恐達賴喇嘛受驚，百姓遭難亦未可料，故我先進西藏為宜，對於欽差臣等我自然有言等語。是日頗羅鼐自招地東邊之潘玉〔註802〕路出發，到達距召十五里之噶木橋，公隆布鼐領兵千餘禦堵，奴才我等親赴該地，本欲派人勸阻，無奈伊等雙方業已開戰，未能成行。故謂沙拉寺〔註803〕各喇嘛曰，爾等去告訴頗羅鼐，達賴喇嘛乃爾等蒙古、唐古特、錫拉古爾〔註804〕等世代所奉之佛，聖祖體恤爾等眾生特派大軍送至此處，爾等中之小人若向布達拉射一箭，擾害招民，借爾前來之機行兇作惡則責俱在爾，斷勿入藏等語，發箭一支射送前去，其回覆皆如前派喇嘛所言。是夜隆布鼐兵俱降歸頗羅鼐，隆布鼐逃入布達拉，奴才親率主事哈爾嘎圖、筆帖式常明護送達賴喇嘛前往布達拉，令參將嚴清如〔註805〕、領催祁里克特依〔註806〕留下守護召民，頗羅鼐之兵於二月二十六日〔註807〕晨抵招，其派楚魯瑪塔爾巴〔註808〕赴臣營問好獻哈達，

〔註801〕 原文作甘丹、席勒圖，疑誤，今改作甘丹席勒圖，即今多譯作甘丹池巴者，為繼宗喀巴法座之喇嘛。據《東噶藏學大辭典歷史人物類》頁一五二載，此時之噶爾丹錫勒圖為第五十一任班丹扎巴，1719至1929年任噶爾丹錫勒圖。
〔註802〕 多寫作彭域，《大清一統志》（嘉慶）卷五百四十七載名蓬多城，在喇薩東北一百七十里。今西藏林周縣旁多鄉。
〔註803〕 今名色拉寺，《大清一統志》（嘉慶）卷五百四十七作色喇廟，在喇薩北八里，亦宗喀巴弟子所建，有喇嘛三千餘。
〔註804〕 哈拉烏蘇之蒙古。
〔註805〕 《甘肅通志》卷二十九頁五十作莊浪城守營參將顏清如。
〔註806〕 第一六一號漢文摺作領催祁里克忒。
〔註807〕 二月二十六日應為五月二十六日之誤。
〔註808〕 《頗羅鼐傳》頁二六三載康濟鼐遣往京城之使者名答巴惹降瑪瓦和崔尺達巴，《西藏通史松石寶串》頁七三五載此二使者名饒絳巴和楚臣塔爾巴，後書應據前書所撰，譯名不同而已，此處此人應即《頗羅鼐傳》所載之崔尺達巴。

參將嚴清如、領催祁里克特依告之，二臣現在布達拉，請告訴台吉勿使達賴喇嘛受驚，言後參將嚴清如遂即給臣修文交給之，頗羅鼐交付喇嘛送至臣等。臣等遂咨覆頗羅鼐曰，自我嚴將官來文得知爾到此之後即派楚魯瑪塔爾巴前來問好，爾來後因恐驚擾達賴喇嘛而按兵不動，此乃我等親眼所見，聖主特命我等留下護守達賴喇嘛，爾既知達賴喇嘛無涉，就當好好曉諭爾等兵丁不得造次，我等亦禁止這裡之人向爾開槍放炮等語，咨送前去。次日喇嘛返回稟告曰頗羅鼐恐這些人逃遁，請達賴喇嘛任移沙拉、哲蚌一寺，其將智擒該等之人，請臣等親自前去指教等語。因此際寂然無事，為議事臣將達賴喇嘛交囑索諾木達爾扎好生守護，遂出來傳喚楚魯木達塔爾巴前來，謂之曰對達賴喇嘛切不可輕舉妄動，此當智取而行，皇上已特遣大臣前來辦理此事，不久將至，不宜守住伊等以候來使，斷不可使達賴刺嘛受驚等語。

二十八日頗羅鼐親至臣處跪請聖安，頗羅鼐言曰因臣等言曰與達賴喇嘛絲毫無涉，故而未放一箭，我因恐達賴喇嘛受驚，故派大一些之喇嘛守護，取噶隆等時喇嘛謂阿爾布巴等曰，爾等若不出去必使達賴喇嘛受驚，遂將伊等逐出拏下，伊等妻子亦於各自之所一併囚禁，此等之人如何處置請臣等定奪等語。臣等遂謂之曰，朝中例律犯人如若逃脫自盡獄守皆難逃其罪，茲辦理此事之臣既然將至，當好好看守該等之人，以候臣等前來等語。伊以為臣之所言甚是，予以採納。頗羅鼐又告曰去年該等之人為了殺我出兵後藏，他們殺人放火焚燒房屋，割婦人之耳，砍臂斷肢，其之所行皆指稱乃奉達賴喇嘛之命，故我曾有奏報聖主指責達賴喇嘛之處，茲到此之後經臣等及三寺喇嘛相告，方知與達賴喇嘛絲毫無涉。再我後藏阿里克處聚有五千兵馬，除於準噶爾來路上備駐三千外，此次帶來了二千，其中五百兵馬留於達木，康濟鼐之達木、喀拉烏蘇地方之蒙古人因無人統領，我亦暫且收歸己部，現在來此之馬兵為一千五百名步兵一千五百名，其皆為皇上之臣民，如今仰賴皇上之威事既告成，該兵馬若久駐此地則地方狹小，必累及百姓，故請將該兵馬移往牧場駐劄，此地留兵一千，馬匹則送往有草之地牧放，該等之人既從遠方而來祈請臣等稍加憐恤等語。奴才我等現有御賞銀兩，遂拏出五百兩交給頗羅鼐曰，此皆為皇上恩賜，爾回去散給兵丁買些炒麵，領兵前來之各將弁則給以綾緞銀牌。頗羅鼐又言初二日為吉日，請臣帶我叩見達賴喇嘛，奴才我等遂帶頗羅鼐叩謁了達賴喇嘛，其率全部來藏之兵叩拜達賴喇嘛，達賴喇嘛、頗羅鼐友好相見。奴才我等又問頗羅鼐，我遣往找爾之二把總現在何處。據頗羅鼐告稱二把總現在江孜，其二

十五日曾致書讓我去江孜，初五日我回文派人去帶伊等前來，俟二把總到後即送至臣處等語。

據達賴喇嘛派多尼爾來告，大皇帝憐愛眾生派大軍前來，但倘若同期而至，地方狹小，兵丁亦受其苦，請臣等咨書領兵前來之臣，擇水草好地挨次屯駐，欽差臣等則少領兵馬來此料理事務，甚為便利，此事我亦奏請大皇帝矣等語。甘丹、沙拉、哲蚌三寺大喇嘛亦曾為此呈書奴才等。初九日頗羅鼐攜帶寫給阿爾布巴之拉達克文紅印字素緞來稟告奴才，當時我等即問，素緞上所有朱砂凹字，爾是如何寫的，係何人指使所為，須如實回答。據其供稱噶隆貝子寫一唐古特文，讓我照此繕為朱紅凹字，其身為噶隆貝子，我亦無可奈何，但又不會寫，遂言我們當中有一人會寫，並請來寫畢給之，寫此字之人去年與阿砸爾一同回去矣，其印模係我供給的，印子係和尚給我的是實，但印非我所刻等語。又問除此之外另有繕書給之者乎。答曰還有二喇嘛寫了厄魯特文書等語。頗羅鼐又告曰土伯特十三萬生民皆為皇帝屬下之臣民，大皇帝既為黃教眾生而擔憂，故衛藏、甘丹、沙拉、哲蚌三寺大喇嘛與阿里克、貢布頭領共同商議，為振興黃救普渡眾生特遣使者前往奏請大皇帝陛下等語。達賴喇嘛、頗羅鼐之奏疏由其使者攜帶外，將頗羅鼐交甘丹席勒圖〔註809〕喇嘛帶給我等之書一件，三寺喇嘛呈書一件，及達賴喇嘛、頗羅鼐之奏疏底稿二件一併密奏以聞，並咨來藏辦事之臣知之。

雍正六年六月十一日

〔263〕川陝總督岳鍾琪奏報西寧地方支應進藏運糧馱騾料草口糧違誤不妥情節摺（雍正六年六月初十日）[2]-[12]-555

陝西總督臣岳鍾琪謹奏，為據稟奏聞事。

竊查陝西進藏運糧馱騾前奉諭旨令臣驗收以資糧運，臣逐一慎重挑選分發陝屬附近州縣加意餵養，并預先飛檄經過地方各官預備供支無致違悞，及委文武官弁分作八起觧送之後。節據各觧官紛紛稟報沿途俱無違悞，唯平番輾伯兩縣所轄沙井驛鹹水河紅城子西大通老鴉，并西寧縣所轄平戎驛等站並無預備人夫，草料亦多缺乏，觧官等不得已自行僱夫牽送前進等情。又據觧

〔註809〕原文作甘丹、席勒圖寺，疑誤，今改作甘丹席勒圖，即今多譯作甘丹池巴者，為繼宗喀巴法座之喇嘛。據《東噶藏學大辭典歷史人物類》頁一五二載，此時之噶爾丹錫勒圖為第五十一任班丹扎巴，1719 至 1929 年任噶爾丹錫勒圖。

官西安府通判張勤寵等稟報，騾頭既抵西寧，一住四天，西寧道府並不給發料草，俱自行買備餵養等語。臣又訪聞西寧道劉之頊西寧知府江洪將驗收騾頭並不安置棚槽，竟圈入教場空地，將長草拋灑地上，任其踐踏，不特並無料豆餵養，即涓滴之水亦不得飲，騾頭餓渴難忍奔逸四出以致駃騾遺失二百餘頭，而疲困者甚多。又將僱募牽騾出口長夫預行圈禁，並不給與口糧，夫役多半踰垣逃走，及至臨時出口乃以老弱塞責。查騾頭所需料草并僱募人夫皆係先期發銀預備，今平番等縣竟致違悮缺乏，而西寧道劉之頊西寧府知府江洪種種抗玩貽誤軍需莫此為甚。且查西寧道劉之頊才既平庸，性復躁妄，諸事漫不經心，一任屬員玩忽，而知府江洪本係鹽商之子，家貲富饒，自任事以來全不以責守為重，動以不願做官為詞，前臣曾有所聞屢借公事嚴飭，冀其悛改，今竟敢膜視軍務，并將應支料草口糧不行給發，希圖冒銷，則其恃富驕恣存心侵蝕不法已極，臣現在分別嚴參從重究擬追賠以儆不職。再查撫臣莽鵠立既係奉旨前赴西寧料理軍需，今西寧道劉之頊西寧知府江洪等事事違悮，豈無見聞，乃並未題叅，不無偏袒迴護，所以周開捷微知其意，亦遂任意更張苛求不一，雖文武各員均難免玩愒之咎，而撫臣莽鵠立亦有不合，除將鎮臣周開捷貪罔不法另摺叅奏外，所有種種情節臣不敢隱默，理合據實奏聞伏乞皇上睿鑒，為此謹奏。

雍正六年六月初十日具。

硃批：凡事如此據實不隱方是，已有旨矣。

〔264〕川陝總督岳鍾琪奏報周開捷稟呈進藏官兵所需運糧騾頭鞍屜不堪應用情由摺（雍正六年六月十四日）[2]-[12]-582

陝西總督臣岳鍾琪謹奏，為據稟奏聞事。

竊查陝省滿漢進藏官兵一切軍需前據同知茅子贄將臣密令訪查情節併鎮臣周開捷私折口糧緣由臣已繕摺恭奏在案。今於六月十二日據鎮臣周開捷於口外呈稟前來，內稱運糧騾頭鞍屜前因不堪應用所以另行製造，乃至五月初五日解到騾頭率多疲瘦，恐難負重遠行，兼又缺少鞍屜二千五六百副，為期已迫難以補造，因官兵有自備半月一月之口糧，若將運送四個月之糧石減運一月，照現買米價折給銀兩，似可仍符四個月之數，併將應需駄運騾頭照數帶徃空趕休息，以備前途更換，其減省之鞍屜油單口袋繩索並未支領，亦未折價，當經欽差併巡撫俱各同聲道善，因而折給前徃。又稱於五月初六日領

兵出口因糧駄尚有未齊，令文員趕送行營，至十一日住哈什漢水，十二日據各員等將糧運送到，內走失缺少騾二百四十頭，有臨洮道盧官保西寧道劉之頊等各捐己貲，每頭折價十兩，因現今帶有改折一個月之餘騾可以通融輓運，遂將此折價銀兩轉發押運之鞏昌府知府高夢龍收貯，俟沿途另議動用。又稱夫役一事地方官竟僱充老弱殘病之人，又無衣鞋等項，出口畏懼寒冷不能前行，欽差見此情狀公同酌議裁併，會摺具奏。而奏摺內情詞並無干礙承辦官各地方官之處，更言若職稍存不肖之心，伊等承辦官見職擔此重任亦莫不情願周旋，即數千金亦可必得，然職惟知有濟於事務斷不敢萌利慾之心等語。臣查閱周開捷呈稱情事與同知茅子贊所稟情節已相脗合，第查陝屬解騾各官內因平番等縣並未預備牽送夫役，間有遺失鞍屜等物者，據各解官報稱俱已賠補足數，併將騾頭照數驗交，掣有批廻。今周開捷所稱五月初五日解到騾頭之疲瘦併缺少鞍屜二千五六百副是陝是甘並未聲明，其折給一個月口糧既與吏部尚書臣阿查郎臣阿撫臣莽鵠立等公同商酌，何難將改折緣由即行奏明，乃竟私相折給，其中不無別情。況騾頭雖稱照數隨帶，而鞍屜等物既未折支，自應逐一開報以便著落還項，乃復寂無一言，互相隱匿，揆其初意蓋欲通同冒銷希圖侵蝕，所以督運之臨洮道盧官保等於糧運出口之後仍將運送糧額併騾頭鞍屜等項俱以四個月數目呈報，以為冒銷張本。今周開捷回思事關重大難於掩飾，因而吐露前情，不然何不呈報於始事之時而具稟於官兵遠出之後耶，即稱一月餘騾俱已照數隨帶亦恐未必足數，再糧運與兵同行因何致有不齊，及至趕送行營騾頭自必給兵著管，何故致有走失，且既有改給一個月口糧之餘騾可以通融駄載，又何必議折騾價。臣思此項走失騾頭即係同知茅子贊所稟另換氈屜頭運之糧駄於趕送行營之時副將周起鳳並不收受以致雷雨驚散，因而周開捷向各道員勒折價值之騾頭也。至於夫役既有不堪，是即承辦官之玩忽貽悞，即應據實明糾，今稱並無干預承辦各官之處，更屬代為狗隱，而又妄稱稍存不肖即數千金亦可必得，種種閃爍是皆欲蓋彌彰之明驗矣。臣思官兵既有自備口糧軍糈可以無悞，但此一月運送粟米每石折銀二兩二錢，若按兵合算每兵止分給銀五錢四分有零，如令兵丁在藏地自行購買甚屬不敷，臣查官兵口糧以本色裹帶，運送六個月到藏，折給六個月，每月每名折給銀四兩，今周開捷等既將運送口糧私折米價已少一月之本色，是捨現在撥運之米石輓運之騾頭不用而欲折給銀兩，任意更張，且所折銀數無幾，若照數分給必致苦累兵丁，若仍以每月四兩之數動帑補給，豈不糜費錢糧。即據稱騾

頭疲瘦不能負重致遠，應將驛頭留下以便分別查明因何致有疲瘦緣由，自可追賠還項，今又將驛頭隨帶前往，益屬不合。惟查官兵口糧關係緊要，臣愚以為應於抵藏之後俟裏帶運送五個月口糧食完之日即動用六個月折給銀兩，其不敷一個月口糧查有川省撥解預備軍需銀二十萬兩可以動用，應請亦照每名每月折銀四兩之例一體折給，此項銀兩除去應支折給米價銀五錢四分零之外，其餘找給每名口糧銀三兩四錢有零，均著落私折之文武各官照數攤賠還項，是不特上於國帑不致糜費，即下與兵丁亦有裨益，但是否允協臣未敢擅議，恭請訓旨遵行（硃批：甚是）。所有臣今據周開捷呈稟情節，其中誠偽難以意揣，除將來有無冒銷俟承辦各員造報至日臣核明虛冒情獎另疏嚴叅外，理合繕摺奏聞，恭請聖鑒。再查事已畢露，應否仰請特降諭旨令吏部尚書臣查郎阿據實查奏，或蒙聖恩俯鑒官兵已經出口，糧運尚未貽悮，統俟事竣旋師之日（硃批：自然凱旋之日察議是）將前項情由併案審擬究追之處，伏祈皇上睿鑒施行，為此謹奏請旨。

雍正六年六月十四日具。

硃批：覽。

〔265〕川陝總督岳鍾琪奏覆開銷欽差鄂齊進藏所需公用銀兩摺（雍正六年六月十四日）[2]-[12]-584

臣岳鍾琪、臣西琳謹奏，為遵旨奏明事。

竊查陝省雍正四五兩年錢五分公用銀兩經臣等將動用過銀數欵項按年繕摺進呈，今奉硃批諭旨，似此兩摺一般開奏之，故少不觧，欽此。臣等伏查欽差散秩大臣兼副都統臣鄂奇、內閣學士臣班第并喇嘛人等於雍正四年正月十三日到陝，至二月初一日自西安起身進藏，應需騎驛馬匹沿途驛馬不敷供應，因僱覓驛頭以資前往。查西安至川省交界之神宣驛共一十四站，自神宣驛至成都共一十一站，其雇驛腳價俱應於四川西安二省藩庫公用銀內按站分認支給，所以陝省應認腳價并一切供應共用過銀七百六十一兩七錢，原應於雍正四年公用銀內開銷，至雍正五年摺內奏報銀七百五兩三錢二分，緣副都統臣鄂奇等并達賴喇嘛來使於雍正四年自藏回京，由川省雇驛至陝，其腳價銀兩俱經川省發給，自應仍照前按站分認。查此項應找川省銀兩係雍正五年補觧，是以造入雍正五年公用銀內，所以二摺內俱有關銷欵項，前臣等未經分晰登明，實屬疎忽，今蒙諭旨垂問，理合遵旨備敘奏明，伏乞皇上睿鑒，為此謹奏。

雍正六年六月十四日具。

硃批：方明悉矣，所奏雖未分晰，朕觀覽亦少欠留心，均有不是，戲諭。

〔266〕川陝總督岳鍾琪奏報料理西藏地方情節摺（雍正六年六月十四日）[2]-[12]-586

陝西總督臣岳鍾琪謹奏，為彙案奏聞，恭請聖鑒事。

雍正六年六月十二日臣准四川撫臣憲德、提臣黃廷桂密送奏稿內開，為奏聞事，茲於本年六月初三日據上年差往叉木多坐臺探聽西藏消息千總吳鎮稟稱（硃批：馬臘、憲德等亦皆奏到），五月二十日有駐藏之馬兵黃正文齎到欽差大人奏摺三件，清字咨文三角，除周大人咨文一角，千總派兵由霍爾一帶迎投外，達賴喇嘛奏匣一封、顏參將稟報二封到叉木多，千總當即派撥臺兵李湯溥帶通事二名，沿途再帶番目，限一日一夜飛遞乍鴉，並傳知乍鴉及巴、裡二塘外委，隨帶通事沿途多帶蠻人，定限六日飛遞打箭爐，由驛呈投憲轅。再千總接顏參將來字云，黃正文齎來奏摺內云，乃係達賴喇嘛於五月初五日特差阿爾布巴，即噶隆貝子同角木隆堪布親迎周大人緣由，著千總暗暗偵探果否迎接，恐人心難料，即著千總覆知該參將等語。復據黃正文口稱，噶隆貝子於本月初四日晚三更即便起身，次日大人方知，正文行至綠馬嶺遇見噶隆在彼劄營等語。千總查綠馬嶺至工布江達計程八十里，由西南進去即係噶隆巢穴，噶隆既係達賴喇嘛差迎周大人，何得乘夜潛行，其中不無疑似，千總當即選派通事，給附盤費，前去工布一帶假以接彼為名探聽虛實，另行稟報去訖。再自乍鴉以至打箭爐，沿途番民現在挽運軍需糧餉，兼之西藏文報繁多，誠恐番塘馬匹疲瘦，隨傳知乍鴉及巴、裡二塘臺兵，如遇番塘馬匹疲瘦，即便換騎漢塘新設馬匹等因到臣等。該臣等看得，藏內事宜欽差已有奏聞，今據千總吳鎮所稟，則是噶隆貝子已離藏遠來，其途中情形駐藏諸臣似難盡悉，是以臣等先將原稟恭呈御覽，嗣後該千總探確，一有稟報臣等再行馳奏，除專差寄知督臣岳鍾琪，理合彙摺奏聞等因。隨於六月十二日准駐藏副都統臣馬臘、學士臣僧格咨稱，為知會事，內開本副都統等為奏聞事，五月初五日臣等見達賴喇嘛，據達賴喇嘛竊向臣等云，聞得頗羅鼐從達木地方派兵三百，往哈喇烏素路去了，他們迎著大兵，捏造言語，告訴領兵大人，亦未可定，聖主稍有見責，實不敢當，我甚是懼怕，我亦要令貝子阿爾布巴同朱爾木龍地方的堪布迎著主子的大兵去，我將此情由亦啟奏主子，求大人們將我啟奏的信子轉奏等語。臣等遂向達賴喇嘛云，現值軍務之際，或可另

差別人，不必令阿爾布巴前去。又據達賴喇嘛云，現在藏內有我父親，又有公隆布鼐與阿爾布巴之子，而且預備亦甚堅固，斷然無妨，我亦斷不至落他人之手，大人們放心，不必疑惑等語。臣等看達賴喇嘛的光景甚是憂愁，且又稱啟奏主子差人前去等語，臣等不便堅阻，遂於初六日令貝子阿爾布巴迎著大兵去訖。為此將達賴喇嘛啟奏唐古忒字一封，一併謹具密行奏聞，因具奏訖，為此知會等因。

又於六月十二日據駐藏參將顏清如稟稱，雍正六年五月初一日忽有公隆布鼐同阿爾布巴長子羅索登達等將所領前藏番兵悉行撤回於布達拉後面下營，口言頗羅鼐不日有領兵來藏之語，當有阿爾布巴及佛公等將所有家囊東西星夜悉行搬寄各寺，居民商賈亦有將物件寄運者。卑職目睹番民竟各束手無措，現今欽差在藏，若不急為安慰，誠恐驚散他往，將來咎將誰歸，且思頗羅鼐既無過犯，伊必候旨處分，斷無來藏之念，卑職將此情節稟請欽差急求遣差或令職再行查探虛實之處，即奉二位大人吩咐，今阿爾布巴等已經差使查探，俟其回報到日我們自有定奪之語。隨於初三日復探得有頗羅鼐營官等帶領部屬前至浪當〔註810〕一帶，聲揚進藏之言，已經差人遠迎周大人去，有阿爾布巴等亦於是日即差碟巴囊索林親敦住前往昌都一帶，叩迎周大人去訖。於初五日有班禪及撒卡喇嘛〔註811〕前差與二家說和之人來藏，二位大人即詢頗羅鼐等情由，據稱從前他們兩家俱經我們說和，取了停兵候旨的信子前來，不意隆布鼐等又著人領兵將納藏碟巴〔註812〕拏了，又殺了些人，因此頗羅鼐纔領兵來打仗。二位大人又問，如今頗羅鼐在那裡。據稱我們來時也不知他往那裡去了等語。今二位大人將所據班禪等來人回稱情由繕具清摺，於初六日由臺站具奏外，今現在酌議譯寫番文，復令班禪等差人前回後藏，赴頗羅鼐處安慰，令其息兵候旨之語，尚未遣發前往，今於初六日復奉二位大人密向卑職云，今有達賴喇嘛暗差阿爾布巴同角木隆堪布於初五日黑夜自藏前往昌都一帶親迎周大人去訖，今達賴喇嘛已有奏摺，我們已將此情具奏，並具清字文一角達知周大人等語，理合一並稟明等情，各咨報到臣。

臣細譯種種情節，似屬可疑，夫阿爾布巴之離藏而來者，或因傳聞頗羅鼐

〔註810〕西藏林周縣甘丹曲果鎮朗塘村《中國分省系列地圖集》。（西藏）
〔註811〕即薩迦喇嘛，據《頗羅鼐傳》薩迦喇嘛曾多次與第五世班禪額爾德尼調停衛藏間之內戰。據《薩迦世系史續編》頁二六九為阿旺貢嘎索朗仁青扎西札巴堅贊貝桑波，其命卓尼索朗桑珠前去調停戰爭。
〔註812〕即拉藏汗所放第巴之意。

領兵來藏之言，或見頗羅鼐有往迎欽差之信，心懷疑懼，遂亦欲迎見周瑛，冀避頗羅鼐一時，且可捏詞訴辯，以掩前愆，此亦事之所或有。但思阿爾布巴既欲前來迎接王師，不妨坦然行走，何必黑夜潛馳，自貽宵遁之譏，況達賴喇嘛如果係差遣阿爾布巴遠迎周瑛，欲向馬臘等說知，則馬臘等亦必不能阻其不來，今乃輾轉措詞，存心不無狡詐。臣以己見揣之，阿爾布巴素懷奸險，首鼠兩端，今必與達賴喇嘛並索訥木達爾扎〔註813〕等通同計議，先以迎見周瑛為詞，窺覘情形，以為向背，如周瑛不露圭角，示以親愛（硃批：甚是，想周瑛亦自知也），彼亦隨師仍回藏地，倘阿爾布巴知覺消息自必逃匿工布舊巢，安心抗玩，所以於附近工布之綠馬嶺駐營以待者，職此之故。再阿爾布巴係五月初四日深夜潛行，而達賴喇嘛於初五日故意與馬臘等商議，以為欲遣阿爾布巴於初六日起身前來，是伊等之居心鬼蜮已顯然可見矣，臣思阿爾布巴若止欲迎見周瑛，則大兵進藏，自可易於料理，若其心蓄異謀，又必捏詞妄飾，竟回工布，遲疑觀望，探聽欽差進藏，如無他事，彼即赴藏領旨，倘少有動靜，則阿爾布巴必生抗拒，而用兵之舉勢所必行。今臣誠恐周瑛未悉其奸，或於迎見之時一存形跡，未免致長葛藤，臣亦密將此意飛致周瑛，囑其於相見阿爾布巴之時隆以禮貌，加意淡洽（硃批：甚好），俾其釋然不疑，即行帶赴西藏，候吏部尚書臣查郎阿等到藏之日遵旨料理，庶於軍行有益。臣謹將咨報情節，密摺奏聞，伏候皇上睿鑒，為此謹奏。

雍正六年六月十四日具。

硃批：西藏情形總不出此料之外，今諄噶兒之人未助力，婆羅鼐得保全，此即上天之賜佑，我兵至藏，量此逆天負恩小醜數人亦無能為也，西藏之事朕深冀此舉得永逸之道也。

〔267〕副都統馬喇等奏報遣往頗羅鼐處把總回報各情形摺（雍正六年六月十五日）[1]-3161

遣往西藏之副都統馬喇、內閣學士僧格咨文來西藏辦事之左都御史、副都統等，臣等謹奏，為奏聞事。

六月十四日據派遣尋找頗羅鼐之把總馬元勳、梁萬福返回稟報，五月十五日我等自招地起程後沿路將臣等所令雙方休得開戰之告示一一頒給之，十八日於南噶孜附近遇見頗羅鼐之哨兵，其言頗羅鼐之子領二千兵馬於南噶孜立

〔註813〕即七世達賴喇嘛之父索諾木達爾扎。

營，遂將我等帶至其營見頗羅鼐之子，於是我等即問頗羅鼐之子台吉現在何處，欽差大臣、總督有書致台吉，其告曰我父親不在此處已去了哈拉烏蘇，欽差如若有書請拏出一閱，我看後即送我父親，我等遂即將書給之，伊看後言曰爾等非真使人者也，此書無印爾等乃為商人，係阿爾布巴雇傭派來的，爾等乃為假冒之人，茲既然真假難辨，權且拏下，遂將我等押下，當時第巴比錫鼐勸曰請放了各位兵民吧，我等皆賴皇上之恩而生，為皇帝効力報康濟鼐之仇，此時若抓了內地之人則係反叛，我等皆必死也等語，台吉之子言曰爾等勿怕，我等夢寐以求者乃為主効力也，伊等決非真正內地之人乃係商人，為阿爾布巴雇派前來者也，爾等放心是真是假決不加傷害，暫留在江孜養幾日，如若有事由我承擔，我將派人馳報我父親等語。而後將我等安置在江孜，我等二次寄書請台吉來江孜，初六日台吉覆文內稱，我已抵藏，將仇人咸俱拏獲，今我等返回招地，故我等於初八日自江孜起程，十四日到達此處等語，無論本地人或頗羅鼐所帶之後藏阿里克之人，概因深荷主恩而倍加感激，對奴才我等甚為恭敬，為此謹具奏聞，為此咨之。

雍正六年六月十五日

〔268〕鑾儀衛鑾儀使周瑛奏報領兵自打箭爐出口進藏情節摺（雍正六年六月十七日）[2]-[12]-593

散秩大臣品級鑾儀衛使左都督世襲拜他喇布勒哈番帶餘功三次紀錄一次加一級仍降三級留任臣周瑛謹奏，為奏明事。

竊臣領兵於打箭爐出口之時巴爾喀木一帶番目俱各遠迎道左，競以牛羊馬匹狐皮等件匍匐呈送，臣見各番遠迎意誠，無非感戴皇上恩德遐敷之所至，臣揀其大部落如霍耳、疊爾格〔註814〕等處酌量受其馬壹匹、狐皮一二張、牛羊數隻，隨即犒賞官兵訖，仍以大緞銀牌綾布煙茶等物賞給各番，獎勵回巢，眾番無不歡欣鼓舞，額手而歸。臣於抵察木多時細察川省之兵人馬尚屬可觀，皆緣沿途水草利便，又兼烏拉得宜，是以稍有餘力，馱載馬匹尚有多半可任驅策者，惟滇省之兵因沿途山高積雪，兼之過溜筒江險，而水草缺乏，不惟兵容稍索，而馬匹十分之內倒斃七八，只存一二羸瘦者，再歷長途，恐難倚重。今西藏既已稍定，頗拉奈〔註815〕已將阿爾布巴拏獲經守，聞藏地市肆安堵如故，而副都

〔註814〕清時期為德爾格忒宣慰司，轄地包括今四川省德格、鄧柯、石渠、白玉諸縣。
〔註815〕即頗羅鼐。

統臣馬臘等及頗拉奈俱差人到察，似有不必多兵進藏之意，臣若仍將三省官兵遣發進藏，不但頗拉奈及唐古忒人民惶惑疑懼，亦且輓運浩繁，臣謹擬以前挑之兵壹千名，仍隨臣兼程赴藏，又派護餉之兵伍百名及沿途安站之兵伍百名並留駐察木多總兵官壹員，帶兵壹千名，遙為犄角，則已星羅棋佈，聲氣相聯，足可以張天朝撻伐之威矣，其餘川滇官兵肆千名雖暫留於類伍齊〔註816〕、洛隆宗等處駐劄牧馬，俟臣等抵藏，事有定局，一面奏聞，即可乘秋涼之候徐徐撤回，以實內地汛防。但臣竊思此番頗拉奈雖有妄逞兵威之過，皆緣康金鼐遭害，而阿爾布巴等猶圖謀不已，激使其然，情理頗順，是以人心協附，即其進藏舉動，俱屬恭順，且上年隨臣出師沙拉達魯，深知其人忠勇誠實，況今前後藏地僧俗人民悉皆傾服，合無仰懇聖恩寬宥，俾得益思黽勉，以圖報效於將來。其隨從部落人等，俟左都御史臣查郎阿抵藏之時臣等會商宣佈聖主恩威分別獎賞，以資鼓勵。是以臣特派遊擊李文秀帶兵伍百名，將奉旨交臣帶往進藏銀貳拾萬兩護運進藏，以備需用。至於阿爾布巴等自相戕害，捏詞妄奏，罪不容逭，伏乞皇上乾斷，置之極刑，庶彰國典於外域，慰幽魂於九原也。其留兵彈壓及善後事宜，統俟查朗阿〔註817〕等到藏會議，另行請旨。但臣庸愚管見，冒昧從事，是否有合機宜，無任惶悚之至，伏乞皇上睿鑒施行。

雍正陸年陸月拾柒日

〔269〕雲南開化總兵南天祥奏報頗拉奈擒獲阿爾布巴隆布奈箚納奈情由摺（雍正六年六月十八日）[2]-[12]-594

鎮守雲南開化等處地方總兵官都督同知加一級在任守制駐劄開化府臣南天祥謹奏，為奏聞事。

臣欽奉上諭統領雲南省官兵叁千餘員名進藏，雍正陸年叁月初捌日自雲省起程業經題報在案，肆月初陸日劍川州出口，肆月拾玖日中旬起程俱經咨呈雲貴總督臣鄂爾泰奏報，今於五月貳拾玖日臣率領官兵先至察木多等候川師，陸月初柒日接欽差駐藏副都統馬臘等告急咨報，臣隨差員馳迎散秩大臣鑒議衛鑒議使臣周瑛會商速進，陸月拾叁日鑾儀使臣周瑛到察，臣正在揀發官兵，拾伍日酉時續接欽差駐藏副都統馬臘等咨報，內開頗拉奈統領阿里後藏各兵於本年伍月貳拾陸日進藏，頗拉奈甚恭順聖主及達賴喇嘛，絲毫不擾番民，貳拾捌日

〔註816〕通常作類烏齊，清時期此地為類烏齊呼圖克圖管轄，統屬於達賴喇嘛與駐藏大臣，即今西藏類烏齊縣類烏齊鎮。
〔註817〕即查郎阿。

將殺害康金鼎之阿爾布巴、隆布奈、札納奈〔註818〕悉行拿獲，現在經守，俟將頗拉奈抵藏各情具奏之日另寫備咨等因。臣仰見皇上天威遠播，番彝綏靖，左都御史臣查郎阿、鑾儀使周瑛到藏之日自必仰遵睿謨，安頓料理，臣遵諭旨，准鑾儀使臣周瑛議留臣分領滇省官兵壹千餘員名駐察，遙為犄角以壯聲援，臣另疏報外，所有頗拉奈擒獲阿爾布巴、隆布奈、札納奈情由專差臣標千總母榮華齎摺奏聞，臣南天祥謹奏。

雍正陸年陸月拾捌日

硃批：覽，駐兵外地竭力約束官兵，必令遠近番彝畏威懷德，方不負朕之住用，不可見小圖利，令人恥笑也，勉之。

〔270〕吏部尚書查郎阿等奏報達賴喇嘛使者暫留索羅木摺（雍正六年六月十八日）[1]-3163

赴藏辦理事務之吏部尚書臣查郎阿等謹奏，為奏聞事。

接據議政王大臣等咨稱，議奏將馬喇、僧格、達賴喇嘛所奏頗羅鼐、隆布鼐之兵已撤回各自之處一摺抄送查阿郎等等情奏入，遂召議政王大臣等入內諭曰，此事曉喻查郎阿等亦為有理，伊既屬往赴之人諸事皆應知之，唯查郎阿等得知雙方休戰之情，於事恐致輕視疏忽亦未可料，凡事務必留意倍加小心提防以行，爾等將此寄告查郎阿等，欽此欽遵，咨行前去等情，於雍正六年六月初六日齎至。奴才伏惟軍務所係甚重，聖主訓示臣等頂戴頭上銘記在心，恪遵以行，飭令滿洲綠旗各營務必慎而又慎多加小心。六月初八日據散秩大臣達鼐咨稱，據所遣自木魯烏蘇至藏設臺站之主事舒都隆、守備米守華〔註819〕呈報，據送達賴喇嘛之使倉力〔註820〕等前來之噶布藏五人來告，我等乃達賴喇嘛屬下之人，原交令我等將倉力送至索羅木，我等既至索羅木，因盤纏不足將返回後招等語。卑職等遂謂噶布藏等曰爾等既然乾糧已斷馬畜羸瘦，就在此歇息幾日，我等供給爾等乾糧，除將噶布藏等暫留於此處外，該人等應否送回後招之處，則視臣之交令而行等語，臣就此除牌行主事舒都隆等將噶布藏等暫留爾處甚是，爾等務將伊等籠絡住，切勿使其恐懼，俟臣等至木魯烏蘇時爾等再為稟告等情前去外。臣等至木魯烏蘇後，係將伊等帶來問明情由，抑或如何而為之處，

〔註818〕即扎爾鼐。

〔註819〕《甘肅通志》不載守備微職。《甘肅通志》卷二十九頁六十八載有臨洮營遊擊名米守華者，遵化人，雍正八年任，應即此人陞任者。

〔註820〕第一四九、第一六七號文檔作蒼里。

懇請諸臣予以指教等因前來。臣等不勝驚奇，此遙遙數千里之外難逃聖明洞照，聖主訓示臣等於事恐致輕視疏忽，亦未可料之旨方至旋即接到散秩大臣稟報，主事舒都隆等將來送倉力等之噶布藏五人留於木魯烏蘇，由此可見阿爾布巴之詭詐奸滑聖主早有所料，阿爾布巴之詭詐多端亦難逃聖主之神機妙算。先前臣等曾屢次問達賴喇嘛所差之使倉力，除爾等外還有無別人，倉力等唯遮遮掩掩，言除因病留在索羅木之一人外再無他人，不盡陳告，可見噶布藏等五人顯係阿爾布巴借機特遣前來探信者，故臣等行覆散秩大臣達鼐，我等先前屢次問倉力除因病留於索羅木之人外還有無別人，倉力唯言除病留之人外別無他人，茲將在木魯烏蘇之噶布藏等五人係因何事而來，先前詢問時何以未陳之情詳問於倉力，問明後咨行前來等情。據散秩大臣達鼐咨覆內稱，經問倉力，據其所言我等自召前來時達賴喇嘛並無派人護送我等，至喀喇烏蘇後該處之喀木布〔註821〕派噶布藏五人將我等送至索羅木，伊等因無盤纏乾糧返回喀拉烏蘇矣等語。細究其情頗有令人生疑之處，故臣等會同散秩大臣達鼐商議，行文主事舒都隆將喀布藏〔註822〕等分別籠住勿使聚合，嚴守木魯烏蘇河任何人不准涉渡等情，嚴加交付外，達鼐所領駐守索羅木之兵亦甚嚴加防範，固守營盤牧場，自索羅木至木魯烏蘇河源頭烏尼烏蘇沿途皆已挨次設哨，臣等俟至木魯烏蘇審明噶布藏等五人後，再另行具奏外，為此謹具奏聞。

雍正六年六月十八日

尚書臣查郎阿。

副都統臣邁祿。

散秩大臣兼副都統臣達鼐。

〔271〕吏部尚書查阿郎等奏報密令頗羅鼐退回原地摺（雍正六年六月十八日）[1]-3164

奴才查阿郎、邁祿謹密奏，為奏聞事。

據頗羅鼐所遣之使敦多布垂木皮爾（硃批：果為俊傑好漢）所言，頗羅鼐五月初三日領兵已至哈喇烏蘇，期望臣等速能率兵至彼，故臣等與達鼐商議後派人密令頗羅誦之兵退回其之屬地，從彼赴召，以安撫達賴喇嘛、噶隆等。奴才查郎阿、邁祿竊惟奴才等前在西安之時與總督岳鍾琪會奏後，於三

〔註821〕即堪布，藏傳佛教大寺院扎倉（僧學院）及小寺院主持。
〔註822〕本文檔前文作噶布藏。

月十六日曾密遣千總馬原勳〔註823〕從四川路往赴頗羅鼐處傳令，令其妥繕保護自己，俟領兵前往之臣至招後再派人酌情命爾赴招等語，諸事俱口囑馬原勳轉告之，今掐指算來伊亦該到矣，馬原勳若已至彼諸事頗羅鼐既已悉知，亦無需另派人矣（硃批：甚是），如果再派人前往，阿爾布巴等老奸巨滑恐會枉加猜疑，奴才我等兵馬既然八月內即可抵招，兵至哈喇烏蘇時頗羅鼐若已領兵返回其地則已，倘仍留在哈喇烏蘇，如何辦理之處再酌情而行，為此謹具奏聞。

雍正六年六月十八日

硃批：知道了，此次之事仰蒙天祐，似甚順利，雖然如此尚應小心謹慎，待事俱穩妥告成之時方可叩謝天恩，所有藏事皆已詳盡指授爾等，別無何言。唯準噶爾部係國家堪憂之事，乃皇上未竟之志，其若不犯而自守趁機擺脫則甚可厭，此次藏事若有涉於頗羅鼐與準噶爾之言，不論虛實真假咸俱奏聞，其中若有悖恩宜應問罪之處，方能師出有名，著留心查訪，甚密。

〔272〕吏部尚書查阿郎等奏報頗羅鼐稟告招地之情形摺（雍正六年六月十八日）[1]-3165

赴藏辦事之吏部尚書臣查阿郎等謹奏，為奏聞事。

據雍正六年六月初九日到此處之扎薩克台吉頗羅肅之使敦多布垂木皮爾告稱，我等台吉頗羅鼐將奏疏、伯勒克及呈給領兵前來之臣之伯勒克、呈給駐西寧之臣之書、伯勒克交付我等五人時囑曰，爾等至西寧時將呈書交給散秩大臣，並請將奏疏馳速轉奏，沿途若遇領兵前來之臣則呈交我之伯勒克，其詳細之情由爾叩頭轉告，我等於五月初九日自哈喇烏蘇起程前來等語。又詳問敦多布垂木皮爾，爾等自招地前來，爾台吉頗羅鼐既令爾等口頭轉告，爾將所知所聞一一道來，毋得遺漏。據其言曰招地之噶隆等因與我台吉頗羅鼐反目，班禪額爾德尼、薩查沙卜隆〔註824〕咨令彼此休兵候旨，以為調和，依此我台吉頗羅鼐停止用兵，為候召兵退回，駐於江孜城，而後招之噶隆等毀言棄約偷偷派兵前往納克產，擒殺了第巴尤古伯巴、魯木澤爾二人，擄掠了小納克產〔註825〕。

〔註823〕第二三〇號岳鍾琪漢文摺作督標把總馬元勳，此時已陞任千總。
〔註824〕據《頗羅鼐傳》薩迦喇嘛曾多次與第五世班禪額爾德尼調停衛藏間之內戰，據《薩迦世系史續編》頁二六九為阿旺貢嘎索朗仁青扎西札巴堅贊貝桑波，其命卓尼索朗桑珠前去調停戰爭。
〔註825〕納克產《欽定理藩院則例》（道光）卷六十二作納倉宗，今西藏申扎縣一帶地區。小納克產應與納克產不遠。

又謊稱於每一城派駐首領，達賴喇嘛之舅古山〔註826〕、阿爾巴布之子、扎爾
鼐之子三人領兵將巴噶爾貢巴廟內之佛拴係於柱上，焚燒寺廟，我台吉頗羅鼐
得知此情後遂率兵繞行招北，抵達達木地方，康濟鼐所屬之厄魯特等仰念皇上
亦歸服於我台吉。我台吉令厄魯特五百兵馬留於原營，將其牧場移往藏地。五
月初三日到達哈喇烏蘇，而後達賴喇嘛商上十八馬群之達魯哈亦歸服前來，原
欲將達賴喇嘛馬群趕來以給兵丁騎用，因我台吉頗羅鼐有令，未有諭旨不可動
用達賴喇嘛商上之物故而退回，據十八達魯哈等告曰噶隆等聞知自內地派遣
大軍前來之信派納木扎爾扎倉〔註827〕之喇嘛令兵丁於兩諾莫渾之間埋法物以
為預備，然後往北向招地而去，我台吉頗羅鼐聞此立即派兵追趕，意欲將其拏
送朝廷卻未能趕上，喇嘛等逃入招地等語。又問敦多布垂木皮爾，招地之噶隆
等現俱在何處，貢布之兵駐劄在哪里，內地大軍前往之情爾台吉聞知與否，我
在招臣等之消息，爾等還聞知何也。據其稟告凡自招地來降之人皆言，阿爾布
巴、索諾木達爾扎〔註828〕及噶隆等令噶爾丹、沙拉，哲蚌三寺之喇嘛從軍參
戰，三寺喇嘛齊曰我等身為喇嘛，唯為主子萬壽而祝禱，體念眾生而誦經外兵
之事不能為也等語，噶隆等惱羞成怒，將三寺喇嘛之馬畜俱收繳擄去。阿爾布
巴、索諾木達爾扎現俱在招，至隆布鼐、古山二人領兵五百原駐守在納噶爾則
城〔註829〕，後與我台吉頗羅鼐之子交兵，納噶爾則城為我台吉〔註830〕之子所
取，隆布鼐、古山唯帶三人逃入招地，貢布之兵去年曾來攻我等，但其無心力
戰，據戰時就擒歸降之人言曰，自文殊師利佛主將康濟鼐授以噶隆理事以來已
歷時三年矣，此間馬不生瘡，人亦無憂，如今招地之噶隆等如此作惡，將我貢
布人害苦了等語，紛紛抱怨之，因有此情我台吉頗羅鼐至哈喇烏蘇後立即行書
於貢布之首領曰，爾等果誠感戴大皇帝之恩，篤信黃教，則若有自招地逃往爾
處之人爾等即予拏獲，前來找我。再我台吉已知大軍出師之情，盼望其師抵達

〔註826〕 《頗羅鼐傳》頁二五六載七世達賴喇嘛一大承伺名古頓阿蒗巴。《欽定西域同
　　　　文志》卷二十四頁十七載，袞都阿克喇木巴薩木丹佳木磋，官堪布，賜達爾
　　　　汗號，按堪布為衛藏坐床喇嘛，舊屬達賴喇嘛揀用，今舉層膺達爾汗著之，
　　　　餘不多及。《清代藏事輯要》頁一一一作達賴母舅袞都阿喇木巴，賜達爾漢
　　　　號，賞緞六疋。據《七世達賴喇嘛傳》頁十四載七世達賴喇嘛之舅名阿格扎
　　　　西。諸書所載應即一人。
〔註827〕 今常譯作朗傑扎倉，為布達拉宮內扎倉。
〔註828〕 原文作索諾木、達爾扎，今改正為索諾木達爾扎，本文檔皆誤，徑改正之。
〔註829〕 《欽定理藩院則例》（道光）卷六十二作拉噶孜，今浪卡子西藏浪卡子縣。
〔註830〕 原文作台子，今改為台吉。

哈喇烏蘇後諸臣能領兵速至前來，深恐大軍遲遲不到乾糧斷絕，本可討伐奪取招地，因未接諭旨故駐哈喇烏蘇等候諸臣領兵前來，至去年前來之臣現在招地，此外別無消息等情告知。故臣等將頗羅鼐所奏加封黃綾子包裹一件及給散秩大臣達鼐之蒙文書一件翻譯另行繕摺一併奏覽外，對該使人敦多布垂木皮爾等亦照頗羅鼐前遣之使納罕達爾扎例撥給食物，與納罕達爾扎一樣安置於古木布廟〔註831〕內居住，為此謹具奏聞。

雍正六年六月十八日

尚書臣查郎阿。

副都統臣邁祿。

散秩大臣兼副都統臣達鼐。

〔273〕川陝總督岳鍾琪奏請預支四川庫貯備辦進藏官兵軍需用品摺（雍正六年六月二十二日）[2]-[12]-638

陝西總督臣岳鍾琪謹奏，為請旨事。

臣查軍裝乃營政所攸關，而鍋帳又軍裝之首要，必須齊全製備方於營伍有益，今查川省各標營自進勦涼山以及烏蒙鎮雄并會勦米貼派調進藏，在在需兵行走。竊建昌涼山等處凢係新撫地方現今增設營汛招募兵丁，其鑼鍋帳房舊設者俱已帶赴軍營，況西藏現在用兵其一切軍裝更宜預為備辦，倘一有調遣庶不致臨時周章，臣今將應行添補製造之鍋帳以五千兵計算，應造帳房一千頂鑼鍋一千口，此製造銀兩俱於各營公費糧銀內動用，但此公費係按季隨餉支領，每季所領有限，不能及時敷用，所以從前陝省製造鍋帳等項經臣奏明，請於布政司庫貯正項銀內預行借支以資製辦，其借支銀兩於各營應領公費糧銀按季扣除還項，恭蒙聖恩允准，臣已欽遵通飭，并將借支扣除緣由咨部在案。今川省製造鍋帳事同一例，仰懇聖恩准於四川布政司庫貯正項銀內預支辦理，將各營公費糧銀按季分別扣還，庶錢糧不致糜費而軍裝可以速辦矣，但事關借支庫貯非臣所敢擅便，理合繕摺奏請，恭候聖旨遵行，為此謹奏請旨。

雍正六年六月二十二日具。

硃批：應借支者，已交部密議。

〔註831〕即塔爾寺。

〔274〕鑾儀衛鑾儀使周瑛奏將顏清如馬良柱洪德周擢補副將參將遊擊摺（雍正六年六月二十二日）[2]-[12]-644

散秩大臣品級鑾儀使左都督世襲拜他喇布勒哈番帶餘功三次紀錄一次加一級仍降三級留任臣周瑛謹奏，為冒昧恭懇聖恩事。

竊臣於抵川遣撥官兵時委夔州協副將張翼管領松潘一路兵馬進藏，今擄報於疊爾格界內病故緣由，臣謹另摺奏明並咨提臣黃廷桂題報外。臣竊思荷蒙聖恩界以領兵重任，正資將領以佐臂指，今副將張翼既經病故，應候推補，臣因係軍前領兵大員，其缺不便久懸，密揀得駐藏陝西莊浪營參將顏清如年力精壯，熟練營務邊情，四川提標後營遊擊馬良柱人材勇健，馭兵嚴整，敘馬營守備洪德周年富力強，曉暢軍務，以上叄員擢補副將叅將遊擊均屬銜缺相當，緣臣稔悉有素，冒昧恭懇聖恩俯賜錄用。其守備一缺亦現有領兵功加署副將千總壹員王□，把總壹員張廷佐俱於保送功加案內送部引見，奉旨回營以遊擊補明之員，人材弓馬俱屬可觀，仰乞聖恩於此二員內揀補一員，仍照銜陞轉，倘荷天恩俞允，就便於軍前鈐束兵馬，實於行軍甚有裨益。但請補官員例由督臣等揀選保題，臣何敢越俎，爰臣受皇恩至深至渥，況今領兵西域以激勵軍伍，揀拔人才起見，是以冒昧仰懇聖恩，可否如臣所請，俾軍旅慶得人之效矣，為此謹繕密摺由驛傳齎，伏乞皇上睿鑒施行。

雍正陸年陸月貳拾貳日

〔275〕鑾儀衛鑾儀使周瑛奏報夔州副將張翼病故摺（雍正六年六月二十二日）[2]-[12]-645

散秩大臣品級鑾儀使左都督世襲拜他喇布勒哈番帶餘功三次紀錄一次加一級仍降三級留任臣周瑛謹奏，為報明副將病故事。

雍正陸年陸月貳拾壹日擄領兵疊溪管遊擊常力行呈，擄松潘鎮標左營守備康國泰報稱，今有統領右翼官兵夔州協副將張翼於本年陸月拾貳日在葉列地方得染烟瘴，醫生張成應用藥罔效，於拾叄日行至作雲多行營戌時病故，理合報明等情轉報到臣。臣查副將張翼乃奉調領兵進藏之員，臣委統領右翼兵馬，又經臣恭疏奏明帶兵留駐領類伍齊聽候調遣，今擄報染病於作雲多身故，查作雲多已過春科河口叄日，係疊爾格地方界內。但該副將身歿軍前又無子嗣偕往，臣即差隨營把總陳傑帶夔協兵丁貳拾名同該副將親丁人等扶櫬回川，除將副將張翼病故日期咨報提督臣黃廷桂恭疏題報外，臣謹繕摺奏聞，謹奏。

雍正陸年陸月貳拾貳日